献给晴天

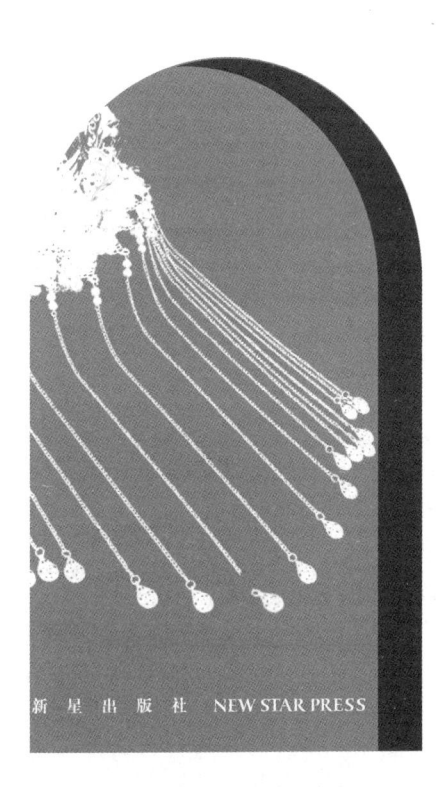

太后西奔

帝国晚期的
仓皇与激荡

谭木声 —— 著

新星出版社 NEW STAR PRESS

图书在版编目（CIP）数据

太后西奔：帝国晚期的仓皇与激荡 / 谭木声著 . —— 北京：新星出版社，2023.8
　ISBN 978-7-5133-5251-2

　Ⅰ . ①太… Ⅱ . ①谭… Ⅲ . ①中国历史 – 清后期 – 通俗读物 Ⅳ .
① K252.09

中国国家版本馆 CIP 数据核字 (2023) 第 115077 号

太后西奔：帝国晚期的仓皇与激荡
谭木声 著

责任编辑	姜　淮
责任校对	刘　义
责任印制	李珊珊
封面设计	冷暖儿

出 版 人	马汝军
出版发行	新星出版社
	（北京市西城区车公庄大街丙 3 号楼 8001　100044）
网　　址	www.newstarpress.com
法律顾问	北京市岳成律师事务所
印　　刷	北京美图印务有限公司
开　　本	910mm×1230mm　1/32
印　　张	10.75
字　　数	241 千字
版　　次	2023 年 8 月第 1 版　2023 年 8 月第 1 次印刷
书　　号	ISBN 978-7-5133-5251-2
定　　价	58.00 元

版权专有，侵权必究。如有印装错误，请与出版社联系。
总机：010-88310888　传真：010-65270449　销售中心：010-88310811

目录

1　楔子：立储

第一部　山雨欲来风满楼

11　潜流

19　再起波澜

25　折衷

30　反对者经元善

37　谁是义和拳

45　有意无意的误会

52　康有为这个冤家

61　卜克斯之死

66　大师兄进北京

71　火候渐熟矣

第二部　闻道长安似弈棋

81　第一次御前会议

89　第二次御前会议

94　归政照会

101　决裂

104　克林德之死

107　围攻东交民巷

113　神兵遍京城

124　东南互保

137　斩首

147　北京没有保卫战

第三部　最是仓皇辞庙日

157　出宫

166　逃亡

177　官不聊生

184　命若草芥

190　沦陷区秩序

197　东南并不平静

202　"国人望李傅相如望岁"

210　清官刚毅之死

第四部　残局

219　议和班底

227　第一次握手

231　且问西东

237　到西安

241　瓦德西与吴克托

246　红十字旗飘扬在北方上空

254　谁该负责？

260　讨价还价

266　定议

273　两个小问题

第五部　棋于松底留残局

281　大臣之死

289　端王终局

295　"情动"董福祥

305　问君何时归

310　回銮

316　世间已无李傅相

326　废大阿哥

332　尾声

335　终章：庚子的意义

楔子：立储

1900年1月24日，按中国的农历，为己亥年腊月二十四日。

宫中叫大起，老佛爷慈禧太后撇开皇上，自己于西苑仪鸾殿召见宗室亲贵、王大臣及大学士、军机大臣、各部尚书侍郎、内务府大臣等重要臣僚。

本朝的规矩，君王每日翻牌子点名召见部分或全部军机大臣，就具体政务进行咨询了解，作出决断，称为叫起。也定期接见四品以上外放到地方任职的京官或者进京述职的地方大员。今日这种太后独自一人大规模召见群臣的事，实属罕见。

所议果然非同一般，竟是废立之事。

老佛爷降谕："当初立载湉为帝，天下不满之声四起，只因穆宗同治皇帝无子，不得已而为之。皇上但凡稍具天良，都应日日思想如何孝顺报答。可是前年康党谋逆，意图围颐和园杀我，为皇上张目。载湉竟然赞成，实属大逆不道。现在我已经决定，另立他人为穆宗（同治皇帝的庙号）之后，元旦即行登基。"

今日，离庚子年元旦，只有七日。

太后虽是一介女流，但精明过于常人。只是在立载湉为帝这件事情的缘由上，不知是有心还是无意，总是迷糊。

当年同治帝死后，群臣的意见是应立他的子侄辈近支宗室为后，继承宗庙。可这么一来，老佛爷就变成了太皇太后，太后垂帘听政还勉强说得过去，太皇太后垂帘，莫说本朝无此先例，唐宋元明诸前朝也无此事。怎奈老佛爷已经尝过了权力的滋味，又青春正盛（同治皇帝驾崩时太后尚不满40岁），岂肯轻易罢手。于是乾纲独断，不为同治皇帝立后，而是立他的堂弟，醇亲王奕譞与太后亲妹妹所生之子载湉为帝，撇开同治，直接继承文宗皇帝咸丰的宗庙。

这不合道理，同治帝的皇后甚至为此愤而自尽。

但世界上从来多有道理为权力遮羞，少见权力服从于道理。

如此一来，老佛爷依然是太后，继续垂帘听政。

所以，当年天下不满之声四起乃是针对她本人，并非那个不满四岁的小儿载湉。

辛酉年（1861）咸丰皇帝驾崩，懿贵妃变成西太后，垂帘40年来，爱新觉罗子孙、满汉大臣已经没有人敢把她当作一个妇道人家看待。她以她的精明强干，杀伐决断超越了帝国伦理纲常对性别的束缚和歧视。即便如此，废立之事仍为本朝立国二百余年所未见。然而，老佛爷今日召集王公大臣们似乎并不是想征求臣下的意见，她不确定的只是废掉皇帝之后该如何安置他。所以，宣布完废立决定之后，老佛爷接着说："兹由卿等商议，于废上之后，应如何处置之。"

可能是担心冷场，或者出现有人提议从长计议等等不如人意的情况，老佛爷自己已准备好了解决方案："查前明有废上之例，明英宗土木堡之变被瓦剌俘获，带往蒙古之后，由景泰帝继位。英宗放回后七年，重新复位，并将景泰降为亲王。"

这意思是给光绪一个亲王的位置，倒也算厚道。

现场依然是"无人敢奏对,缄默甚久"。

打破沉默的,是本朝以理学家著称、儒家道德伦理的楷模、体仁阁大学士徐桐。徐相此时年已八十,太后恩准紫禁城坐轿,太监扶腋上朝。徐相发言的意思是亲王之位太高,提议皇上退位可封为"混德公"。

徐相虽为汉军旗人,却是科举正途出身,入翰林院为检讨,曾任同治皇帝的师傅,学问自然是极好的,只是今日的提议有点不伦不类。"混德公"乃是元朝攻破南宋之后,赐给宋废帝的称号。可在当时的紧张气氛之下,竟无人敢指出徐桐以今上比附宋废帝,有影射本朝将要覆灭的不祥之处。

徐相如此提议不是人不厚道,他是和皇上"有梁子"。

徐桐宗崇理学,极为厌恶轻言变动祖宗之法的人,光绪十四年(1888),广东举人康有为进京会试,批卷的正是徐桐。他极为反感康有为的学问取向,批下"如此狂生,不可中"之语。这一年康有为就没有被录取。

到了乙未年(1895)会试,徐桐为正总裁,即主考官。启秀、李文田、唐景崇为副总裁。按照惯例,会试四总裁将今年的录取名额平均成四份,各自定取舍,多出来的则定为公额,大家商量。李文田是讲西北舆地学(历史地理学)的大家,他从自己注的《西游记》中取一句话作为策论的试题。考生们搞的都是应试教育,天天死磕标准教材四书五经,没想到来个"不讲武德"的考官,全场都不知道此条出自何处,只有梁启超学识渊博,留心实务,答得甚是详细。李得梁卷,想录取而自己的名额已满。于是找徐桐,请求以公额录取。徐桐取来梁启超前两场的考卷细阅,见这个姓梁的广东人对孔孟学说多有自己的发明创造,独立异说,跟当年姓康的那个广东人一样。深为厌恶，不愿以公额录取。李文田不敢争，取梁启超卷，在其尾批语："还君明珠双泪垂，恨不相逢未嫁时。"受此挫折的大学问家、此后的清华四大导师梁启超功名就止步于举人了。受此刺激，梁创设《时务报》后，不断写文章痛诋科举。

而光绪皇帝年轻，思想新锐，喜新喜变，几年之后竟然和这两个广东人走到了一起。他的六叔恭亲王奕䜣1898年死前在病榻上面劝他："小心广东小人。"他都听不进去。自然也不喜欢徐桐这个老古板，嫌弃老爷子冥顽不灵，但因为太后器重的原因，不能免徐桐之职。从光绪十三年（1887）到二十四年（1898），只召见他一次。因此在徐桐眼中，光绪乃是昏君，不足为天下表率。1898年，徐桐甚至私下指斥光绪所下变法诏书为"多行不义，必自毙"。

徐桐和光绪长期以来是两条思想路线的斗争，现在有机会，必然要想办法落井下石。

太后对徐相的良策颇为赞赏，当即采纳。既然已解决了废上的善后问题，国不可一日无君，那么接下来就要商立新君。老佛爷对此自然是早有周密的安排。对王公大臣们公告：拟立端郡王长子溥儁继承大统。端郡王素称恭顺，以后要经常入宫，指导督促其子读书。

"素称恭顺"的端郡王名载漪，是道光帝第五子惇亲王奕誴之子，从小爱舞刀弄枪，行事莽撞。在1900年之前，据说他唯一值得一记的事就是在爷爷道光皇帝国丧期间行为不端，他的四叔咸丰皇帝大怒，除惩戒外，赐他带"犬"字的"漪"为名。不过，十几年后，当太后要在皇室后辈中物色日后可带兵护卫之人时，载漪就从早已孱弱，整日提笼架鸟，追捧名角的八旗子弟中脱颖而出，袭爵"瑞敏郡王"奕志。

那为什么现在叫"端郡王"呢?

清史稿载:"更名端者,述旨误,遂因之。"原来军机处拟旨之时,笔误,将"瑞"写为"端",皇上也没看出来,就批准用章。圣旨既下,断无更改之理。于是瑞郡王的嗣子载漪就稀里糊涂地做了端郡王,他稀里糊涂的人生在1900庚子年要大放异彩。

至此,应该进入全场鼓掌通过环节,突然,有人出言劝阻了。

"臣不以废帝为然,务请太后斟酌再三。南方各省接此消息,督抚未必都能奉命,恐怕会有谋叛造反之意。为国立储君之事,太后自然是有权衡考虑的。不过需待今上万年之后,再做商议。"说到这最后一句,发言者的眼睛有意无意地瞟了一眼身侧的徐桐。

发言者孙家鼐,安徽寿州人,咸丰九年殿试一甲第一名,也就是状元。他是光绪皇帝的师傅,在1898年之前,曾经连续两个月,每天为皇帝朗读英国传教士李提摩太翻译的《泰西新史揽要》,为皇帝开阔视野,鼓励皇帝做振作变革之君。可惜,戊戌年(1898)八月初六日,老佛爷突然从颐和园回到紫禁城,下轿轻轻一句话,就让青年皇帝的热血、见识、行动统统化为乌有。孙家鼐现在是协办大学士、管学大臣,主管京师大学堂,这是1898年那场事变之后唯一未被埋葬的事业。

孙家鼐的话不长,但指出了老佛爷犯的两个错误:一个是忽视了政治现实,一个是违背了政治规矩。

本朝皇帝对权力的掌控超越历代,特别是在康雍乾三朝达到巅峰。但是洪杨之役后,南方的汉人督抚在平定叛乱。力行洋务的过程中逐渐获得了越来越大的独立权力。他们大都是汉人读书人，对君臣纲常看得极重，牝鸡司晨女子干政在儒家伦理中本来就是国之乱象，大家不过承认既成事实而已。现在女主又擅行废立，恐怕有人会强硬反对。

之后事态的发展也证明了孙家鼐的这一预见。

所谓"需待今上万年之后，再做商议"指的就是本朝关于立储君的政治规矩。此事说来话长。

清朝早年实质为部落联盟，实行军事民主制。太祖努尔哈赤、太宗皇太极、世祖顺治帝都是八旗王公会议推选产生。康熙由顺治遗诏指定。至此，皇帝在世之时，都没有如汉人王朝一样早早明确指定太子。康熙帝沾染汉人习惯，身前即指定太子，结果两立两废，兄弟相残，骨肉相害。从此以后，本朝再不立太子。雍正朝始，有合意之选，就写名藏于乾清宫正大光明匾额之后，皇帝驾崩后再取出宣布。今日要在光绪生前立储，乃是破坏了这一相传多代形成的政治规矩。

为什么孙家鼐说到此处要瞟一眼徐桐呢？

在光绪五年（1879），就曾有刑部主事吴可读以死上谏，要求为同治皇帝立储，继承穆宗宗庙。在专为此事召开的廷臣会议上，当时执掌礼仪的礼部尚书正是徐桐，他给出了符合礼制的权威结论："我朝家法，不建储贰，万世当敬守。"终结了这个争执。

孙家鼐说完之后，大殿之上，死一般的沉寂。

老佛爷脸色变得难看，半响，她压抑住愤怒，甩出了一条已经许久没人提起的禁忌："皇室的事是我们满人的事，非你们汉人所能参与。今日召见汉人尚书大臣，知会此事，已属格外开恩，哪里由得你出言。"本朝多年以来已逐渐淡化的满汉之别，情急之下，又被最高权力者重新摆上了台面。

话都说到这个地步，废上之事也就不可挽回了。

安静片刻，老佛爷又淡淡补了一句："此意我早就告诉皇上了，皇上本人并不敢违命。"

无外是表明，死者已同意死亡，一切尽在掌握。

既然决定了，那就尽快把程序走完。老佛爷本是急性子，也可能是心里仍有忌惮，担心夜长梦多。于是下谕王公大臣移步勤政殿共同拟定立储的圣旨。她并叮嘱大家，一会儿皇上到了，只说立储，废帝一事，到元旦再施行。

于是太后移驾勤政殿，派大总管李莲英请皇上过来，扶上宝座，当面告知立储之事。

皇上脸色苍白，答复只有十二个字："圣母之意，甚为妥善，正适朕意。"

当时在场的辅国公载澜第二天对人描述现场情景，说皇上"颇有失措愤懑之状，似如梦中，不省人事耳"。

以上对废立现场的描绘，来自《景善日记》。景善，旗人，同治朝进士，官至礼部侍郎，庚子年八国联军入侵北京城死于战火。日记中说这是在现场的辅国公载澜对他所说。

第一部　　山雨欲来风满楼

潜流

己亥年岁尾的这场废帝立储绝非心血来潮,突然起意。其消息流布已久,早已超出政治圈层,不但在华外交官,对政事稍有关注的小民都已知晓。

此事近因在于戊戌年"围园杀后"这一母子心结,其远因甚至要上溯到甲午年皇上在师傅翁同龢等人鼓动下头脑发热,孤注一掷对日开战这件事情上。其余波所及,遂开启了庚子年这场大惨祸。其间更交织纠缠着权力贪欲、满汉矛盾、新旧之争、华夷之辨,还有重拾中央权力的雄心与地方督抚已然坐大的现实之间的冲突。真是牵一发而动全身,关系万千重。

庚子事变后不久,时人就已看清了这一点。史官恽毓鼎就说:"甲午之丧师,戊戌之变故,己亥之建储,庚子之义和团,名虽四事,实一贯相生,必知此而后可论十年之朝局。"

那就先回到一年多以前,1898年,按中国的干支纪年,是为戊戌年。

这年西历9月,早已退居二线,在颐和园颐养天年的太后奔回紫禁城重新训政,此时她的内心被愤怒和恐惧所支配。

愤怒的是,她的亲外甥,自己一手扶上皇帝宝座的载湉小儿,自四岁入宫,二十三年以来,每天在自己身边,恭敬地请安,当面叫自己"亲爸爸",背后竟然纵容康有为这帮乱臣贼子谋害自己,运动小臣袁世凯带兵入京包围自己住的颐和园,找什么大刀王五趁乱杀自己。

恐惧的是,她明白,时间是历史最后的裁判。现在自己再强势,皇上再无权,毕竟皇上年轻,自己要死在他前面。到时怎么清算历史,自己能不能进爱新觉罗家的皇陵,这不都是皇上说了算吗?

安抚愤怒,免于恐惧的唯一办法是在自己活着的时候废了皇帝。

这个执念每日被愤怒和恐惧滋养,肆意生长,盘绕纠缠太后的内心。

太后的心事不难猜,政治中最不缺的就是揣摩上意,曲意逢迎。八月初六日(9月21日)太后重新训政没两天,就有御史上密奏:"皇上得罪祖宗,当废。"八月初十日,宫中下诏,说皇上自四月以来,身体越来越不好,疗治不见起色。

一个数月以来励精图治、锐意改革的年轻人,几天之内就被描述成了老病号。

九月初三日起,朝廷每日公布皇帝脉案,给世人的感觉像是在预告皇上驾崩的倒计时。

戏演得有点过,吃相未免难看,引起中外朝野躁动,谣言四起,太后有点慌。

此时太后最信任的人叫荣禄。荣禄的福晋是太后的闺蜜,天天入宫伺候;他一个女儿嫁给领班军机大臣礼亲王的儿子,一个女儿后来嫁给皇上的弟弟醇亲王载沣,生下一子名溥仪,谁承想日后竟成为本朝的末代皇帝。光绪皇帝闹变法胡折腾那一段时间,正因为拱卫京畿的直隶总督兼北洋大臣是荣禄,太后才安心地在颐和园冷眼旁观。太后收拾完皇上没半个月，八月二十三日就召荣禄进京，授军机大臣，并统管京城最主要的军事力量武卫军。荣禄隐然成为朝中梁柱。

太后需要荣禄的意见。这件大事如果要做，也得借他的手去操办。

大内，单独叫起，荣禄静静地跪在地上听完了太后的想法。

他已早了解太后有此心思。但他不敢做。

他轻轻地挪动了下双腿，以缓解长跪酸胀的感觉，脑子里飞快地思量如何回应。

他不认同皇帝的新政，实在过于急躁冒进，这个老迈的国家虽然千疮百孔，弊病百出，但是一帮没有实际经验的汉人读书人煽动一个血气方刚的年少皇帝也成不了事。何况这帮小臣总视大臣们为颟顸无能，想一夜间取而代之，这也让荣禄感到威胁。阻止年轻皇帝的蛮干，请太后重新训政，让大清重回大家熟悉的运行轨道，是整个官僚集团大部分既得利益者的共识。所以发动政变这事荣禄敢干。即便如此，他也受到了压力。政变之后洋人们把他归于朝中守旧保守派的代表，康梁也在海外鼓动宣传，把他和太后并列为中国革新进步的两个拦路石。

现在要把事情做得再绝一些，帮着太后行废立之事，恐怕就要得罪官僚集团内部的另一部分力量，并在道义上背负天下之恶名了。

"知所止"是做人的智慧，也是做官的智慧。

但是荣禄并不打算劝谏太后收回成命。

他之所以能够得到太后牢固的信任，一个重要的原因是从来不和太后发生正面的冲突，他更善于借用别人的意见来表达自己的想法，更愿意借用别人的手来推行自己所欲之事或者阻止自己所恶之事。所以在历史的记录中，荣禄有一个模糊的面容，外界对他的真实想法总是难以琢磨，后世的历史学家也长期对他充满了偏见与误解。

面对太后的咨询，他清了清嗓子，端正了一下仪态，以无比郑重的态度回答："朝廷不能独立，赖众力以维持之。疆臣服，斯天下莫敢议矣。臣请以私意先觇四方动静，言太后将谒宗庙，为穆宗立后。然后行事未晚。"

这等大事，朝廷不怕有什么反对意见，但是现在地方督抚权重，重大决策，没有他们的认同与执行，无法稳固。此事他们若不服，恐怕会起乱子。我先用私人意见逐一沟通。先只说太后将为同治皇帝立后。咱们一步步来。

太后同意照此办理。

岂止荣禄，其实天下督抚也早知太后有此想法。

八月间，太后刚刚宣布重新训政，重回一线主持工作，两江总督刘坤一就上了一道奏折，叫作《太后训政保护圣躬疏》。里面说"伏愿我皇太后、皇上慈孝相孚"，希望你们母子之间母慈子孝，互相维护，为天下表率，莫要闹人伦惨剧。这封奏折是变法时的帝党骨干张謇代拟的，算是打个预防针。刘坤一是湘军出身，文人带兵打仗那一拨老臣，资格老脾气硬，敢于直言。

随着这一次荣禄代表太后向督抚们征求意见，消息很快在更大的范围内传开了。

九月二十一日，长沙湿热难耐的天气已有几许凉意，皮锡瑞正在家中接待来访湖南按察使夏献铭。皮本在江西经训书院讲学，因为被认为同情康有为学说而被朝廷勒令回原籍湖南。他是本朝的经学大家，名满天下，为士林景仰。虽然朝廷的意思是将他"交地方官严加看管"，实际上湖南上层人物都是他的朋友，每天交际应酬，吟诗作赋，安逸得很。夏献铭就是往来酬答的常客。这天夏请皮屏退下人，神秘而严肃地说道："太后有废立之意，荣中堂昨日发电给重要督抚试探。右帅得电当夜即复，云：'慈圣训政，臣民之福。而尊主庇民，全仗中堂主持。万代瞻仰，在此一举。'据报岘帅亦有电云：'君臣之分当尊，夷夏之防当严。某之所以报国者在此，所以报公者亦在此！'"右帅即时任湖南巡抚陈宝箴，号右铭。岘帅即刘坤一，号岘庄。太平天国起事以来，总督、巡抚大都挂兵部尚书衔，故都称某帅。

陈宝箴首先承认拥护太后训政，其次把荣禄架在火上烤，你今日所做的，会成为你历史地位的重要一笔，伦理纲常俱在，你自己掂量。

刘坤一这句"君臣之分当尊，夷夏之防当严。某之所以报国者在此，所以报公者亦在此！"在当时就不胫而走，被时人传诵。从大义上，君臣纲常是王朝根基稳固的重要保证，如果皇位可以轻易动摇，那么窥觊之人必多，国家将陷入动荡不安。从现实上看，此举将面临中外的各种责难，伴随各种真真假假的政治传言，所谓皇室内幕秘闻必将成为街谈巷议之常事，皇室颜面何存？权威何在？这不只是为国家着想，也是为你荣禄着想。自古参与废立之事的臣子，有几个有好下场的？"欲行伊尹霍光之事"在后世已经成为对权臣最危险的指控，何况你还没有伊尹霍光的德行。

荣禄既得刘坤一陈宝箴等各督抚复电，觉得言辞都颇激烈，直接回报易触怒圣听。不敢就此回奏，反复思量，拖延多日后方得一策。

太后素来相信阴阳小数,正阳门外有一关帝庙,不大,但相传所供关帝神像为明熹宗手塑。京城官民车驾出城,都要入庙拈香,抽签问吉凶。而地安门内有一瞽者,姓赵,人不知其名,都呼为赵瞎子,善梅花易数,京城旗人王公大臣,无不尊奉虔信。太后过去有事不能决断时曾秘遣太监向赵瞎子问吉凶,此事自然为荣禄所知。于是派人到关帝庙求一签,到赵瞎子处占一卦,带在身边入朝。这日太后又问:"外省复电怎么说?"荣禄回说:"外省复电久久不到,奴才时时念着这事。昨天去关帝庙求签,不吉。又去赵瞎子处问卜,又不吉,颇以为忧。"太后急忙问:"都说些什么?"荣禄将签和卦献上,大意就是说亢龙有悔,不可妄动,动则不利。太后默然不语,然而两大权威机构联合发布负面意见,心中自然不能不受影响。过了两日。荣禄才以各地复电进呈,太后废立之意终于有了松动。但对反对的督抚们都记在了心中,找机会逐一收拾。

陈宝箴文官出身,没什么根基,戊戌变法之中又表现积极,收拾来得最快。十月,有上谕:"湖南巡抚陈宝箴,以封疆大吏滥保匪人,实属有负委任。陈宝箴着即行革职,永不叙用。伊子吏部主事陈三立,招引奸邪,着一并革职。"父子尽罢。

所谓"滥保匪人",是说戊戌政变后处斩的六君子中两名军机章京刘光第、杨锐即是陈所保荐。其实杨锐是湖广总督张之洞的幕僚,也是他派在京城的坐探。只不过湖广总督是湖南巡抚的上级,张不好出面保举,让陈出面而已。太后并非不知,不愿牵连张之洞而已。

太后对陈的处理决定本来更重,这次只是免职,据说是荣禄援手之故。但是陈宝箴并没有等到东山再起的机会。太后一直对他怀恨在心,庚子年六月二十六日,京城形势已极为紧张之时，太后仍不忘派江西巡抚松寿将回老家闲居的陈宝箴赐死。但是他有个好孙子，光大了陈氏门楣，比他本人做到大学士更有荣光，这孩子叫陈寅恪。

给各省督抚发"密"电后，太后的心思就瞒不住了。何况还有别的渠道泄露太后的想法。"中外之口"也已经不防了。

在外流亡的康有为对外国媒体信誓旦旦地声称，一直到他八月初五日逃离北京之前，皇上的身体都很健康。所谓吐血等纯粹是反对变法的旗人造的谣，目的在于为谋弑预做准备。

1898年公历10月22日，《泰晤士报》驻北京记者莫理循给在上海的同事蒲兰德写信，其中提到"光绪皇帝已被谋杀或将被谋杀，选定的继承人是端王年方十岁的孙子"。

莫理循可能是西方在远东最出名的记者，他在中国有广泛的人脉，后来很得袁世凯信任，民国后被聘为总统府顾问。他留下的往来信件成为研究晚清及民国初年历史的重要材料。正如刘坤一所预测的那样，这里掺有谣言，比如皇帝被谋杀；也有错误，比如后来选定的大阿哥是端王的儿子，而不是孙子。但是，他准确地指出了"端王"。

光绪皇帝被认为有亲英倾向，而太后被认为倾向于俄国，这次政变在英国眼中看来有俄国因素在背后推动，因而反应强烈，政变第二天英国舰队就从威海卫驶往大沽口。英国驻华公使窦纳乐以半官方身份警告总理衙门，如果皇上在这次政局变化中死去，在国际上将产生对中国不利的后果。这次，他又向主管外交事务的总理各国事务衙门王大臣庆王奕劻提出，派外国医生确认皇上的健康，并签署一份健康证明传示各国使团。

这是一个十分过分的要求，不但是干涉内政，甚至是干涉皇室隐私。连窦纳乐本人都认为"预料他们不会执行"。

出人意料的是，第二天总理衙门就通知窦纳乐，接受此一建议。分析种种蛛丝马迹，结合当时扑朔迷离的人事格局，此事大概率是由庆王奕劻所推动。他本人并不赞同废帝一事，同荣禄一样，他也在借他人之手去阻止此事的实现。大清的官场，在洋人看来，谁都唯唯诺诺，没有主见。其实谁都有自己的小九九小算盘。

不久之后的一天凌晨，法国医生戴瑟维在意大利使馆翻译维西埃尔的陪同下进宫为光绪诊治，准确地说是"体检"。法国医生提供的结论是，皇上有些小毛病，但是却没有什么危及生命、迫在眉睫的危险，无碍处理国家大政。这一报告原件现存布鲁塞尔比利时外交部档案馆。

此乃釜底抽薪之计。在戊戌政变之后太后最愤怒的时候，要想废掉光绪皇帝，不管是拉下皇位还是肉体消灭，看来都实现不了。

荣禄本人没有提供任何推进此事的意见，太后不得不暂时停止进一步的行动。一场滔天大浪，无形中止于微澜。

再起波澜

一年之后，己亥年（1899）秋间，上海。

这个信息灵通的通商口岸从来不缺各种流言蜚语、政治八卦。现在，又开始流传说太后还是要打算废掉皇上，并且言之凿凿，说朝廷已经再次秘密征求南方各实力督抚的意见了。去年极力反对的两江总督刘坤一仍然"正谏"，而湖广总督张之洞则是意见"骑墙"，耍滑头。留言甚至传到了张之洞的耳中，他写信给自己在上海的代理人赵凤昌抱怨："不惟未问鄂（湖广），且未问江（两江）。国家大事，任意造谣，可恨万分。"

十一月二十二日，上谕令两江总督刘坤一来京陛见。这似乎坐实了此前的传言，舆论顿时更加热烈，朝野纷纷猜测这必然与废立之事有关。因为去年秋天，在废立一事上刘督反对最力，隐然已成南方汉人督抚的领袖。现在让他交印进京，看起来像是预先拔掉地方最有力的反对派。

刘坤一的第一反应是坚决不去，理由是：老臣痔疮犯了。

风起于青萍之末。在刘督酝酿痔疮的这大半年里，太后确实也没闲着，她在缓缓地落子，慢慢地布局。

一介女子，违背祖制，干犯名教，在帝国多事之秋能够牢固的执掌权力40年，其政治智慧与隐忍必有常人不可及之处。

太后是不会认输的,从戊戌年的秋天到己亥年的秋天,她一直在谋划新的行动。

先是从1899年旧一月初九日开始,朝廷再次以皇上的名义发布谕旨,说:"朕躬违和"。虽然刚经西医体检证明健康才三个月,皇上身体又不行了,停止一切公务活动和礼仪性活动。各国公使借贺新年的名义请求觐见也被婉拒。随后朝廷重新每五日向各省督抚发布一次御医诊脉的脉案。

看起来,因洋人介入而暂停的皇上生命倒计时又一次被他的"亲爸爸"启动。

从一月二十八日起,太后秘密在宫中召见溥字辈幼童十余人,以挑选立储人选。就是这个时候,选定了端郡王载漪的儿子溥儁。

太后何等精明之人,荣禄和奕劻这两个人,自己不出面反对,一个借地方督抚之言来劝谏,一个借洋人之手来威胁,她会看不出来?

荣禄、奕劻二人诚然忠诚能干,但是在废帝立储这一件事情上需要进行新的权力布局。

首先是军事力量重新布局。

京畿的军事防卫力量已经统一整合为武卫军,归荣禄统一指挥了,这是戊戌年太后掌控局面的依靠力量。这一次,另起炉灶,令载漪在八旗之中挑选精壮兵丁组成"虎神营",充当禁军,负责皇城的安全保卫工作,作为立储的军事后盾。

棍棒出孝子,刀枪出政权,四十年前太后和小叔子奕䜣斗倒顾命八大臣时就懂得了这个道理。

其次是中枢的人事变更。

军机大臣中,钱应溥因病开缺,廖寿恒去年十一月被参退出军机。二人都是由皇上的师傅翁同龢引入军机，为政持中，相对开明。

新入军机行走的一是礼部尚书启秀，一是刑部尚书赵舒翘。

启秀，满洲正白旗人，提倡圣人之道，"以孝闻名"，得大学士徐桐赏识，向太后推荐担任礼部尚书，入军机处、总理衙门。

赵舒翘，关中布衣，科举出身，在刑部从小小的主事一直做到尚书，是大清朝阶层跃迁的光辉典型。他为官耿直，不畏权贵，多次平反冤案，史称"直声震天下"。

但是他的直不是憨直，严格控制在法律业务领域内，在政治上他也通权变。戊戌政变抓捕六君子关押在刑部后，他建议太后，为防止六个小臣在审讯过程中说出什么不该说的来，特别是"辞连上恭"，母子尴尬，最好不加审讯就处死。

这想得确实周到，要是他们一五一十地供出皇帝对他们说母后种种坏话，乘乱杀死太后是皇帝亲自做的决策这种种，本朝以孝治天下的号召就立不住脚，母子日后相见也尴尬。建议迅速被采纳，太后很满意，也间接成就了"戊戌六君子"之名，不久他就由刑部左侍郎晋升尚书。此次他是由军机大臣刚毅推荐入军机处、总理衙门，且兼顺天府尹，为首都最高地方行政长官。

两位新军机大臣的个人操守都无可指摘。

还有一位是蛰伏多年的"老"国丈崇绮。之所以说"老"倒不是在于年纪，在于他不是本朝光绪皇帝的老丈人，而是前朝同治皇帝的岳父。当初太后不为同治皇帝立后，同治的皇后就不能做皇太后，继续叫皇后吧，又不是当今皇帝的老婆，身份很尴尬。传说对太后说了些气话，遭人回娘家向其父问计，崇绮一句话不说，只是让来人带回二尺白绫，于是皇后自尽，崇绮也被太后冷落。此次废光绪立新君乃是为同治立后，因此崇绮积极参与。

至此，武有端王和他掌握兵权的大哥贝勒载濂、三弟辅国公载澜，文有大学士徐桐，承恩公崇绮，军机大臣刚毅、启秀、赵舒翘，在废光绪、立新君上达成了共识，形成了一个小集团。

行动次第展开。

己亥十一月二十八日，徐桐、崇绮、启秀草拟了废立诏书，遵照太后旨意，前来征求荣禄的意见。

启秀先到，略事寒暄之后，即迂回进入主题，史称"以伊霍之事讽之"。

伊即伊尹，为相辅佐商王太甲，太甲不贤，伊尹放逐太甲，待其改过自新后重新召回，扶助他继续做商王。霍光为西汉权臣，一手立刘贺为帝，因其荒淫无道，又一手废他为海昏侯。这两件事在中国历史的语境中向来有两重理解。往好了说，符合孟子所说"民为贵，社稷次之，君为轻。"对社稷之忠是大忠，对君主之忠是小忠，大臣在两者不可得兼之时能识大体。往坏了说是臣子擅权，把君主玩弄于股掌之中。

如何评价伊霍之事就看你是想推动废立还是反对废立。这正是中国语言的奇妙之处。但是本朝以马上得天下，亲贵多不好学，历史知识基本来自三国演义和戏曲，要说到废立之事，白脸曹操就是最大的反例。所以在武人出身的荣禄听来，就很刺耳。

但启秀说得忘乎所以，越来越激昂，天下兴亡就在自己这番道理中了，竟不等另外两位到场，就从袖中掏出诏书草稿递给荣禄。

荣禄展开看了个开头，大惊失色，"急呵止之"，当场将稿扔进脚边取暖的火盆烧毁。

这种大事，看见了听见了，要么是同谋，要么去告发。在赞成和反对之间，没有弃权这个选项。

荣禄赶紧打发走跳脚不止的启秀，闭门谢客，召集几个核心幕僚商议对策。稍后，徐桐、崇绮赶到，亦吃了闭门羹。

第二天早朝，太后与全班军机王大臣议事完毕之后，荣禄请求单独召对，开门见山就问："传闻将行废立之事？"太后不做正面回答，反问："其事可行乎？"荣禄"碰头作响，大哭不止"，声言"今冒此大险，万万不值"，将"招起大变"。同一条史料说，荣禄的激烈言辞使"太后惧而意回……另作计划"。

君臣独对，按规矩，不能有旁人，君主坐在桌子后面，臣子跪在桌子前面。内监都得站到看得见人的举止但是听不到低语的距离，这段对话是如何流传下来的，颇有可疑。不过历史许多重大的关节都是谋于密室，出乎我口，入乎你耳。当事人不说，或者说假话，也是死无对证的。此处的空白就需要根据前因后果，个人平日性情，由治史者展开合理想象去填补还原了。

在这件事上，话怎么说的无法确定，后人能确定的是，太后并不因荣禄这涕泪俱下的苦谏而"惧"，也并不"意回"。计划照常进行，并且要求荣禄全力配合。

退下之后，荣禄忧心万状，整日坐卧不安。既是为国忧，也是为己忧。

废帝立储对于大清的危险前面已有说明。仔细推敲，此事对于荣禄自身地位也有莫大威胁。他能获得今日之地位确实是因为在戊戌年的政局动荡中拥护了太后，反对皇帝。他现在是军机处实际上的领班大臣，且掌控了京畿兵权，出将入相，为本朝所罕见。太后的创业伙伴、辛酉年共同发动政变夺取政权的恭亲王奕䜣，功高而至亲，封为议政王大臣，柄国之日都没有掌控兵权。太后对荣禄的信任超越了四十年来所有的合作者。皇帝对他当下已没有任何威胁。他已位极人臣，政局任何的变动都不会更增加他利益，只会减损。就如登上顶峰的登山者，向任何方向前进都是下山路。所以，对他来说，最大的利益就是政治格局稳定在当下的状态。一旦立新君，新君背后的新兴力量必然要分享甚至剥夺他的权力。这已经不是可能性，而是实实在在的现实。太后中意的储君之父端王早就虎视眈眈要上位。这在太后的手腕中也早有先例，当年打倒多年的合作伙伴恭亲王，就是扶植光绪皇帝的生父醇亲王奕譞取而代之。

　　想到老醇王奕譞，荣禄又觉得对保护皇上有一份责任。同治年间，他任神机营专操大臣，醇王屡次举荐他知兵，因此得以升工部侍郎、内务府大臣，这才有服务太后，得太后青眼的机缘。此时，奕譞虽死，自己亦不忍对其子落井下石。

　　所以，于国于己，于情于理，荣禄都要尽力阻止此事。

折衷

　　1894年，甲午战后的李鸿章步入了人生的至暗时刻。他仅保留了大学士的头衔，在北京贤良寺闲住。清流们不遗余力地攻击他，把战败的所有责任都推给他，把丧权的所有污名都泼向他，他"虽身存而名已丧"。除了1896年底，充任朝廷头等出使大臣赴俄国贺沙皇加冕外，朝廷不用他，也不让他致仕回籍。他在给友人的信里说"几有求生不得，求死不能之势"。或许这些年中，他的生命虽在延续，人生已然终结。

　　1898年冬日的一个清晨，军机诏对之时，太后突然再次想起他，可能不确定年已76岁的李鸿章健康状况如何，当年赵王以能吃几碗饭来考察廉颇是否老矣，太后手笔果然不同，传话指派李鸿章冒寒冬视察黄河河工。

　　第二年二月，李鸿章活着回京，通过了太后的"体能测试"。

　　太后准备重新起用李鸿章。此时距李鸿章的人生落幕只有两年，谁能料到，历史的机缘抓住这短暂的时光把他重新推上了舞台的正中央，让一个大清的"汉奸"在赋闲五年后再次参与挽救帝国的命运。

　　造化弄人，人亦未辜负造化。

　　太后重行启用李鸿章之初只是想让他处理一些小事。本年是太后的 65 岁寿辰，逃到海外的两个广东人康有为梁启超鼓动海外华商华侨，借通电为太后祝寿为名，呼吁归政于皇上。不止海外，国内各通商口岸也掀起了一波鼓噪。太后派他以巡视通商口岸的名义对舆论进行弹压，相机捕拿康梁。

1899 年旧历十一月，上谕，着李鸿章署理两广总督。大臣外放督抚，向例要向两宫当面谢恩请训。行将结束之时，太后突然对李嘱咐："刨了康有为祖坟。"皇上一愣，李鸿章面色不变，磕头退出。

南行赴任之前，李鸿章特来向荣禄辞行。坐定后，见小自己十四岁的荣相国清瘦憔悴，脸带忧思，便问："相国何事如此深忧？"

荣禄长叹："南海虽地处边远，却实是本朝贸易商务一大都会，得中堂大人前往镇抚，朝廷无南顾之忧。大人即将高举远引，跳出京城这是非圈外，真是福德无量。而我受恩至重，太后对我也责备最严。"说到这里，荣禄顿了顿，决定还是对李大人交心："近数日来，真是求生不能，求死不得，不知大人将何以教我？"接着压低声音，侧身对李鸿章低语："非常之变，恐在目前。"如此这般，把原委一一道来。

李鸿章还没听完，拍案起立，大声说："这是何等忤逆之事，如何可行？今日试问君有几许头颅，敢于尝试？此事如果实行，危险万状。各国驻京使臣，首先抗议。各省疆臣，难保没有以君臣大义之名起兵者。如此无端引动天下之兵，为害难以预料。太后圣明，这么多年经历多少大事，母子天伦难道就没有转圜弥补之道吗？请相国在奏对之际，详细周密陈说成败得失。此大事，我对君言尽于此。"

荣禄闻之，"悚然若失"。

以上一段密语，乃是曾为荣禄亲信幕僚，后任直隶总督的陈夔龙事后亲闻于荣禄。

李鸿章的决绝态度鼓励了荣禄，他打起勇气，再次努力，向太后转达李的劝诫。李鸿章常年办外交，并且俨然是汉人地方督抚的精神领袖。他对洋人与督抚反应的判断自然有很重的分量，让太后不得不重视。荣禄本人也代表了中央一部分不可小视的力量，他既一而再地反对，为使中央不分裂，也必须有所回应。

从中央到地方，从内政到外交，从在朝到在野，都有如许阻力。于是，出台了折衷的方案。

首先是把立储改为立大阿哥。本朝规矩，皇子在未封爵位之前，都称阿哥。前面冠以排行或者出生地，如雍正皇帝行四，在未封贝勒之前称四阿哥。立溥儁为大阿哥只是表明他获得了皇子的身份，并不是储君，也就是并非皇位的当然继承人。当然，这只是文字游戏而已。从事实上看，虽然溥儁只是皇子，而且是同治皇帝的皇子，但是大清只有这一个皇子，光绪皇帝万年之后，皇位自然只有他有资格继承。

名义与实际之间，太后选择去名求实。

再次，老佛爷本打算在庚子年正月初一废帝立新君。经过荣禄的争取，立大阿哥和废帝分别进行。先向天下公告，观察中外反应，等风潮平息之后，再行废立。

在老佛爷看来，这只不过是有了个缓冲期，事情慢慢地办，总是要办的。在荣禄看来，有这个缓冲期，就有各种可能，事情一天没实现，就不是现实。

于是就有了我们开篇所说，十二月二十四日，廷议立大阿哥。

这一天，全国进入最高戒备状态。"航船俱停，百报俱止"，所有港口的船舶一律停止进出港，以防异动；全国报纸一律停止出版，以防异声。上谕："溥儁承继穆宗毅皇帝之子。"大阿哥代替皇上到大高殿、奉先殿、寿皇殿行礼。大阿哥居宫中时在弘德殿读书，居颐和园时在万寿殿读书。由崇绮授读，徐桐、载漪"常川照料"。

新晋军机大臣赵舒翘立即称贺："赖社稷之灵，天下臣民有主矣，复何疑，臣犹恨其晚矣。"组织的决定万分正确，如果一定要提批评意见，就是为什么不早点决定。

许多人心里两年以来的石头终于落地了。

不，对情势最准确的描述应该是，楼上的靴子终于落地了。

不过，只是一只。

朝廷自然无人敢公开发声。地方上只有一点不和谐的音调。两江的刘坤一此前就已上"奏国事乞退书"，以辞职来表明态度，给朝廷很大的难堪。不过，就在诏书发布这一天，刘也扛不住压力，交出总督印信给江苏巡抚鹿传霖护理，准备赴京。第二日南京得电知立大阿哥，湘军统领多人密见刘坤一，请举义旗勤王，但刘已在昨日交印，准备进京陛见了，"婉谢之，但痛哭而已。湖湘义士顿足长吁"。

已到两广任上的李鸿章不发贺电庆贺。他的老部下、驻英公使罗丰禄打电报问他："朝廷建储，应奏贺否？"正月初七日他回电：这只是为死去的同治皇帝立阿哥，又不是立太子，似乎没什么必要庆贺。其他大部分的地方督抚则举棋不定，互相打听别人如何举动。

湖广总督张之洞保持了一贯的骑墙，对是否上贺表举棋不定。他致电闽浙总督许应骙：老许，你何时发贺表啊？许应骙也和张之洞一样老油条，不愿早早表态，含糊其词地说："奉文后拜发。"即是说等礼部正式的行文下达后再发贺折。张一看，这个老滑头和自己一样，也是在等别人先露头再定行止。就转身分电湖南巡抚俞廉三、署理陕西巡抚端方和护理两江总督鹿传霖询问。俞廉三和端方主张及早发送贺折，认为即使"随月折拜发，到京已在二月下旬，若候部文，恐过迟也"。本朝非紧急文件，不实时走六百里八百里加急的，每月统一集中发一次京城，称为月折。俞、端的意思是，贺折等每月例行奏折发送的话，到京城就二月了，如果等礼部正式通知下发后再发，就更晚了，贺喜赶不上热乎劲了。

江苏巡抚鹿传霖刚刚从即将赴京的刘坤一手中接过印信，暂代一段两江总督，更是不敢造次，回电称："鄙人系权篆，不敢遽定办何事。"我一临时工，不敢揽事。

与官场相比，民间的反应竟然要激烈一些，颇有些出人意料。

反对者经元善

十二月二十五日，数千里外的上海。

朝廷下诏的第二天下午，上海电报局总办、候补知府经元善因职务之便，第一时间看到了北京发给上海的立储电诏，"顿觉风云惨淡"。

经元善是上海大富商经芳洲之子。在上海开埠之初，经芳洲即从老家浙江上虞到这个新码头经商，乘着时代的春风，依靠自身的机缘与努力而成沪上巨富。秉承儒家"达则兼济天下"的理念，经芳洲在上海县城创办清节堂、育婴堂等慈善机构，在江南有"经善人"之誉。太平军二次攻打上海时，忠王李秀成也仰慕经芳洲之名，严令不许侵扰清节堂。行军经过上虞驿亭经家村时，听说这里是经善人的乡里，亦相戒不得惊扰。

经元善十七岁从家乡到上海随父学习经商，日后成就无论于商业于慈善都不逊乃父。李鸿章1881年创办的国有全资企业中国电报局运行半年就亏损巨大，不得已实行混改，改为官督商办，招收商股。他和盛宣怀、郑观应等人投资八万两入股，被委任为上海电报局总办，从光绪八年经营至今。他本是一个洋务商人，所谓候补知府只是捐钱买了个顶子，在商人地位极低的社会好和官打交道。

但是，这个商人对国家的热忱不输于大清重臣。

他忧心如焚，憋不住当天半夜就给在京师的老朋友，也是他的上级，电报总局督办盛宣怀发电报，请盛千万不可坐视，需联合朝士力诤。

次日清晨，盛复电："大厦将倾，非竹头木屑所能支"。

时局至此，虽居庙堂之高，此时的盛宣怀也只是想做一个旁观者，泥沙俱下，随波逐流。

真正能办企业的人下决心干一件事，效率是可怕的。经元善接到盛宣怀回电后，并不气馁，埋头联络，仅仅花了一个白天的工夫，就约集了沪上绅商士民共1231人，二十六日当天联名向总理衙门发出公开电报，声请王大臣等"奏请圣上，力疾临御，勿存退位之思"。其中有三十二岁的中学学堂监督（校长）蔡元培，三十一岁的报纸编辑章太炎，二十一岁的松江府秀才黄炎培。这时候，他们还是想着大清怎么能好起来，几年之后，他们都将转变成为坚定的革命党，以推翻清廷，肇建共和为矢志。如此转变，谁之过也？

受此激励，武昌、天津等大城市都有绅商或上千或数百，联名发电进谏。

平民上书朝廷申冤或者言事，虽也非寻常事，但每代皆有。可是平民上书言帝位之废立，非但本朝未有，大抵历代皆无。其大逆不道之程度前所未有。

平民上书皇上，接到上书的部门并无义务一定要转呈，它可以依据自己的判断行事。

此事既无先例，内容又如此悖逆，你说当不当转呈？

当然不当转。

可是一件值得玩味的事发生了，总理衙门竟然将如此不合规矩，或者说并没有规定必须转呈的呈文转到了太后案前。而且效率极高，应该是在二十七日，最晚二十八日一早军机叫起的时候就送给了太后。

这一定不是意外。

收电的总理各国事务衙门此时的领班大臣是庆亲王奕劻。

太后的反应干脆直接。

在场的人透露，看过经元善等人的奏电，太后勃然大怒，掀了炕桌，摔了杯子。比戊戌年知道康有为撺掇皇上"围园杀后"时更愤怒，连在场的各太监及进呈电报的领班军机大臣礼亲王世铎都惊慌异常，恐遭波及。

太后的反应在二十八日一早就有人传达到了盛宣怀这里。我一直怀疑盛宣怀是藏在后面的那只看不见的手。他明面上不参与此事，但是这封劝谏电文从总理衙门送到太后面前的过程有他在背后推动，所以太后对电文的反应第一时间就反馈到他这里。结合日后他的政治态度和积极的行动，相信在此事上他与庆王有不留文字的交谈。

说的不一定要做，做的尽量不要说，是大清的为官之道。

盛宣怀立即密电在上海的郑观应、杨廷杲，告以"深宫震怒，恐有不测"，请他俩力劝经元善"辞差远离"。

杨廷杲也是上海电报局的高级管理人员，他有一个曾孙女叫杨濛濛，1947年从上海到了香港，改名夏梦。成为20世纪五六十年代香港最炙手可热的电影明星。凡你在历史上能看到的人名，大多都有一个名人的祖上。

经元善明白"深宫震怒"四个字的分量，接到通报的第二日，他就乘英国公司轮船离开上海，在海轮上独自度过己亥年除夕，迈入庚子年。初二日（西历1900年2月1日）他在香港码头上岸，初八日避至澳门。

因为上海租界、香港、澳门，甚至长崎港、神户港的存在，以及外国轮船公司的运营，帝国不再是笼罩一切的力量，逃离它并不困难。除了信仰，或许也是这些因素给了经元善、康有为、孙文这些帝国的叛逆者反抗的底气。

中枢知道经元善逃离上海后，当然明白就是他的老上司盛宣怀通风报信的。刚过完年，初九日发布谕旨，以"经元善等致电总署，危词要挟"，称其系盛宣怀"多年任用之人，自必熟其踪迹，著勒限一个月将经元善交出治罪"，否则"定惟盛宣怀是问"。十二日，命将经元善革职严拿，并令浙江巡抚刘树棠查抄经家在上虞的家产。

祸事落到自家头上，盛宣怀为自保起见，不得不一边运动各方力量保经元善，一边认真想怎么把他控制住，实在不行的时候能把他抛出来。要是以朝廷旨意定的罪，经元善就是政治犯，按照国际惯例，葡萄牙方面肯定是不会引渡的，于是他捏称经元善是在上海电报局亏空公款而逃走，电请两广总督署以经济犯罪向澳门的葡萄牙殖民统治当局提出引渡交涉。

正月二十六日，澳门殖民统治当局根据两广的指控，将经元善拘捕。

同日，已至广州接任两广总督的李鸿章电告盛宣怀，已按你要求商请澳门葡方拿获经元善，请速提供引渡凭据。即提供经元善经济犯罪的相关证据以引渡。盛宣怀也没想到葡方真把经给抓了，估计心里骂："澳门这帮葡萄牙洋毛子只做生意不看报的吗，经元善这事各大报连篇累牍的报道，是咋回事你们还不知道吗？"这下假戏变成真做了。幸好他原是李鸿章的幕僚和门生，都是自家人。赶紧密电李鸿章，给他交底，并告诉李这一段他在北京活动，已说动军机大臣王文韶向荣禄为经元善说情："昨王爵帅向荣相进言：经系善人，办电局亦无过，聋聩废人，无能为患。又有人函称，公电系日报馆主笔，因欲免出报费，乃首列其名。经系聋疯，受人之愚等语。现已革职查抄，如照原议请充发，与澳督公文骗拐之罪相当。若到案后另科重罪（指死罪），澳督执有骗拐凭据，未免失信。以后若向港、澳拿人，恐不复灵。顷商总署竹筼（总理各国事务衙门大臣许景澄，字竹筼）诸公，嘱即密达钧处，拟请到案后，先电宣怀，俟与荣相面商，再请钧处讯供电奏。"

这段话先是说，王文韶告诉荣禄，堂堂上海电报局总办经元善其实是个聋子，这事不是他干的，别人为了省电报钱，就把他电报局总办的名字列在首位。这个理由不知道是盛宣怀教给王文韶的，还是王自己编给荣禄听的，相当需要想象力，荣禄接受起来应该也需要很大的勇气。

第二部分有些道理，是说我方是按照经济案件和葡萄牙交涉的，革职查抄等处罚也与此罪相当。如果等经到案后按照政治犯去审，最后叛个死罪，今后中方再到香港澳门要求引渡人犯，人家就不合作了。我和总理衙门许景澄诸公都商量过了，葡方引渡给您之后，您先告诉我，我与荣相面商之后告诉您怎么审讯怎么上奏。

事后盛宣怀给李鸿章老实说过他的本意："闻政府言，慈圣并不以经为意，惟言路屡劾经系盛私人包庇纵逃，故求师派拿以明心迹。"太后过几天也没再留意这回事了，就是有的人要整我，发动御史以经元善是我的人，是我放走的为由揪住我不放，我请老师捉拿经元善只是表明我与他无关。

好一出表演。政治上，你看到的一是一、二是二往往都是表象、假象。一是二、二是三更接近真相。

李鸿章也并不想认真为难经元善。经南下逃亡时，他的好友赵凤昌就给李的幕僚徐赓陛写信，请他代向李为经缓颊。李鸿章回话："我决不做刀斧手。"

不只是李鸿章，整个东南官场都采取了不合作的态度。

此时刘坤一已交印准备北上，江苏巡抚鹿传霖署理两江总督，上海道属于江苏，鹿有捉拿经元善的责任，他派道台洪某到上海找到赵凤昌，请他劝经主动投案，保证只是终身监禁。赵反问，如果北边有严旨就地正法或者提拿北京，鹿公敢抗旨否？以后史书上大笔写下：鹿传霖杀经元善，芝帅（鹿字芝轩）觉得值吗？洪某回去复命，再无下文。

历史是中国人的宗教和道德准绳，使人有所畏惧，这一优良传统起于孔子笔削《春秋》。大哉孔子。

荣禄、王文韶、李鸿章、盛宣怀、总理衙门诸公都被编织到经元善案这张网中去了，共同救经一条活路，也是表达了他们对建储共同的态度。

于是李鸿章二月初四日致电上海道台余联沅，把事情推给他，让他自己将此案按照经济案件向葡萄牙驻沪领事商量引渡办法。

但是，经元善一案已经是中外瞩目，在澳门被捕之后，沪、港各埠许多中外人士"咸抱义愤，力主公论，致函电于葡衙者，纷至沓来"，对澳门殖民统治当局施压。这里面就有许多保皇党的身影，梁启超后来特意从檀香山致书经元善，称誉曰："今年之仍得为光绪二十六年者，皆先生之力也。一言重于九鼎，先生之所以报君国者，所造实多矣。"

葡方也不想趟大清这浑水，索性将经元善拘禁于澳门大炮台，并拖延审理时间，从而不能引渡。盛宣怀二月初十电告李鸿章："洋报皆称实为国政，恐难交解，幸未奏报。如奉催缉，再将现办情形上陈。如不问，拟不提。"上面不再问，咱们也别再提这事了，就拖着，世上很多问题拖一段就都不成问题了。

果然，再往后北方形势动荡，朝廷更无暇过问此事，经元善在澳门炮台长期幽禁，直至光绪二十七年（1901）仲夏那场大事变。

谁是义和拳

庙堂之上为了废帝立储而权力勾连,派兵布局之际,也恰在士绅文人为争伦理纲常而请愿抗议,电文往来之时。在江湖之远,在无能发声的最底层社会,一种新的力量,在搅动发酵,在沉默中迸发,以狮子吼震慑世人。

立储是在己亥年末,几天之后就转入庚子年,庚子开年就不寻常。

京城前三门外,各街巷小贩卖吃食,多以黄米作饼,内填豆馅,名为火烧,沿街吆喝售卖,本是习以为常。今年春间,不知何人起的头,这吆喝的话就变成了"大火烧,大火烧"。不约而同地昼夜喊卖。当时并未觉得有何异样,事后看来,也是先兆。

在北方直隶和山东乡间,乡里人常有熟炒蚕豆沿街叫卖的,今年不知何人传的吆喝语:"铁蚕豆,炒了个熟,先杀鬼子后烧楼。"

三月中旬,家住京城宣武门外椿树胡同二巷的仲芳与友人同游西山八大处,夜宿半山龙王堂庙内。拂晓而起向东南望去,见日光未出之时,早霞照耀,色浓如喷血,半天皆红,遮照东南。这本是正常景象,可莫名间就觉得煞气迷漫。当时与友人相谈，只以为是今春大旱之象，四个月后回想起来，仲芳才明白这是上天警兆城陷兵灾，只是当时悟不到罢了。

正是在同一时间，义和拳从山东蔓延到直隶，树起扶清灭洋大旗，扒铁路毁电线烧教堂，所过一呼百应，靡敢不从。

从京城到地方，各地官绅士人，互相打听，谁是义和拳？

从源流上简单地说，义和拳源于康熙初年山东人刘佐臣创立的八卦教，刘佐臣又曾是白莲教的弟子。明清两代以来的民间教门就是如此互相继承，盘根错节，细论起来都是亲戚。

义和拳最早流行的地区在鲁西北，这是山东最穷的地方，穷得连地主都不多，因此缺乏一个密布的农村乡绅阶层以儒家伦理文化去领导和凝聚地方村社。所以当地社会是一盘散沙，人口流动性极大。

一般来算命的都是正遇到倒霉事的，因为穷，所以病急乱投医，就容易信奉怪力乱神。

因为一盘散沙，所以当地村社对外来人口排斥性不强，他们就能渗透入各乡村设坛传教。正是这一点符合了义和拳的一个创新之处，使得它早期在鲁西北获得了快速的发展。

义和拳与它的祖师爷白莲教一样，其神通的核心是请神降临。但比起白莲教，它的创新之处在于不止教主可以降神，只要心诚人人都可以神灵附体。这类似于马丁路德的新教改革，人人都可以绕开教会与上帝一对一沟通；亦相当于六祖慧能发明禅宗，个个皆能不依赖佛经，明心见性即可成佛。不需要加盟代理费就可以和总部挂钩；没有各种层级每天直接向大boss汇报，领受指示。这是天底下所有微商梦寐以求的，发动最快，效率最高的组织形式了。于是它传播更快更广，也不容易因为某一个首领被官府捕获而失败。但是成败终是一体之两面，它的坏处是不容易集中以形成统一的领导核心,也不能有协调一致、互相配合的行动。所以义和拳发展也快,其后的失败也快,所谓其兴也勃,其亡也忽。

戊戌年(1898)8月8日开始,黄河在寿张决口,随后在济南和东阿决口,鲁西北许多地方遭遇水灾,数百万人流离失所。继水灾之后,当年冬天华北大旱。己亥年(1899)继续干旱,春天至冬,未得下雨,春麦未能种下,玉米面、高粱面、白面每斤数十文,白米每斤二百文,白菜每斤二十文。庚子年(1900)到五月末都未下透雨,粮食都未种上。除了缺粮带来的饥荒,大旱也使土地无法耕作,青壮年劳力们无事可做。

无粮可吃,无事可做,这时候只有参加义和拳才有可能吃饭。粮食来自抢夺教民财物,逼迫大户开仓,以及富裕的拳民自愿奉献。当此乱世,抢劫和耕作一样,都是干些体力活而已,都是为了在世上有口饭吃。

如此艰难的时势,除了吃饭,还必须要树立共同的敌人作为苦难的原因,才能让苦难在精神上减轻一些。黄河决口和天久不雨都是上天莫测之意,无从追究,只能在尘世间寻找根源。

而越来越多的洋人、洋物、教民的出现,以及他们越来越跋扈的行为,很容易让无依的农民们相信这是使自己遭受不幸的原因。

在中国的基督教新教徒1890年时有3.7万人,1900年达到8.5万;天主教徒增长更为迅猛,1890年是50万人,到1900年竟然增加到700万。增长速度的巨大差异并不是因为天主教比新教对中国人的心灵世界更有吸引力,而是一旦传教士与地方官员发生冲突,作为梵蒂冈指定护教国的法国支持更积极,而英美不太愿意干涉。

义和拳在直隶越来越难以控制时，总督裕禄请乩，问："大事如何？"请出吕祖吕洞宾回答："你问吾，吾问谁？十个官，九个肥。盗入内，不拿贼，放走了，埋怨谁？"对在腐败的大清司法体系前极端无助的民众来说，传教士干涉词讼是吸引他们入教最有力的因素。

一位英国驻华领事在1899年报告说，湖北某地两个村子，因为一个池塘的所有权纠纷而对簿公堂，官司打输的那个村子决定全村加入天主教会，神父立即要求此案重审。而打赢官司的村子见势不妙也全体加入英国国教。对大多数中国教民来说，管你什么耶稣玛利亚，管你什么末日审判，有个依靠保护我不受欺负是最重要的。咱老百姓就是这么现实。所以教会与义和拳冲突的本质在于对地方政治权力的争夺，而不在教义的维护。洋教士们对此大都心知肚明，但是为了完成梵蒂冈教廷的海外传教任务，不惜戴顶戴挂朝珠坐大轿，以和地方官分庭抗礼。1898年德国强租胶州湾后，山东的教民更感到组织越来越硬气了，于是民怕官、官怕教的意识深入人心，教中不肖之徒更为猖獗，借教欺人。

事情走得极端必起反动，于是逐渐流行开"杀了洋鬼头，猛雨往下流""洋人杀尽，欲雨还雨，欲晴叫晴"这样的顺口溜。还有人把揭贴四处张贴："兹因天主耶稣教，欺神灭圣，忘却人伦，怒恼天地，收住之雨，降下八百万神兵，扫平洋人，才有下雨之期。"

四月初，美国长老会教士芳泰瑞在北京写到："自我到中国以来，全部消灭我们的日期至少已被确定过50次了。"

五月间，山西的传教士们都在日记和信件中祈求下雨，认为下雨会让他们面临的日渐紧迫的义和拳风险消散。

让人想不到的是，下雨带来了两个截然不同的后果。

四月初直鲁交界一带下了一场透雨，喊打喊杀的农民们马上扔下武器，解下头巾，回家种田去了，这一带安静下来。曾经有个大刀会首领叫韩姑娘，她抢夺富户粮食，凡入会的人就有吃的，短时间就聚集了上千人，信誓旦旦地要跟她干。过了几天下了一场大雨，转天人都没了，全回家种地了。六月，天津大雨倾盆，一支义和拳在被洋人打败后全部溃散，逃命回家的拳民说："天雨矣，可以回家种地，似此吃苦何益。"

下雨带来的另一面则确实没有为教士洋人们所预料。保定在六月初四初五日杀了15名新教传教士，之后该地下雨，义和拳认为大雨证实了他们的推测，确是洋教对上天的亵渎引致了干旱。

袁世凯接任山东巡抚后，虽然有一些义和拳民被从山东驱赶到直隶，称为"老团"。但是直隶的义和拳大多数是本地人。自从推行洋务，引进蒸汽船之后，直隶的船夫经常揽不到主顾。很多车夫和马夫自从京津铁路开通之后，也失去了工作。传统的驿站也被现代的邮政和电报所冲击甚至取代。所以，山东的义和拳是以土地无法提供收入的农民为主，而直隶的义和拳则以失去了固定职业的游民为主。

以上是义和拳成员的来源。那么他们是如何组织，具有何种神通呢？

义和拳据说下分八派，按八卦每一爻为一派。只是不知何故，庚子年闹得沸沸扬扬的多是坎字拳与乾字拳，不见其他六派。进入直隶后，坎字拳流行于河间、沧州、静海之间，白沟河有一名叫张德成的，是其领袖。他本是船帮老大，设坛于静海县独流镇，称"天下第一坛"。今日该镇盛产优质大蒜，"独流蒜"闻名京津冀。乾字拳由景州蔓延于深州、冀州、涞水、定兴、固安，固安离北京很近，今日的"特产"是大兴机场，所以最后进入京师的多是这一派。

坎字、乾字两派请神各不相同。坎字拳传习的时候，令弟子焚香叩拜，然后直立起来僵直扑倒，扑倒之后再立起来，即神通上身了。上身之后持枪棒跳跃舞蹈。乾字拳则是令弟子跪伏在地，闭口以鼻呼吸，过一会儿，满口白沫，旁人则鼓噪大呼：神降了。此人也是跃起来持械而舞，待到力竭，瘫倒在地，说是神灵已去。

那到底什么是上神？

据人类学学者的研究，上神的本质是不吃不喝带来的低血糖促成的精神恍惚。有学者对包括南美洲、非洲部落的祭司、巫师的研究认为全世界的上神行为要以戒断饮食数日为前提，看起来是为了虔诚，实质是饿出低血糖。义和拳事件中是1898年、1899年广泛的缺乏食物导致的持续饥饿使得上神变得常见。

请神之时要配以秘传的咒语，记录下来有一种词是："快马一鞭，西山老君。一指天门动，一指地门开。要学武艺，请仙师来。"各坛所供之神不一，要请哪位仙人就呼唤其名，流传下来有一咒语似乎是集体大召唤，其词云："天灵灵，地灵灵，奉请祖师来显灵。一请唐僧猪八戒，二请沙僧孙悟空，三请二郎来显圣，四请马超黄汉升，五请济颠我佛祖，六请江湖柳树精，七请飞镖黄三太，八请前朝冷于冰，九请华佗来治病，十请托塔天王，金吒木吒哪吒三太子，率领天上十万神兵。"大多是杂取自《封神演义》《西游记》《三国演义》诸小说。

除了请神，还有法术神功。

义和拳所练神功大抵分为两种，一为浑功，一为清功。浑功大致是速成班,百日有成,能避枪炮。清功是长期班,四百日方有成,效果也不一样:能白日飞升。临阵之时,拳民胸前佩一黄纸画像,在此像心脏的位置以下写一行字:"云凉佛前心,玄火神后心。"口中配合诵咒:"左青龙,右白虎,云凉佛前心,玄火神后心,先请天王将,后请黑煞神。"据说能使枪炮不燃。

写下这段材料的清人在写完以上字句之后紧跟了一句:"诵声未绝,中弹毙。"

义和拳还有一个流派,全为女子,称为红灯照。

甲午中日战争时,天津饱受惊扰。北乡挖河,挖出一块残碑,上写:"这苦不算苦,二四加一五;红灯照满街,那时才算苦。"庚子四五月间,天津忽传有红灯照,都是十几岁的幼女,身着红衣袴,头挽双丫髻,年纪稍长的则盘高髻。都是左手持红灯,右手持红巾或红色折叠扇。说是最初有一老妇人设坛授法,这些女孩子环侍四周受法。四十九日术成,称为大师姐,可用扇子将自己扇离地面,越扇越高,直至云端,渐渐化为明星,在空中闪闪发光,忽上忽下,或近或远。天津市民乡民奔走追逐,有整夜在屋顶瞭望者。大师姐自言能从空中扔下火焚烧洋人房屋,并能呼风以助火势,将洋房焚烧无余。于是每入夜,天津家家都悬挂红灯,呼为"迎红灯照仙姑"。天津开战之后,每有洋楼被焚,人人皆说此是仙姑掷火所为。

庚子年,华北大旱,义和拳在山东如火星溅入枯草,星火燎原,声势愈来愈浩大。两任山东巡抚李秉衡、毓贤皆信用扶持,以压制洋人教民。其实毓贤在山东从知府到布政使,皆是以镇压地方骚乱得力,手段毒辣而闻名。朝廷启用他为山东巡抚,也是因为他的前任张汝梅对大刀会主抚,改派他来剿灭。

1897年巨野教案就是毓贤查办的，效率高，下手狠，连德国人都拍手称快。但教案解决后，德国仍然无理抢占胶州湾。自此之后，毓贤的思想就发生了转变，对解决民教冲突不再积极，直到转变为仇教。他解任山东进京述职时向端王、刚毅讲述了义和拳的忠勇可用。

待到袁世凯带小站所练新军接任山东巡抚，方针一变，约束义和拳高效有力，镇压手段极为残酷，义和拳遂被迫向北流入直隶。直隶总督裕禄起始也很出力打击义和拳，但是他是个有名的庸吏，约束低效，所以义和拳最终在直隶生根成长。

有意无意的误会

事情从己亥年之建储发展到庚子年之动荡，一个至为关键的因素是洋人。

这是一个全新的变量，中华帝国在帝位继承问题上所需要考虑的各种制约因素中从来没有这一项，也就无从在历来决策所依赖的历史经验和儒家教训中找到任何借鉴。何况这一全新的变量还蕴含有两层含义：第一层是洋人怎么看待对待建储一事，第二层则是朝廷怎么理解"洋人怎么看待对待建储一事"这件事。因而其间充满了误解、利用与躁动，再穿插宿怨、公义与私愿，交织成庚子年这场闹剧、悲剧。

经元善等人的联名电奏，开篇即是"探闻各国有调兵干预之说……"。而旧金山、新加坡、悉尼等几大洲的四十六埠华侨则公开吁请英日美三国"代救光绪"。

你看，民间首先想到的要么是洋人会怎么掺和这件事，要么是要把洋人拉进来掺和这件事。

其实官员也是这么想的。

至少从第二次鸦片战争以后，"境外势力"就成了现实政治决策避不开的考量因素。废立之事，太后别的都不太顾虑，忌惮的是列国可能的干预。反对废立的大臣们在她耳边夸大"夷情"。荣禄、刘坤一、孙家鼐、奕劻等人都异口同声地给太后说，立储废帝，外国一定反对，必会干涉。有一个传言在京中中下层官员中传播，说"（李）鸿章一日至总理衙门，各国使臣来会。各使问：'贵国废立之谣有之乎？'李笑曰：'绝无此事。'又转诘之曰：'如诚有之，贵使意如何？'各使均对曰：'不赞成！'李乃因荣禄以达于后。故溥儁仅为大阿哥，而太后仇外之心实自此始。"

李鸿章与各国公使之间有没有这么一段对话不得而知。但是这个传言的广泛传播已经改变了人们的认知乃至预期。一件事所产生的后果往往比它本身的真假更重要。

如此种种，真真假假，最终影响了太后对"洋人如何看待立储废帝"的认知，进而形成了她的行为预期。

于是，在公布建储之前，太后就预做部署。首先给各地实力督抚打预防针，密谕说："万一强敌凭凌，胁我以万不能允之事，亦惟有理直气壮，敌忾同仇，胜败情形，非所逆计也。"所谓"万不能允之事"就是胁迫太后退居二线，归政皇上。只要对方的要价是这样，那根本不还价，必须玉石俱焚。这是做硬的一手准备。另一方面也做好软的一手，她多次亲自接待各国公使夫人，以联络感情，树立自身的开明形象。但是，请客吃饭这一套对化外之夷是否有效，太后心里没底。

所以，尽管建储一事已是天下皆知，总理衙门就此事给各国公使的正式照会仍是在转年，即光绪二十六年（1900）一月三十日才发出。其中除转录立大阿哥的原旨外，特别添入"朕痼疾在躬，难于诞育"一句，意为我疾病缠身，生不出孩子。为了加强立嗣原因的解释，以求得各国理解，竟毫不在意皇帝的隐私与面子。

一国中央政府对全世界官宣本国最高领袖不孕不育,前无古人,后当无来者。

照会发出之后,对于会收到什么样的回应,太后的内心是忐忑的。

端王载漪从来没办过外交,缺乏经验与定力,沉不住气,照会发出没几天就"使人讽各国公使入贺",但是没有得到回应。这使原来就心虚的端王、徐桐、刚毅等废立派以为"各国阻止","乃极恨外人,思伺时报此仇"。谋划什么时候找机会报仇。

既然大家都在猜洋人什么意思,那他们到底什么意思?

先看英国,这是在华利益最大,也是对华影响力最大的国家。并且它确实也干涉过皇位废立,戊戌年间要不是英国的强烈反对,太后可能已经废了皇上。他们在政变第二天就向大沽口出动兵舰,还公开动用军舰保护政府通缉犯康有为至香港。

但己亥年的情况已然不同一年前。此时大英帝国的关注点在遥远的南非,他们和荷兰人的后裔激战正酣,史称布尔战争。而且,太后复出主政这一年多时间,虽然停止了各种新政,但未对英国在华利益采取任何损害举动。英国朝野逐渐认识到这位女主虽然保守,但是并不排外,她唯一关心的只是自己的权力。

那有什么必要一定要扶立光绪皇帝呢?

立大阿哥后,日本驻英公使松井奉命打听英国对此事的态度,英外交大臣索尔兹伯理侯爵以外交辞令应付他:"未成事实之前,不便采取任何行动,至于将来采取何种行动,此刻不便透露"。松井又去见外务次长,答复更加直接而明确:"至于立储,英国不打算给清廷任何劝告,因为实权早已掌握在慈禧手里，光绪是否在位，并没有多大区别。英国只关心其本身利益。如果影响中英关系或英国利益时，才采取行动"。

再看德国。德国在去年刚和大清签订了《中德胶澳租借条约》，"租下"胶州湾及南北两岸，租期九十九年。刚占了这么大便宜，何必去为人家立储一事再起冲突呢？德国的政策是，只要立储一事在中国不引发动乱，不影响德国利益，就不过问。

美国更没兴趣干涉。对戊戌年的事变，驻华公使康格就说过："太后重夺政权只是一种宫廷内部的权力更迭，不会影响中国的经济过渡、商业发展和教育改良。"因此美国没有必要过问。己亥年的事本质上是戊戌政变的一个自然延伸，美国仍然没有必要干预。

俄国本身在中国政治中就倾向后党，长期与倾向帝党的英美日争夺在华利益。扳倒光绪，更是乐见其成。俄国与法国已经结成法俄联盟，在全球一致行动，法国也不会干预。

这才是帝国的本分。一切以利益为鹄的，少谈正义与主义，不务正业。

只有日本，曾尝试采取积极行动。如上所说，它的驻外使节奉命就立大阿哥一事分别征求过英、德、俄、法等国意见，想联合各国采取一致行动，施加压力，但都遭到冷遇，于是只能静观其变。日本驻华公使告诉总署，如果是选择继承人，无话可说，如果是为废光绪，则日本将干涉。而日本之所以想出手，是因为日本这段时期以来的政策是希望中国变成和自己接近的国家，共同抵御西方对东方的侵蚀，特别是俄国在远东的野心，所以一直在谋求扶植亲英日的光绪以对抗亲俄的后党。

因此，各国公使未向清廷祝贺立储，其实只是一种无可无不可的消极表示，可以理解为"再看看"。他们预期这个变化会导致中国政局更大的变化,需要进一步观察对各国利益产生何种影响,并非明确的反对。

天大的事,其起源不过就是一场误会,对对方意图的误判。

何以会有此误判?

一方面,是有人有意利用。

君主废立或者立储之事,臣下向来不得妄加干预。反对立储的大臣,多是办外交办洋务多年之人,如庆王、刘坤一、李鸿章、盛宣怀、许景澄辈。而主张废立的诸亲贵大臣,如端王、刚毅、徐桐等,对外交洋务一窍不通,甚至反感。于是借外力来作文章便成惯用之法。端王又格外心急,想早日成为"今上"之父,立刻就想"万国来贺",不能达成目的,加上反对者的误导,就被带到沟里去了。

另一方面,是当下在华外交使节的整体业务素质下滑。

欲明白此一关键,我们有必要描绘清楚此时在京驻华公使的整体面貌。

之前曾有言,朝廷中的保守派因为不熟悉外交,无法理解和判断各国的意图,又被刘坤一、盛宣怀、叛党康有为这些人误导,以致出现误判与误解。其实,这时候北京的外交官使团整体上也缺乏对朝廷政情的理解。

过去驻北京的那些外交公使们很多都是中国通,他们在华大都有十来年的时间,其中德国公使巴兰德驻华近33年,由此对中国文化多少抱有一些理解,对"满大人们"阴阳表里的政治手腕和曲折迂回的东方表达方式能解读个七七八八。1895年后,大批的中国通在几年的时间里集中被调离北京,新来者甚至没有互相讨教切磋的对象。

巴兰德的后继者申克和海靖都是非洲事务专家;英国新

任驻华公使窦纳乐少校是从驻开罗总领事任上调到中国的，是资深的非洲事务专家；法国新公使毕盛也是以熟悉非洲事务知名；意大利新公使原为驻开罗公使马蒂诺，后换为他在开罗的助手萨瓦戈。这样的职业经历使得他们在处理中国事务时容易倾向于把中国当作非洲一样来对待。窦纳乐1896年7月给英国外交部的报告里表达了他对所在国家的极大轻蔑："欧洲或任何文明国家的统治者都不会像这些人（清政府）一样管理国家，将中国看成是一个文明国家，实在是大错特错。"其他各国新公使虽然不是驻非洲外交官，也是对华外交的新手。美国1898年以康格少校接替驻华十三年的登比。俄罗斯也派格尔思接替了老牌的中国通喀西尼。德国公使克林德虽然1881年至1889年在广州、天津担任过职务，但是1899年他回到中国时，已经有十年没有和中国打过交道了。

不仅公使如此，随员们也差不多。德国使馆中文翻译柯达士的中文水平相当差，公使海靖的夫人伊丽莎白多年后回忆说："柯达士的中文受中国人耻笑。"意大利使馆的翻译维塔利翻译时则错漏百出，不能准确传达总署大臣的意思。后来他只好坦白，他在那不勒斯学中文时只学过语法，不熟悉发音。

维塔利日后成为著名的汉语言专家。

此时公使团的团长论资排辈排到了在华任职时间最长的西班牙公使卡洛于伯爵。他67岁，视力很差，基本是半个盲人，但是生性乐观。西班牙把他留在北京的主要目的是好不容易有资格担任外交使团团长，需要保住这个荣誉而已。因为西班牙国力的关系，他对在华的公使们并无实际的号召力。于是窦纳乐总想成为实际上的公使团领袖，但是英国外相一直要求他不要出头，大英帝国正深陷在南非布尔战争的泥淖里，不想在中国事务上承担责任。毕盛出生于中产阶级家庭，他的夫人是里昂著名餐厅金房子老板的千金"佟掌柜"。这样的家庭背景，在全是贵族出身，充斥着各种男爵伯爵名号的十九世纪外交圈里面被认为是异类，他们的举止也成为大家所热衷的讥笑对象。克林德则性格暴躁、为人刻薄，瞧不起中国人，也瞧不起在北京的外交使节们。总而言之，他在整个北京的外交界人缘都不好。

北京的外交界群龙无首，各怀鬼胎。

因为像非洲一样瓜分中国已不可能，所以长期以来各国政府关心的是他们彼此之间在中国利益上的互相争斗，彼此监视谁也不要多吃一口，对于传教士问题和中国的内政问题其实毫无兴趣。各国驻华公使在这两个问题上和各自的国家沟通不多，他们对太后的态度包括为皇上看病这样的事情上其实都是自作主张，发泄对北京无聊的外交生活和政府保守沉闷氛围的不满。但是，却被朝廷认为是各国有意要干涉皇位继承这一内政问题。

朝廷立储易君本是一事，华北拳民纷扰本是一事，外交使团业务生疏亦是另一事，独立的每一件事都不难处理，可是这三件事却鬼使神差地纠缠在一起，彼此推动，互相勾连，遂成无法解开的死结，必须要以毁灭方致新生。

恰在己亥庚子之交，立储之前不到一个月，又发生了卜克斯事件，双方处理这一事件的过程，恰成为误解深入的过程，又成了矛盾激化的引线。

康有为这个冤家

太后的老冤家康梁党人也对这种误解的形成与固化推波助澜，不遗余力。

康有为的学问自然够得上一代大儒，但是他往往不是把追求儒家学术看成目的，而是作为手段。为了给体制改革制造思想依据，他写出《新学伪经考》，说你们这些老古董拼命捍卫的所谓正统思想，不过是西汉刘歆所伪造。他又写出《孔子改制考》，告诉这些守旧大臣们，你们顶礼膜拜的孔老夫子就是一个改制者、改革派。为了改革他不惜伪造尧舜周公的言论为自己张目。这种手段推到极致，康圣人竟然照抄了《三国演义》汉献帝血书诏书夹带在衣带中交给董承的故事。他逃到海外之后，四处对人说，戊戌事败前一日，光绪皇帝托杨锐带出一份衣带诏给他，命他逃出北京，从长计议，想法勤王。这份衣带诏全凭他嘴说，谁也没见过。就凭着这个可疑的诏书，他在海外处处以光绪皇帝意见代表的身份说话。这一次他们对英国许诺："扶助皇上复辟，则皇上必深与英相结纳。"保皇党人所办的报纸时而声称"各国公使已有密电至沪，饬兵轮北上"；时而报道"法兵舰于二十五日得立嗣之信后，已即日开行北上，准备入京"；时而散布日本"将以兵力相向，各国钦使如其言"。

在动荡不安的氛围中,越耸人听闻的消息越能被广泛传播,最坏的局面往往被认为最接近真相。

从民间到内部再到叛逆,这些所谓的证据链互相证明,层层叠加,最终导致太后及运作废立的小集团最终确信洋人将在立储一事上持反对态度。

因此,一系列针对康党的打击措施接连出台。

首先,是从思想影响上清除康党流毒。

庚子年正月初六日,上谕立储方才十几日,新年刚过完,就下诏,要求各省今年乡试的考官在判卷取士的时候不得"好新喜异",必须以祖法圣道为取舍标准,稍涉离经背道者,立即摈弃。这是从官员录取上严防受康有为维新之学影响的人混入干部队伍。

二十一日,批准侍读学士陈夔龙的奏章,命令各地整顿学校,宣明圣学,有"气质嚣张、沾染康梁恶习者",要严斥痛惩。三月二十一日,命各省督抚学政,将学校书院加意整饬,杜绝邪说影响。这是从教育战线上严防康党思想的渗透。

更有甚者,规定如果有购买阅读康党所发行的报章者,也要严拿惩办,并将其所著各书严查销毁。康有为之所以暴得大名,很重要的一个原因就是弟子梁启超那饱含情感、笔带风雷的文章在新出现的媒介形式——报纸杂志上不胫而走,广为传阅。这是面对新闻出版业这一新兴产业带来的全新的管制需求,大致属于宣传战线上的斗争。

然后,就是最传统最原始的办法,从身体上消灭康有为梁启超。

首先是刨你祖坟。正月十二日,命署两广总督李鸿章将康有为、梁启超广东本籍父祖坟墓铲平,以儆凶邪。

然后是要你小命。正月十五日,命南北洋、闽浙、广东地区的督抚悬赏银十万两,缉拿康有为、梁启超,即便是拿到死的,只要呈验尸身,也一体给赏。如有不要钱要官阶者,朝廷一定给予破格之赏。

对于朝廷一道道的严旨,李鸿章一直在拖时间。拖到二月二十七日,他奏称,香港有新党打着勤王的名义,正在谋划起事,袭击省城广州,已和港督密商查禁。顾虑到激则生变,所以铲平康有为本籍坟墓一事,似宜稍缓。

其实李鸿章本人就是"康党"。

1895年8月康有为在京组织强学会以求维新,李鸿章签完《马关条约》后千夫所指,在京闲居,愿捐金二千入会,被拒。戊戌事变之后,他请日本驻天津领事郑永昌、东亚同文会井深君三次向梁启超当面转达慰问,勉励梁在此流亡不得志的时间里"精研西学,历练才干,以待他日效力国事。不必因现时挫折,遽灰初心"。李大人的潜台词很清楚,你们还年轻,熬时间太后哪熬得过你们,我们这帮老朽完了之后,他日国家还得靠你们。当前的困厄之下,你们不能忘本。

因为郑永昌、井深君是李原在直隶总督任上就结识信任的朋友,在戊戌政变之后,血雨腥风之际,李才敢委托二人带话。

两年以来,李鸿章此心未变。

己亥年底,当他南下接任两广途经上海时,他的侄女婿孙宝瑄前去拜谒。二人闲聊中,李提到,此次接印两广,临行太后特意叮嘱,一定要严拿康党,康梁二人更要着意捕拿,并说,真能够捕拿到康梁,其功当超老夫三十年前平定发匪(太平天国)和捻匪(捻军),必当加官晋爵。说完此话,哈哈大笑,捻须转头问孙:你是否康党?

孙大着胆子答:"是康党。"

"那你不怕被逮?"

"不畏,中堂如果一定要查拿康党,那就先将我抓起来吧。"

李微笑看着孙:"我怎么能将你抓起来呢,我自己也是康党。我为朝廷做事几十年,多少想办之事几十年都做不成,而康有为竟然有胆量在那样短的时间里去办,虽然急躁,其心可嘉,我对此深感愧疚。如果说大清要变法,要维新就是康党,那么老夫就是康党。"

太后对此也有耳闻。

一次召对,说完公事后,她曾漫不经心地问李鸿章:"有人说你是康党?"李并不张皇,跪在地上平静地奏对:"臣实是康党。废立之事,臣不与闻;六部确实可废。如若旧法能富强,中国之强久矣,何待今日?若主张变法者即指为康党,臣无可逃,臣是康党。"

在理有节,无可指摘。

李鸿章抬起头平静地看着太后,眼中毫无波澜。

太后默然。

其实康有为在京办强学会讲求维新之时,京中京外许多大员都赞成,张之洞袁世凯都曾赞助重金,蔚为风尚。大清积弱之下,维新变法的目标已成共识,只不过是路径方法有不同。太后重新柄政后对此也看得很清楚,所以天大的事,也不过是杀六个皇帝身边的小臣,惩处几个大臣而已,也不去深究。

所以这一次,太后不接受"康党"李鸿章的托词,告诉他:"力遏乱萌,勿瞻顾彷徨。"

一语点透,警告你不要有所顾忌,不要想做事留后路。话说到这个地步,李鸿章再也无可推脱,你可以说康梁跑到海外,抓不住，总不能说康有为的祖坟也长脚跑了吧。

五月初十日，李鸿章奏报，已命南海知县裴景福带人将康有为祖父骨坛两具刨出，并将骨殖弃入虎门洋面。

在朝廷立嗣及刨祖坟等一系列打击行为的刺激下，康有为一段时间以来已有所和缓的宣传火力再度集中针对太后与荣禄，并且不仅仅停止在骂战的层面，还公开打出武力勤王的旗帜。

但是，过去这一年，康党内部已然出现了裂痕。康梁不再同心。

事情的起源在于戊戌之后二人思想发展上的分野，契机则是广东老乡孙文的出现。

孙文所秉持的是以暴力革命的方式推翻朝廷，肇建共和。破屋千疮百孔，修无可修，补不胜补，不如推倒重建。

而康梁则深受光绪知遇之恩，意在以大刀阔斧的改革方式赋予旧邦以新命。而且千年一系之君主国日本通过明治维新一夜暴富的例子就在眼前。

因此二者没有任何思想交集，正如九宫格和打边炉不能互相欣赏，咖啡和大蒜不宜同时服用。

但孙文原本对此认识并不清楚。

1893年冬天，关心时事的澳门西医孙大夫就听说有个叫康有为的广东老乡在广州卫边街设堂讲学，见识不同俗儒。他打算去交个朋友，聊聊"如何救中国"的问题。谁知道康有为却已端起了架子，让他先拜师才和他多谈。等康梁变法失败逃到日本之后，孙文也流亡日本搞革命，他觉得这下大家同是天涯沦落人，都是清廷的通缉犯，可以聊聊有没有什么合作的。孙文就托日本人宫崎寅藏和平山周向康示意。谁知康进士根本瞧不上他这样的草根，说我"身缝清帝衣带诏，不便与革命党往还"。

孙文这才彻底认清现实："夫康梁，一以进士，一以举人，而蒙清帝特达之知、非常之宠，千古君臣知遇之隆未有若此者也。百日维新，言听计从，事虽不成，而康梁从此大名已震动天下。此谁为之？孰令致之？非光绪之恩，曷克臻此！今二子之逋逃外国而倡保皇会也，其感恩图报之未遑，岂尚有他哉！"

一个进士、一个举人，得皇帝如此之信任，千古未有，舍身以报君恩尤觉未足，怎么会和他这帮帝国的叛贼携手推翻皇帝呢。

要是他知道康有为的衣带诏是编的，估计得一口鲜血吐在秋叶原街头。

但是梁启超与乃师不同，他是个思想奔腾、漫无边际的人，你看他的文字就能理解他的奇思妙想无所不至。他觉得共和与报光绪之恩未尝不可以调和，或许孙文能接受君主立宪制的虚君共和体制，即便一定要走到民主共和，或许可以推举光绪皇帝任第一任终身大总统。救中国，得富强是仁人君子共同的目的，革命与维新只是路径，未必不可以调和。

他在1898年旧历十月下旬主动请一些日本友人引荐介绍，和孙文、陈少白发生了接触。这时他刚刚逃亡到日本没多久。

梁启超曾撰文《杂答某报》提及1899年8月他与孙中山在横滨吉亭深夜长谈之事。他的长女梁思顺（令娴）对人回忆过二人会面的场景："其先君在日本之次年，中山先生曾多次往访，二人大谈革命。一日，令娴女士在隔室中闻孙梁二先生高声辩论革命之道，以为二人争吵，急趋探视，见其父来回踱于室中，孙先生则倚床而坐，各叙所见，状至融洽。"

梁启超还介绍章太炎、唐才常、周善培、钱恂等人结识孙文，并且把康门弟子梁子刚、韩文举、欧榘甲、罗伯雅等人也介绍给孙。这一切，应该是背着康有为进行的。

此时的康有为正在檀香山策划武装暴动，四处筹集经费。

革命和创业一样，核心两件事，一是展示实力，一是画下大饼。康有为是第一流的学者，一定程度上也是第一流的创业者，二者在一个人身上兼具，实不多见。试看他写给募款对象滕芳的信，其中先展示了自己必成功的实力："顷内地已有兵七十余万，新安（今东莞）廿余万。台湾万余人（皆百战之兵），南关（广州越秀区一带）万余，湖南廿余万人，长江各省卅余万。"一个以思想为号召的学术团体在内地已有七十万雄兵，实力如此雄厚，何事不成？

接着画饼："勤王之举，汲汲欲行……故今日救火追亡，未有所急。所以待之者，专待饷耳。美洲多富商，若有愿为国出力者，封侯之赏在今日，望劝之得千数百万，乃可举动。"诸事俱备，成事就在眼前，以今日商业言之，大概如企业IPO最后一轮，现在投资，风险很低，收益却极大——封侯之赏。

孙文被后人称为"孙大炮"，康老夫子亦不遑多让。二人皆有不得已的苦衷，布衣起事，开创大业者，必须如此。

1899年，康有为派得力弟子唐才常、林圭回国，联络长江中下游地区的会党，组织勤王起义。临行之前，梁启超等人为林圭践行。陈少白是革命党人早期的中坚，与孙文、尤烈、杨鹤龄并称"四大寇"，他参加了这次集会："一天晚上，梁启超及康有为其他的门生在日本某菜馆开了一个送别大会，送别林士圭（林圭）等回汉口去筹备起事。到会的除了康有为的学生外，有日本的同志朋友，孙先生和我们兴中会的会员多人参加在内。他们知道我船到日本，就派人到横滨码头来接，一同乘车来到东京，把我送到这里来。大家见过面，把酒畅谈，真是悲壮淋漓，激昂慷慨，都兼而有之了。在席上，梁启超还把合作的话，殷殷商酌，林士圭珍重告别。"

"把酒畅谈，悲壮淋漓，激昂慷慨。"真有高渐离易水河畔击筑送别荆轲之感。那个时代，让人向往。

以上可见革命党人与康门部分弟子来往之紧密。二者每星期必有二三日相约聚谈，继而有孙、康两派合并组党之计划，拟推孙文为会长，梁副之。

一次讨论纲领时，陈少白挑破了一直回避的问题，问梁启超：合作之后，如何对待康先生？梁想了想，扶桌起立，环视四周的同门与合作的盟友，缓缓说："惟有请康先生闭门著书，由我们出来做去，他要是不答应，只好听他去，我们也顾不了许多了。"意见坚决。

回去不久，梁启超就对老师摊牌，起草长信数千言，以"同门十三人"的名义向康有为摊牌，告以"国事败坏至此，非庶政公开，改造共和政体，不能挽救危局。今上圣明，举国共悉，将来革命成功之日，倘民心爱戴，亦可举为总统。吾师春秋已高，大可息影林泉，自娱晚景。启超等自当继往开来，以报师恩"。让老爷子离休，干一些摄影、钓鱼、题词等老干部该干的事，革命工作我们接过来继续干。

可就在差不多同一时间，广东巨绅、几任两广总督幕僚的刘学询以考察商务之名，潜赴日本，任务是诱捕康、梁。他到日本之后与孙中山来往比较密切，外界不知道所谈何事。在日本的华人圈子就那么大，哪有什么秘密，消息很快传出，此事在一定程度上起到了离间的作用，康门师生对孙中山加大了疑虑与不信任。梁启超的逼宫没有得到多数人的支持，反而自己被康有为强派到檀香山。梁启超反水失败,维新与革命的合作无果而终。

后来时势的发展证明了康有为的路走不通。他在各种勤王方案中东摇西摆,举棋不定,起事日益迫切,联系好的各路力量纷纷催饷要经费,时日虚耗之中款项消耗殆尽,被康有为视为主力军的两广勤王军一兵未起。林圭与唐才常到上海后建立自立会,联络会党,组自立军,谋在汉口举事。因康有为所筹款项迟迟不到,一再拖延,走漏消息,庚子年七月在汉口二人同时被捕,张之洞在非常时期,迅即将二人杀于武昌紫阳湖畔。

康有为的报复仍然是停留在纸上,画出的饼,尽成泡影。秀才造反,十年不成。对大清真正的威胁,还要留待十一年后,其自身内部培养的力量。

卜克斯之死

直到己亥（1899）年秋，外国人才开始注意到义和拳的蔓延，10月初，义和拳的揭贴才开始登载在外国报纸上，10月末，北京的传教士才开始在信件中谈到发生在山东的骚乱，12月末英国传教士卜克斯是第一个被义和团杀死的外国人。第二年1月5日窦乐纳向英外交部报告了传教士卜克斯在中国遇害的消息，并报告义和拳在山东制造的事态愈演愈烈。

卜克斯是英国人，24岁，是一个狂热的英国圣公会传教者，随时有为宗教献身的准备。山东的地方官员已经劝告他不要孤身在义和拳盛行的村野里行走，但是他仍然一意孤行。1899年12月29日，卜克斯独自一人骑着毛驴从泰安返回平阴，路过肥城县一个叫张店的小村庄。正在村里发动群众的五个大刀会（这是义和拳的一种组织形态）成员发现之后把他抓起来。他们以为天下洋教都是一家，打算以他为人质去敲诈附近一个富有的天主教教民张洪远。这家天主教徒当然不会出钱来救一个圣公会教徒了，说您随意，然后带着金银细软跑了。勒索未成，大刀会成员们不知道接下来怎么办，就暂时把他捆在村里饭店门外的树上，进店喝酒吃肉。卜克斯身高近两米，身强力壮，挣脱逃跑，被这帮人追上并在雪地中斩首。这是一个完全偶然的刑事案件。

但是窦纳乐不知道怎么想的,拿这事向中国大敲竹杠,不依不饶,撒泼打滚。

此时太后已经不太信任总署办外交的这帮大臣了,她隐隐意识到这帮人会利用外国人去达成别的政治目的。她尝试绕开传统的外交途径解决此事,至少要了解洋人的真实意图。一月,刚毅派出秘密特使到山东会见英国福音布道会主教斯考特的中文秘书余福,通过他告诉斯考特,刚毅希望卜克斯事件能够尽快妥善地解决,并说刚毅对总理衙门的大臣不信任,这些人大多数是汉人,他们可能会故意把事情搞得复杂化,给满族政权带来灾难。而刚毅的背后,毫无疑问就是太后。

交涉过程中,窦纳乐态度越来越恶劣,一次他威胁王文韶,中国如果要避免再次割地的话,就必须在卜克斯事件上接受英国的条件,否则后果不堪设想。刚毅又派一个特使询问"后果将不堪设想"究竟是什么意思,而且说太后本人很想了解英国的真实意图。

如果朝廷对英国政府做了充分的情报工作的话,他们会知到,窦纳乐是在空言敲诈,背后毫无支撑。

英国政府和英国国教会都不支持窦纳乐的行为。

英国外交部收到卜克斯案件的报告时觉得,这不过是这类职业的必要风险,不必大题小做。

和天主教会不同,英国国教会一直警惕传教士在华超越本分的种种行为。1899年,朝廷为了笼络传教士,也以为把他们纳入编制内会更好管理,就对传教士封给官员品级,天主教传教士接受了,于是出现了四品神父、二品主教的神奇景象。坎特伯雷大主教坚决反对新教教士也这么做,他在写给首相的信中说：罗马天主教传教士长期不断干预中国的各级行政管理，特别是诉讼，这种干预的后果十分糟糕，尽管能帮助天主教传教士争取到更多的信徒，但同时也在中国人的大多数人民中间降低了基督教的威望。

此话何其明智，看问题何其通透长远。当年那些传教士急功近利的行为给中国人留下的恶劣印象，使得基督教在华的困境一直延续到今日仍无法解决。

中国已经在很努力地解决此事了。卜克斯事件成为新任山东巡抚袁世凯优先处理的事。五个大刀会成员很快被捕，三人处斩，二人徒刑。有责任的地方官被处理，赔款，全套流程都快速高效走完了。

卜克斯事件引起了在华各国对义和拳这一新兴力量的重视，并且在谈判处理卜克斯事件的过程中。义和拳在袁世凯的高压下从山东漫进直隶，声势更加浩大，于是英美法等几国公使的要求就延伸到对义和拳组织的打击。此后他们联合起来三次要求朝廷用公开上谕的方式宣布打击义和拳。总署大臣向他们解释，已经以"廷寄"的方式将打击义和拳的决定发给地方官员执行，他们也不接受，坚持要朝廷以他们规定的方式发布他们规定的事项，这对朝廷是一个巨大的侮辱。

戊戌政变以后，太后曾宴请了公使夫人们以表达友谊，缓和北京外交界冰冷尴尬猜疑的气氛。夫人们对太后的风度大为倾倒，气氛非常热烈。那一次窦纳乐夫人作为代表，举杯祝太后万寿无疆，太后感动得热泪盈眶，不时地自语"都是自家人，都是自家人"，宴会加演戏花了五个小时之久。于是在3月7日（公历）总署拒绝各国公使公布剿拳上谕请求后的第二天，太后想再一次推行沙龙外交，以缓和因为回绝列国要求而带来的外交僵持。但是这一次，公使妇人们事先得到了丈夫们的警告，宴会气氛完全不一样，冷清得多。

两天后，几国公使联合向中国政府发出照会。其中第一次提出了要保护包括大清子民在内的所有在华教民，这和传统上的保洋人不保华人的政策相抵触，也已经超出了治外法权的范围。在同一天，中国政府宣布任命因在山东剿拳不力的毓贤担任山西巡抚，在外界看来这是和洋人的照会对着干。其实根据干部任用流程，毓贤的任命是在一月份就内定的，完全与此无关。

其实一直到五月间，直隶总督裕禄对辖境野蛮生长的义和拳镇压很得力。聂士成的军队在北京保定之间也出力剿拳，京城步军统领崇礼也宣布在京城拘捕所有的拳民。崇礼与赫德的私交很好，经常一起出席宴会。因此，朝廷不明白为什么公使团仍然在上谕问题上抓住不放，一些人最后只能得出这样的结论：公使团攻击目标的背后是慈禧太后立储本身。

洋人对义和拳的激烈反应还让一些大臣怀疑，洋人这么在意义和拳，他们是不是真的有对付洋人的神通，由此产生的好奇影响到了太后。

其实，洋人真正担心的是朝廷在纵容义和拳的背后有对付洋人的重大阴谋，这一误解对日后形势的激化起了很大作用。

抗议无法从中国政府手里拿到满意的回答，英美两国公使便向国内提出武装示威的要求，而英美两国政府刚开始完全不能明白这种要求的必要性和紧迫性何在。

1900年3月，法国外交部长德卡赛和英国驻法大使芒逊在一起闲聊。芒逊说，在远离欧洲以外国家任职的外交官，特别是在东方的外交官有一个共同的倾向，他们常常不肯放过任何一个推行炮舰政策的机会，而他们为此提供的借口往往也是想象中的危险。

其他国家的公使对此则是各有算盘。

俄国的东正教从来没有在中国传教与吸收中国教徒的习惯。并且沙皇尼古拉二世对欧洲传教士在华的活动一直深恶痛绝。他骂这些传教士是邪恶的根源,是以基督的神圣名义建立商业暴政的始作俑者。1899年底在华的俄国普通公民不过250人而已,沙皇俄国的兴趣主要在获取满洲。

日本人的对华政策重心在于紧紧盯住俄国,遏制俄国。外相青木周藏这时认为端郡王是俄国人扶植的傀儡,俄国人的目的是搞乱华北,然后乘虚而入,在满洲获得更大的权益。当时俄国人是不是这么想的,不得而知。只是事后的结果确实如此。

德国公使克林德对支持教士毫无兴趣,他对海外传教士甚至有恶感。这是受他的叔父威廉·克林德主教的影响。克林德主教在欧洲致力推动基督教社会主义运动,其主旨是将长期捆绑在一起的宗教与统治阶层的利益分离,因此对传教士参与海外殖民非常反感。

可惜,大清的权力实际执掌者见不及此。

僵持之中,义和拳事实上越来越活跃,甚至公开进入了北京,公使们讨论的话题已经转变为如何护卫使馆的安全。前面说过,克林德根本瞧不起中国人,因此对这种风险完全不在意。他认为义和拳以及中国对义和拳的态度不能威胁各国在华利益,问题的实质是中华帝国已行将崩溃,公使们只是装模作样地讨论如何护卫使馆,内心里却在盘算如何得到最大可能的地盘。

一次公使会议上,克林德正告公使团的成员,停止虚伪无谓的辩论,大家把瓜分中国的底牌亮出来进行实质性的谈判吧。

众人大惊。

大师兄进北京

从义和拳在山东露头的时候，朝廷的政策就是剿拳保教。庚子年三月间，皇上与太后还驻跸在颐和园，就下旨强调要剿，于是初进入直隶的拳民和官军不断发生严重对抗。

四月二十四日，聂士成的副将杨福同在涞水被义和拳设伏刺死。聂士成的部队身经百战，是大清最有战斗力的军队，这一下义和拳声威大震。然后他们开始了在山东干的拆毁一切洋玩意儿的做法，先是扒掉芦台到保定的铁轨，并拔去沿路电线杆。四月二十九日，义和拳打下了离京城只有七十里的涿州城，焚毁京郊琉璃河车站及涿州铁桥，芦保铁路火车停驶，由保定至京城的电报也同时中断。

义和拳的声势也引起了太后的注意。五月初，太后派军机大臣刚毅、赵舒翘前往涿州良乡查看义和拳实情，其中隐含着考察他们是否可用的意图。

赵是五月初九日与都察院左副都御史何乃莹同去涿州察看的。这一天清军和义和团在通州激战。

赵舒翘是同治十三年的进士，正途出身，在京中刑部任职及开府地方，都卓有政声。何本是刑部老司员，干练有识。义和拳这种民间方术不是第一次出现在中国历史上，从最早的东

1900.8.15　北京●————●居庸关●————

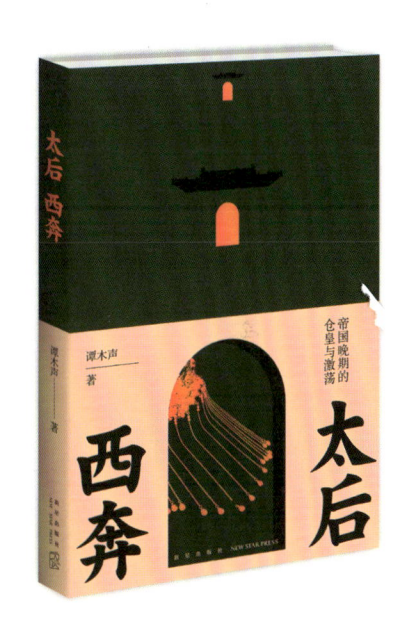

太后 西奔

帝国晚期的
仓皇与激荡

谭木声 著

太后西奔

新星出版社 NEW STAR PRESS

这本书
讲了什么？

1900.8.16 ——— 岔道 ——— 延庆

　　《太后西奔》聚焦1900年庚子事变的重要一环——清廷太后西狩事件，以大历史的视野，小切口进入，串联起晚清最后二十年乃至近代中国社会的历史脉络。

　　特点一是大量采用新材料。 作者钩沉宫廷朝野史料，综合运用清末因为印刷技术的普及和电报的使用而产生的大量笔记、日记、回忆录、报刊时文、外国在华人员的信件、回忆录，各国外交文书等新材料，还原历史细节，洞察历史走向，揭示历史现场的复杂与偶然。

　　特点二是新观察。 庚子之变关系万千重，绝不仅是如过去的史学所揭示，由一义和团运动所能解释。

　　其中有人情：慈禧为光绪皇帝的姨母，母子隔阂是先天形成的。戊戌变法，康有为鼓动围园杀后，事出宫闱，外人不得知，但六君子不待审讯，匆忙处斩，就是为了怕牵出不堪。但从此太后皇帝有了心结。

　　其中有私心：戊戌变法之后，朝中开明势力被打压，保守势力大起，为了派系私利，防止太后死后皇帝清算，遂鼓动太后废光绪，就有了1899年易储风波。

其中有知识的狭隘：进入近代，国际因素第一次成为影响中国内政的因素，保守派对外交的无知带来中外误解。因缘际会，因为华北持续的干旱，铁路、轮船兴起等带来的失业等原因，义和团在山东直隶蔓延，保守派遂利用群众运动来挟持朝政，对抗洋人。于是引起一场罕见的国际干涉，唐明皇仓皇入蜀之事千年后再现。此事由1901年的辛丑条约结束。从此，大清不再讨论开明与保守，而是如何改变，快一点还是慢一点。

特点三是新写法。 采用历史非虚构的写法，力求以小见大，以丰富的细节展现这场起于一家一姓的私怨、终于家国命运的大动荡。其间穿插整个晚清最后二十年的政治纠葛，人物关系，满汉提防，在国际因素和民间宗教的背景下，呈现新意，呈现历史的生动，人物的鲜活，命运的悲剧。

1900.8.19

● 沙城 ●

谭木声
是谁?

●鸡鸣驿●

青年历史研究学者。中国人民大学西方哲学硕士，中国社科院近代史研究所博士研究生。学术研究方向为晚清政治史，特别是清末宪政的外交因素。曾任经济观察报高级编辑、界面传媒创始合伙人。现为人文历史教育传播机构"新亚人文学院"创始人。曾出品中国通史大师课等轻学术作品，为大众所喜爱，在喜马拉雅等平台有数百万收听量。

1900.8.21

· 宣化 ·

名家推荐 看看他们怎么说

1900.8.26

怀安

汪荣祖

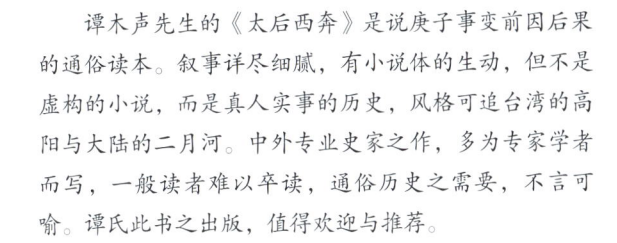

谭木声先生的《太后西奔》是说庚子事变前因后果的通俗读本。叙事详尽细腻，有小说体的生动，但不是虚构的小说，而是真人实事的历史，风格可追台湾的高阳与大陆的二月河。中外专业史家之作，多为专家学者而写，一般读者难以卒读，通俗历史之需要，不言可喻。谭氏此书之出版，值得欢迎与推荐。

马勇

1900年"太后西狩"是一个重大事件。百年来关于这一事件的解读充满悲情、阴谋、戏谑。谭木声这部《太后西奔：帝国晚期的仓皇与激荡》从历史学立场仔细爬疏各种史料，从历史而不是从戏说重建这一重大事件的来龙去脉，却又因其史料爬梳的细密而写得细节丰富，人物立体，殊为不易。

雷颐

从鸦片战争到庚子剧变整整一甲子，六十年间近代中国的变与不变、各种尖锐矛盾与激烈冲突，在这血与火的一年中表现得淋漓尽致。大大小小的事件、形形色色的人物，错综复杂，缠结纠葛，互相刺激，终于造成惨烈的悲剧。木声此书条分缕析、娓娓道来，简明扼要，把如此复杂的历史一幕说得清清楚楚明明白白，细细读来，当给人以历史的启发。

关于"庚子国变"

庚子国变,是指清朝末期,由于列强欺凌过甚,激起中国百姓普遍的愤恨,造成义和团的兴起,以"扶清灭洋"为号召,拔电杆、毁铁路、烧教堂、杀洋人和教民。清政府听信义和团能够刀枪不入,杀光洋人,便于光绪二十六年(1900年)五月二十五日对十一国宣战。为扑灭义和团的反帝斗争,扩大对中国的侵略,英、美、法、俄、德、日、意、奥八国组成的侵略联军,于1900年6月,由英国海军中将西摩尔率领,从天津租界出发,向北京进犯。最后导致中国陷入空前灾难,险遭瓜分。1900年,是中国农历庚子年,这场100多年前爆发的动荡也被中国人称为"庚子国变""庚子国难"。

1900.8.28 阳高

名　　　称：	庚子国变
发 生 时 间：	1900年 — 1901年9月7日
地　　　点：	北京、天津、直隶地区
参　战　方：	清朝，义和团；八国联军
结　　　果：	八国联军获胜，签订《辛丑条约》
参战方兵力：	80000人清军，10 — 30万义和团，50,255人（八国联军）50艘军舰
伤 亡 情 况：	15000-20000人（清军），600-2500人（八国联军）
主要指挥官：	慈禧，聂士成，西摩尔，瓦德西
别　　　名：	庚子国难、庚子事变、八国联军侵华战争

1900.8.29

聚乐堡

身ído恩永

1900.9.3

怀仁

他们眼中的『慈禧太后』

慈禧太后之为人，阴鸷而多智谋，对满汉大臣能恩威并用，权不旁落，绝非一般妇女所能及。

——恽宝惠

"慈禧比我强多了，我只是一个既不伟大，也不渺小的人。"

——英国维多利亚女王

身为一个满族女人，想要掌握那些军国大事的知识，本来就机会渺茫，但是她却与只了解女红的东太后完全不同，处理大事的时候总能镇定自若，中国的门户面对敌对势力从来未被打开，这在中国半独裁统治的历史上可谓绝无仅有，要找一个原因，我想只能说是这位统治者本人拥有一种独特的品质和才能。

——亚瑟·H·史密斯

中国最有趣的名人无疑就是被我们称呼为太后的那位女士。太后在垂帘听政期间处于每一个带有改革性质的运动的前列，其统治的性质只能从这一时期的性质加以判断。由于意志和感觉缺乏一个赖以遵循的明确中心，外交失败了。它的杠杆找不到支点。于是在中国获得成功的永远只有依靠军事力量。与太后这么一个女人就真的大不可能打交道吗？

——《布莱克伍德氏杂志》

1900.9.4　　　　　　　　　　　　　　　　　　　　　　　朔州

　　在戊戌变法中，慈禧太后几乎断送了性命和权力，但是她也从戊戌变法中收获良多，她开始变成一个支持革新政策的人。事实上，她远远胜过她的外甥光绪皇帝。"太后万岁！""太后将来会登上大位！"在她的一生中，人们全部指望她来不断地推进她非常热心支持的目标。她牢牢地掌握着权力，她的涌起国说，敢于引导国家的战车驶上一条从来都没有走过的新路。她知道，她可以依靠那些总督和巡抚的支持，这些人都是她亲自任命的。她也知道，改革的精神已经传遍了这片大地，百姓都会从心底支持她。

　　　　　　　　　　　　　　　　——W·A·P·马丁（《中国的觉醒》）

　　慈禧太后第一次接见来自外交使团的七位女士是在外交大臣的努力和督促之下才得以实现的。1900年的动乱结束之后，宫廷回到北京，太后的态度发生了很大转变，她主动发起了很多次会见的邀请，大家自然都接受共进午餐。在私人会见时，这位伟大的女性才会表现出她的机智和女性魅力，以身为女主人的光彩和吸引力。她会拉着客人的手，以最关切的语气询问我们进宫的旅途是否疲倦；她会在夏天抱怨天气的寒冷；只要食物不合我们的口味，她就很着急；她会以最亲切的口气告诉我们能够见到我们是她的福气。她能够让所有客人着迷，即便之前她们存在偏见，她对每一个客人都能关照到，这也展现出了她身为女主人老练的能力。

　　　　　　　　　　　　　　　——美国驻华大使康格夫人（《中国来信》）

1900.9.6

雁门关

报纸 时人著述

文集 档案资料集

日记 年谱

作者查阅大量
参考文献

《大公报》《杭州白话报》《京话日报》《启蒙画报》

《清议报》《申报》《中华报》《中外日报》

《中华民国开国前革命史》《庚子国变记》《拳乱纪闻》

《拳事杂记》《庚辛纪事》《驴背集》《回銮日记》

《废立要闻汇志》《庚子西行记事》

《红档杂志有关中国交涉史料选译》《光绪朝东华录》

《德国外交文件有关中国交涉史料选译》

《义和团运动史料丛编》《教务教案档》

《辛亥革命前十年间时论选集》《义和团档案史料》

《荣文忠公集》《李文忠公朋僚函稿》《越缦堂日记》

《刘坤一遗集》《荣禄存札》

《清末民初政情内幕——莫理循书信集》

《罗雪堂先生全集（初编）》

······

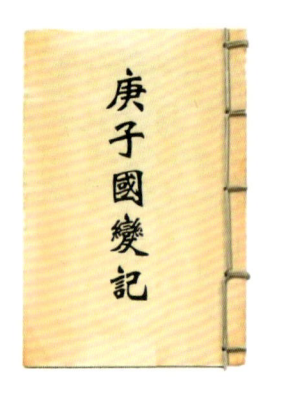

1900.9.8

· 忻州 ·

阳曲

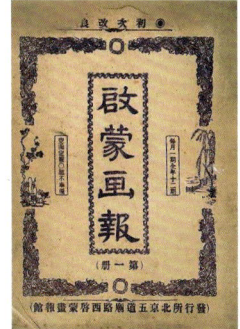

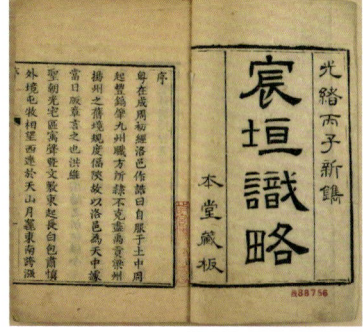

1900.9.10 太原

清議報全編 橫濱新民社輯印

第壹集本館論說 通論上下 專論上下

清議報 第四十六冊 孔子二千四百五十一年 光緒二十六年歲次庚子 五月一日 THE CHINA DISCUSSION

清議報第四十八冊目錄

808 軍機大臣面奉

諭旨五臺山南山極樂寺住持僧善清戒律精嚴深通佛法現在天津事機繁迫所到夷船退多近僧喜善修持以存報國著印聯鳥長和國民設法禀挙勸辦滅此兇夷母任肆橫莠生靈實為厚望欽此

五月二十日

809 軍機大臣面奉

諭旨御史劉家模奏城內外漢奸混進教民高蔵請飭查等語著團旨大臣步軍統領順天府五城御史查照原保甲章程認真稽查如有匪徒即行從嚴懲辦並曉諭官商士民各就地段辦理平貼至滿漢各旗兵丁著各統領王大臣等隨時查照如有教匪混入立即聚報懲辦欽此

810 交卯 軍機大臣面奉

諭旨御史劉家模奏城內外漢奸混迹教民高蔵請

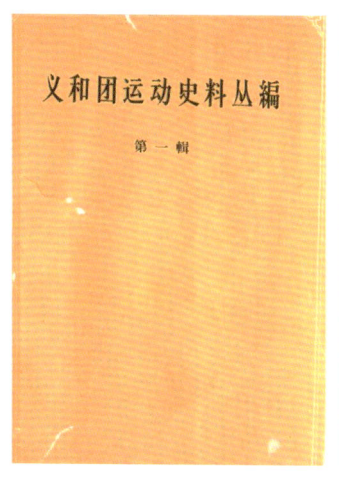

义和团运动史料丛编 第一辑

新會梁啟超任公著　飲冰室合集　專集第五册　上海中華書局印行

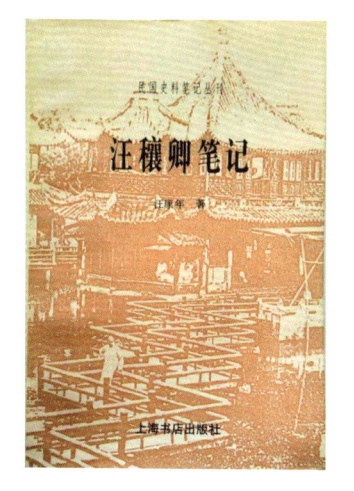

汪穰卿笔记

翁同龢集（增订本）

1900.10.2

祁县

緣督廬日記抄

長洲葉昌熾著 邑後學王季烈輯

庚午孟冬閏月

館桃花塢貝氏及鄧志局始久於此紛紛中同學十人柳賓卿、賢府裴廷書、施掄百姓、張澗卿、沈級清、莫梅先、禮讓袁渭漁、貫瑛、管申李禮新、潘小白、世卿、其一則陶伺卿、夫子也王酉山夫子與俄同館貝氏姚鳳生茂才玉廷為館中居侓主人均過從鄧志總纂為馮寡夫子桂芬

貝館徒兩人一女弟子

十三日補寫玉溪生詩兩頁讀石志一卷為改正舛誤兩條

十四日補寫李集一頁畢讀石志半卷為改正舛誤兩條

十六日讀郡志一卷有奇

民國叢書 第二編 76 歷史·地理類

- 中華民國開國前革命史 上編　馮自由著
- 中華民國開國前革命史 中編　馮自由著
- 中華民國開國前革命史續編 上卷　馮自由著
- 中國革命運動二十六年組織史　馮自由著

上海書店

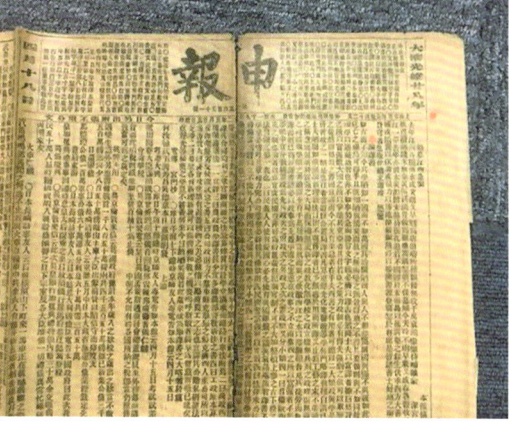

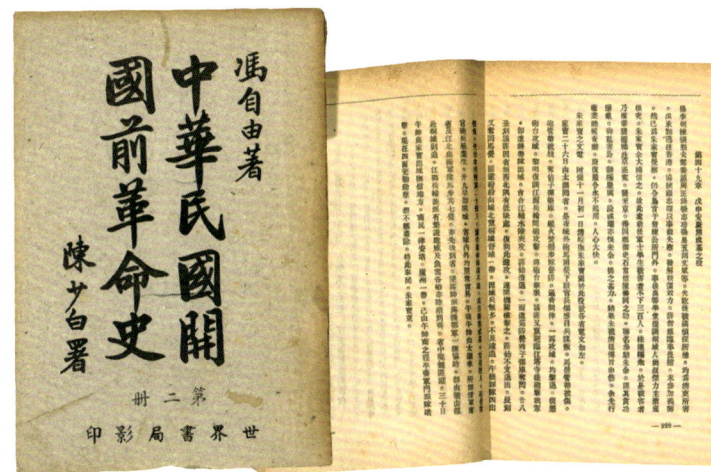

1900.10.3

平遥

1900.10.4 — 介休

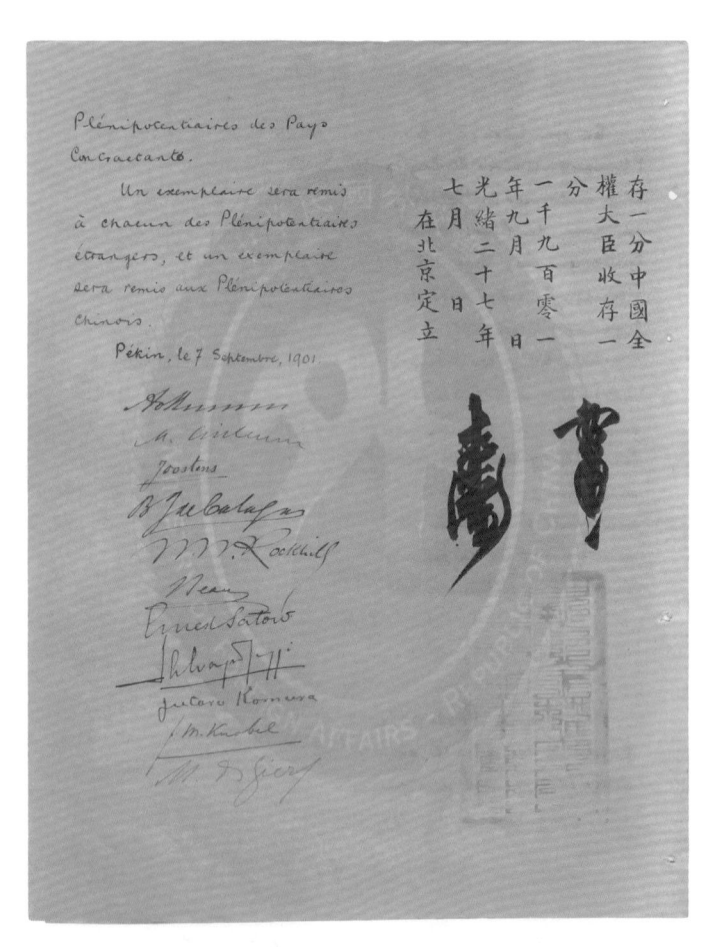

民国外交部存档的《辛丑条约》签署原件

节选自《太后西奔》

庚子的意义

谭木声

本来行笔已至终章,在沉重的大历史中只取几片羽毛,交待一下本书各位主人公在辛丑年之后的小花絮,虽是浮光掠影,有心者也可窥一斑而知全豹,读者诸君也可轻松一点合上本书。

当代历史学家茅海建的名著《天朝的崩溃》,其副标题为"鸦片战争再研究",其实鸦片战争的冲击只是揭开天朝崩溃的序幕,天朝最终的崩溃是在庚子事变,这是庚子事变对中国历史最大的意义。

天下观念与华夷之别是支撑中华帝国的两个重要思想资

源。所谓天下观念,简而言之即是中华帝国处于天下之中,高高在上,其他国家与中华帝国的关系由近及远,为藩属,为羁縻,为化外,众星拱月。华夷之别则认为以儒家思想为核心的中华文化最优,在中华文化之外的都是蛮夷,不值一提。这一套观念体系及其支持的政治实体可以总称为天朝体系。这种强烈的文化自恋在15世纪以前(全球史时代开启以前)或许不会遭受重大的面对面的挑战(伊斯兰文明、波斯文明、希腊罗马文明都足以与中华文明比肩,不过受交通条件所限,不能发生大规模的冲撞。),在18世纪以前在东亚文明圈内也还勉强行得通。利玛窦、汤若望等基督教传教士带着西方宗教与科技文明抵达中国的时候，如果有足够的敏锐和谦逊，士大夫们应该能察觉出这和以前的"夷"是完全不同的文明，它对中华文明已经展现出了超越之处。但是，信号被忽略了。

1840年的鸦片战争事实上是天朝崩溃的开始。英军其实只有区区数千人，万里扬帆而来，整个帝国的官僚体系除了展现它的颟顸无能，漏洞百出之外无所作为，铁桶一样的江山出现了大大小小的裂缝。面对危机，观念的应急自救机制开始启动，先是对自身的妥协退让进行美化，如赔款是大皇帝赐给外

1900.10.9　　　　　● 平阳 ●
　　　　　　　　　　（今临汾）

　　夷的，海岛是大皇帝看夷人远来，不忍心，赏给一块晒衣晒货之地，不继续开战是饶尔等一命等等。同时丑化对手，如夷人膝盖不能打弯等等。

　　从第二次鸦片战争的失利到甲午战争之间是天朝的解体期，若干次的丧权辱国使得天朝作为政治实体已经不可能继续天下之中，万国来朝的迷梦，但是文化的自信作为小团体利益的内在支撑仍在士大夫群体中顽强挣扎。天朝观念进行自我阉割以继续自保，一个是提出中体西用的思想，它最早的提出者是冯桂芬而非张之洞，它的意思其实是希望用放弃"中学在当世有用"来换取它至少"可以为体"。这一时期的洋务运动是这一士大夫期望的具体表现:只引入机器,不动制度,不触及思想。一个是缩小地域范围,天朝观念在西方列强之前不再适用,但是在东亚文化圈内还可苟延。当世的看法是"失之西洋,存之东洋"。虽然其间日本进犯台湾,吞并琉球,但是在不愿意睁眼的国人看来,不过是前明倭患的延续而已。

甲午的惨败使得天朝的崩溃已经无法掩盖,无法通过调整天朝观念的解释续命,无法通过洋务运动这样的局部应激反应来挽回。正是从这次失败起,救亡图存成为中国的主旋律。今

1900.10.11 —— 曲沃

天看来,救亡图存毫无疑问只有一条路,就是融入世界大势,成为近代国家。但是,当时摆在清人面前是两条路,一条是保守的道路,一条是洋务运动的道路。从鸦片战争起,中国就产生了这两条路线的纠缠,之所以不能在几十年间或是迎头赶上,或是如奥斯曼帝国被瓜分,也是因为两种势力互相牵制。前一条路走到底便是义和团运动,后一条路走下去便是新政与立宪。公正的说,这两条路都是这一时期中国社会为避免国家被瓜分,民族被宰割而形成的两种选择。

不幸的是,在历史的关头,以慈禧为首的清政府选择了保守主义的极端发展——义和团这一条路。这一条路失败了，保守势力随之殉葬，才毫无选择的走上了另一条路，开启了清末新政。

1901年1月29日（光绪二十六年十二月初十），照允辛丑和议十二条后的一个月，西安行在以光绪的名义颁布了实行新政的上谕。这个时候，朝中的保守派在列强的压力下已经被扫除一清，大大减轻了内部反对变革的阻力。在中央层面，端王、刚毅、赵舒翘等或死或贬，此后徐世昌、张之洞、袁世凯等开明派陆续进入中枢。在地方官员的层面，仅4月29日、8月19日

1900.10.14 ●安邑●

（1901年）两次惩办"保护教民不力"的地方官员就达112人，这些人多为地方顽固派。在慈禧个人的层面，逃离北京三天的亲身经历就足以让她打销一切侥幸。她认识到，祖宗留下来的治内驭外之法，在采用新的政治制度，拥有先进的工业军事技术的国家面前，显得无用而落后，只有老老实实的走上行新政的道路上来。

庚子之后的社会风气的变革也为新政做好了思想准备，由"攘夷排外"逐渐变为"崇洋"。戊戌时期，康有为提倡"断发"、"易服"，改良服饰，应者寥寥。辛丑之后，大城市穿洋服者渐多，甚至在广西等偏僻省份的新式学堂中也允许学生穿洋服，穿着洋服向孔孟行礼。纸烟在19世纪末就进入中国市场销售，但吸食者甚少，还是以水烟、旱烟为主。辛丑之后，进口的"红锡包"、"哈德门"、"前门"等品牌的香烟销路大开，上海这样的地方，妇女都有吸食纸烟的，各地效尤。科举的取消势在必行，留洋成为上层人士的第一选择。

清末新政也是一场变法，它与戊戌变法有一些不同，戊戌时期斗争的焦点是要不要变法，是方向之争。新政时期则是聚焦于如何变法，权力集团之间如何平衡，是路径和权力之争。

1900.10.17 ● 蒲州

戊戌变法的领导权掌握在光绪手里,新政的领导权掌握在慈禧手里,慈禧要把自己的权力和新政捆绑在一起,以重新获得执政的合法性。

但是新政没有挽救大清的命运,新政推行三年后,发生了日俄战争,东亚小国日本竟然打败了沙俄,给中国人巨大的刺激和鼓舞,他们把日本的强大和立宪联系在一起,清廷必须要立宪才能实现真正的改革。这个时候决定中国命运的要素中,立宪和革命在赛跑。慈禧误判了形势,过于拖延,在立宪之前,革命爆发了。

庚子事变给中国指出的道路——立宪新政夭折了,中国新的时代主题变成了革命救亡,这就是另一个故事了。

汉黄巾起义到本朝中期困扰数年的白莲教起事，历代皆有，能否有实效，二人皆明白易晓，绝不至于不能鉴别。从涿州察看回京后，二人均觉拳民不可恃。于是何乃莹为赵拟就一篇奏折作为考察结论，大意是义和拳不可靠，当早剿为是。可是此时比他们晚一天去查看的刚毅已经进宫当面回奏太后"民气可恃"。于是赵舒翘就不敢草率，拿着这个奏稿，审阅再三，背着手在书房逡巡徘徊至深夜，碍于端王、刚毅二人都力挺义和拳，踌躇不敢上。第二天到公事房见到何，对他说，上折太着痕迹，不如面陈为妥。于是先赴荣禄处，详细报告；再见太后复命。

复命出来后，赵极其轻松地对何一拱手，我幸不辱命，对军机、太后，均已"尽情倾吐，应说尽说，抚心自问，庶几可告无罪矣"。很是得意自己的智慧，以为解决了一个麻烦，殊不知埋下的是一个祸根。

见太后"应说尽说"，到底是怎么说的，因为是面陈，不留文字，就不为外人所知了。

不过后来在西安的时候，太后一次对亲信的小臣吴永说体己话，提到刚毅、赵舒翘，说到了赵是如何复命的："都是刚毅、赵舒翘误国，实在死有余辜。当时拳匪初起，议论纷纭，我因为是主张不定，特派他们两人前往涿州去看验。后来回京复命，我问他义和团是否可靠，他只装出拳匪样子，道是两眼如何直视的，面目如何发赤的，手足如何抚弄的，叨叨絮絮，说了一大篇。我道：'这都不相干，我但问你，这些拳民据你看来，究竟可靠不可靠？'彼等还是照前式样，重述一遍，到底没有一个正经主意回复。你想他们两人都是国家倚傍的大臣，办事如此糊涂；余外的王公大臣们，又都是一起儿敦迫着我，要与洋人拼命的，教我一个人如何拿得定主意呢？"

吴永发表这一番话时，已是二十几年后了。照太后一方当事人的说法，面陈之时，赵并未"应说尽说"，他还是想以打马虎眼的方式，既不开罪刚毅，又不有亏士人良知。

世间安有无双法，不负如来不负卿？

只因当时赵舒翘有如此瞻顾，且少了一奏折的手续留下书面证据，就给他埋下了日后的杀身之祸。加之赵之升迁有很大因素是得刚之援引，二人日常相处亲密，以致待到议和追究责任，中外均以刚、赵并举，李鸿章亦有"刚、赵袒匪"之电奏。赵的解释却空言无据，无法辩白。

事后看来，如果赵舒翘当初没有留下那道奏折，后来就能留下项上那颗人头。

其实最后赐赵自尽的上谕中，也只说他"毕竟草率"四字，且有"查办拳匪亦无庇纵之词"等语，算是从太后口中证明他始终未明白直言拳匪可靠。

涿州察看是事态发展的关键节点。在此之前，如果刚毅赵舒翘皆斩钉截铁明白无误地陈奏义和拳不可用，使太后得到明白证据，打消利用这股力量对付洋人的妄念，一纸严诏，立时可以消弭此滔天大祸。过此以后，义和拳声势已成，已无法阻遏。

据说刚、赵回报之后，大内再以义和团之事，召神问休咎。得判云：

"大劫当头，血水横流，白骨丛丛，即在今秋。

劫运到时天地愁，恶人不免善人留。

但看铁马东西走，谁是谁非两罢休。"

太后看来，自己自然是善人，洋人自然是恶人。上上签。

大臣实地察看和神意都如此，太后自然动了心。

太后半推半就，到端王这里便是全力以赴，大力促成引义和拳进京。

义和拳入京之时，大学士徐桐不顾老迈之躯，亲往城门迎接。老人家双眼闪着光芒，喜悦地说："中国自此强矣。"

状元、翰林院修撰骆成骧外放本年贵州会试主考，来向礼部尚书启秀辞行，启秀对他言："汝回来消差时，北京断无西人踪迹矣。"

徐桐和启秀是真心不喜欢洋人，这样的王公大臣朝中为数不少。徐桐甚至不喜欢别人戴西洋眼镜。他曾与许景澄同在吏部办公，许近视，任驻外使节时配了一副眼镜，徐桐每次见到都很厌恶。礼部主事王照曾和某京官同往吏部参与对京官的考核，称为京察过堂，见吏部侍郎许景澄戴西洋眼镜，该京官出门便对王照痛骂：许公简直是一洋人形状。且逢人就说。

日后许景澄得祸被杀，与这些事的日积月毁，不无关系。庚子联军入城之后，王照慨叹："嗟乎！某相安在，毁人者又安在？闻相府亦凄凉，非前日比也。"

而端王则与这位老学究不一样。他之排外则并不是思想意识上的排斥，他乃是真信义和拳有神通，想引之对付洋人，以助大阿哥早日继位。当时的报纸评论说："端邸之排斥外人，非公愤，盖私仇。"

义和拳入京受到欢迎之后，华北大地沸腾了，谣言四起，盛传老佛爷也入了团啦，徐中堂当了团里的老师，董大帅（福祥）的妹子成了红灯照的大师姐。

于是直隶山东各州县各乡村义和拳民，或三二十人一队，或四五十人一起，纷纷进城投靠徐老师、董师姐、太后、诸王贝勒。在京内遍设团坛，不下数百处。

太后怀疑洋人反对她换掉皇上，洋人怀疑太后有意利用义和拳排外，太后怀疑洋人真的能被义和拳的神通制住，义和拳民认为自己的神通真能制住洋人。

　　完美的逻辑链条形成闭环。大幕拉开，灯光暗淡，音乐起。主会场北京城内洋溢着欢欣与忧虑，希望与恐惧。

火候渐熟矣

在义和拳民已经遍布京城四围但是还没有大规模进京的时候，英、俄、美、德等国驻华公使经过反复地游说甚至欺骗，分别从本国政府得到"酌情处理事务"的全权。

五月初一日，各国公使决定从天津调兵进京保卫使馆。一个月前，义和团的揭帖就已经出现在京城街头。总署拒绝了这一要求，同时表示将全力保护使馆的安全。

四月三十日到五月初二日，太后连续三天召见甘军提督董福祥。对于一个外地武官，这种接见频次非常不合常规，会见细节不为外界所知。

初三日，丰台车站被义和团焚烧，这使得政府有能力保护使馆的承诺变得不可靠，阻止洋兵入京的理由显得苍白。朝廷希望避免矛盾激化，一方面主动采取进一步措施，命令步军统领衙门派兵24小时在使馆区巡视保卫。请假长达60天的荣禄也销假回朝，他上班后的第一个举动就是率武卫军巡视被毁的丰台车站。另一方面朝廷在四日同意各国从天津派兵200入京保护使馆。当晚，各国官兵吵吵嚷嚷地挤上了通往北京的列车，他们完全不顾朝廷对人员数量的限制，只想着本国不能比别国派的人少，最后超员一倍，达400人。在外交上，这样藐视所在国规则的行为应该谴责。但是事后看来，很可能也正是这多派的200人才让使馆区坚守到援军入城。

洋兵到北京后，统兵官领受了公使们的任务，考察了场地，觉得征调的这几百人的卫队根本不足以防卫偌大的使馆区以及北堂等重要的地点，于是决定要求天津的各国驻军再次大规模增兵。

各国公使这样充满敌意的行为让主剿派在朝廷上进一步减弱了话语权，主抚派更加振振有词。

在天津的英国海军中将西摩被任命为联军总司令，他要求马上出发。此时京津铁路已被破坏不能通车，西摩统率的部队是海军陆战队，在陆地上作战没有经验，意识不到长距离步行作战的困难，而有经验的陆军都不愿意随他徒步出发。法国提出，是不是等到大批俄军到达再出动，但这正是西摩急于成行的秘密所在，英国不希望俄国与自己争夺主导权。

除此之外，西摩还有个人的小算盘。40年前他参加过第二次鸦片战争，当时他的叔叔迈克尔·西摩海军上将是远东舰队的司令。那次英法联军人数并不多，但是轻松地打进了北京城，每个人都发了横财。而西摩本人在那场战争中间突然病倒，在司令部里养病，没有全程参加行动。所以这一次他急于弥补这个遗憾。

五月十四日，西摩率领联军两千人分批强行乘火车从天津进京，因为落垡车站已被烧毁，列车到此就不能前进了。于是全军下车步行，失去火车保护的联军遭到了义和拳民与清军正规部队的联合拦截，发生激战。

就在同一天，端王进入总署参与外交事务，他立即命令切断北京同天津的电报联系。这样，继北京与保定间电报中断之后,京津之间电报也中断了。由此,北京使馆与各自属国的电报往来断绝,至此再也没有办法与外界进行电报联系,也不知道西摩的动向。当然,朝廷与南方各省的电报往来也断绝了,只能用300里加急或者800里加急的快马来传递信息。

第二天,按照原定计划,西摩联军应该抵达北京。北京使馆不知道落垡发生的战斗,很多人自发地到马家堡车站去迎接联军,其中就有意大利公使萨尔瓦戈。他带着四个全副武装的卫兵和他的秘书加依塔诺分乘两辆马车,上午到达马家堡车站。在候车室等候了一会儿,才听说联军被阻挡在20公里之外。可能是出于对中国军队的藐视,他并没有意识到问题的严重性,甚至找了一个美国火车司机准备开车去迎接联军,最后未能成行。他要离开的时候,日本书记官杉山彬到了,他们打了招呼,杉山彬请他回去时转告日本公使馆,他在此要等一会儿,可能要晚回去。在回程的路上,萨尔瓦戈看到中国军队在道旁怒视意大利人的车队,可能他们已经知道了前方开战的消息。两辆马车在穿越甘军防线的过程中,已有士兵开始刁难他们。中国的马夫非常灵活,见势不妙立刻绕路奔入田野当中,绕了一大圈才得以把他们带回去。

但是杉山彬就没有那么幸运了。他在候车室等了一会儿后,觉得无望,便也打道回府。他并没有带卫兵,在永定门桥下遇到甘军的马队,他不肯让道,士兵大怒,将他从车中拖出,杀害之后并且碎尸。

御史高枬从这一天开始写他的庚子年日记,第一天记的就是:"五月十五日,城外杀多人。永定门杀杉山彬,街民狂奔。城门因此关闭数刻始开,京城人心惶惑。"侍读学士恽毓鼎的伯母这一天过七十六岁寿辰,设宴款待亲朋,"傍晚正觞诸客,忽报有日本书记生杉山彬在马家埠为甘军所戕,大衅将起,同人相顾失色,狼狈散去,座客一空。"史官叶昌炽也记道:"闻董军戕一日本书记官,火候渐熟矣。"

所谓"火候渐熟",不知何所指。

可能因为杉山彬是黄种人,所以欧美各国使馆对此的反应也不强烈,而日本也比较克制,没有以动武来威胁。

五月十七日,总署大臣许景澄带兵部尚书敬信、军机大臣赵舒翘一起去拜会窦纳乐,劝说各国退兵。事实上西摩联军此时已经陷入人民战争的汪洋大海之中,进退维艰。但是因为通信已被切断,自信的窦纳乐认为中国这一次和平提议其实表明中国军队在前线失利了,西摩很快就要进入北京,所以交涉毫无结果。这次外交失败,对朝廷的温和派是再一次的沉重打击。当天,朝廷发布命令:外兵再入京畿,定唯裕禄聂士成罗荣光是问,坚定了武力对抗的决心。

和平的机会又一次滑过,对抗越来越不可避免。

击退西摩联军和杀日本书记官让京中义和拳及主战诸臣更加昂扬。十六日,义和拳毁崇文门教堂。十七日,毁宣武门内、门外教堂。十八日,零星攻击使馆的行动开始出现。端王府公开召见各大师兄,"于邸中设坛,晨夕虔拜",且招大师兄曹福田入宫,在太后前演刀枪不入之术,"西后大悦,以为天降异人助中国也"。

上有所好,下必甚焉。领导说这似乎还行,下面就能给你玩出花来。此风历千古而不变。

于是"朝贵崇奉者十之七八","上至王公卿相,下至倡优隶卒,几乎无人不团"。各地"上书言神怪者以百数,王公府第,百司廨署,拳匪皆设坛,谓之保护"。

辅国公载澜穿上了义和团装束,甚至宫中太监、侍卫也竞相效尤。启秀表奏推荐"五台僧普济有神兵十万,请召之会歼逆夷"。御史彭述宣称"义和拳咒炮不燃,其术至神,无畏夷兵"。御史徐道焜奏言,洪钧老祖已命五龙守大沽,夷船当尽没。御史陈嘉言,得到关帝的帛书,上言夷当自灭。翰林院编修萧荣爵上书言夷狄无君父二千余年,天将假手义民尽灭之,时不可失。侍郎长麟戊戌之时以列名帝党而为太后罢斥,久废于家,至此求戴罪立功,请率义民当前敌,太后尽释前嫌而用之。徐桐则高屋建瓴,从理论上论证了义和拳必胜的缘由:"拳民神也,夷人鬼也。以神击鬼,何勿胜之有?"

有了今日的自信,就有人倒历史的旧账。

郎中左绍佐,请开棺僇郭嵩焘、丁日昌之尸以谢天下。郭为大清第一任驻外使节,向国内介绍英法诸国不只是船坚炮利,在文化、制度上也有值得中华学习之处,触怒了天朝上国的大人。当时之人编了一副对联讽刺他:"出乎其类,拔乎其萃,不容于尧舜之世;未能事人,焉能事鬼,何必去父母之邦。"湖南士人甚至集议要开除他的省籍。丁日昌则不过是创办江南制造局,造轮船,立电报,做些洋务而已。

主事万秉鉴上奏称曾国藩三十年前办天津教案有辱国格,当时定罪所杀的十六人,俱是爱国义士,请议恤,也就是平反昭雪,定为爱国烈士。侍郎胡燏棻、学士黄思永、通永道道台沈能虎,皆以谈洋务著称,义和拳皆欲杀之。胡燏棻逃出京城,沈能虎以钱贿赂大师兄得免,黄思永被逮下狱,罪名为通夷。编修杜本崇、检讨洪汝源、主事杨芾,皆被指为教民,几乎被打死。

但是截止这个时候,所有矛头还都是对着教民和所谓汉奸的，都是中国人斗中国人，洋人在北京并没有受到人身伤害。甚至因为还对西摩联军的到来抱有期待，一些有恃无恐的外国人主动挑衅义和团。

五月十七日，三个拳民坐着大车经过使馆附近。据说只是因为其中一人在鞋底磨刀，克林德看见大怒，举着文明棍在后面追打。三人中两人逃脱，一个小拳民被克林德的卫兵抓住，痛殴之后绑在树上，并将他的衣服和刀送到总理衙门，说将在两个小时之内处决这个小拳民。总理衙门的三位大臣载澜、崇礼和英年到德国使馆要求放人，没有被接受。这件事情激起了强烈的愤慨，数百位民众，其中大部分是义和拳民，聚集在德国使馆外面。德国兵用马克沁机枪向天扫射以为警告。

当天起，北京四处开始焚烧洋货店及与外国人有关的建筑，捕杀教民。而外交官和护馆卫兵也四处出击，援救教民，攻杀拳民。京城事态激化。徐桐的家在东交民巷使馆区附近，他每次上朝都要命令轿夫绕道而行，因为他不愿意看到洋人的建筑。他也坚决反对在这条街上铺设柏油路面，要维持土路原状。这次德国使馆卫队决定将徐桐堵在家里面，随时准备捉拿他作为人质。徐桐夜里曾试图出逃，却被克林德下令抓获。外交官对驻在国的高级官员采取这样的行为，连窦纳乐都觉得太过分了。他给克林德捎信，劝他"不要给中国人过分的刺激"，因此徐桐才得以释放，放出来后徐桐就赶紧搬家。奥匈帝国驻华临时代办阿图尔·冯·罗世通在他未出版的回忆录里说："如果我是中国人，我也会参加义和团的。"

荣禄和公使团商量在使馆外部布防，使得拳民不能接近使馆，事实上隔离开二者，免生冲突。然而，这没有办法阻止在洋人从使馆内向外发起的挑衅和在刚毅的鼓励下越来越多的拳民涌入京师。

事后看来，公使团调西摩联军入京是太后心态变化、朝廷剿抚政策变化的重要影响因素。在太后和一些大臣们看来，虽然义和团喊打喊杀，但是当时北京的外国人并没有现实的危险，西摩联军出发之时，使馆并未被围，到公使们作出调兵决定时，自卜克斯以来，再没有一名洋人因义和团死亡。于是太后更加怀疑联军的进京目的其实是武装推翻她，外患在这个时刻已经比内忧更困扰太后了，于是她不再半推半就，心理的天平倒向联合义和团全力抵抗。外国此次增兵又不成功，为了帮助西摩撤退，决定攻打大沽炮台，最后导致了战争的全面爆发。

双方为了防止形势恶化采取的措施却恰恰恶化了形势，为阻止不利之事做出的努力却促进了这一不利之事实现。这就是庚子年的最大吊诡之处。

第二部　　闻道长安似弈棋

第一次御前会议

阴历五月二十日，北京已经很热了。

义和拳民又在前门外做法放火烧卖洋货的铺子，法术这一次失手了，没有实现精准打击，火势延及四邻，整个大栅栏陷入一片火海，二百年的商业精华毁于一旦。大火延烧至正阳门，烧毁了半个城门楼，京城骚动。无论官民，皆惶惶不可终日，不知道京中的混乱当如何收场。

五月间，老佛爷照常带着皇上住在颐和园消夏。十一日夜间，颐和园外不同寻常的人声嘈杂，值班大臣桂春出来查看，只见无数男女扶老携幼向西而行，都说是京城反了，我等逃难出来。桂春立即派人策马到西直门，回报却是城门紧闭，毫无异状。第二天桂春将此异状面禀太后。结合连日来益加严峻的形势，太后也觉得恐怕要出事，遂决定回城坐镇。传旨园内大小人等立即收拾行李，次日起驾进城，园子内的太监宫女们顿时手脚忙乱起来。

十三日两宫进城，入驻西苑，军机处也就搬到西苑伺候。

二十日未时，军机值房内，倒背着手地烦躁走来走去的矮个子是军机大臣荣禄荣中堂。前门大火的消息已经传到，他嘴里谩骂："这些王八旦，要把义和延入京，谓其能打洋人，闹得如许烂。"一旁坐着的，是七十岁的协办大学士王文韶。他是咸丰二年进士，既在中枢做过兵部侍郎、户部尚书，又在地方当过云贵总督、直隶总督、北洋大臣，既是读书人，又带过兵平乱，还和李鸿章一起处理过对日外交，所以也倒还沉得住气。王文韶劝解道："现在须先清除内匪，再理外患。"荣禄站定，沉默了一会儿："一言难尽。"

荣禄知道，山中贼易除，心中匪难去。真正的内匪在太后心中。

此时，宫中传旨叫大起，召见王公贝勒，六部九卿及翰林院詹事府六部给事中。先宣王公贝勒及荣禄刚毅二位满人军机大臣入仪鸾殿密议，再宣各汉臣一同进见。满洲正白旗瓜尔佳荣禄抱歉地看了看同为军机大臣的王文韶，拱了拱手，出了值房。

侍读学士恽毓鼎接到牌子，宫中预备叫起，仓促乘车由宣武门入西长安街，至西苑。他的身份是史官，正是他的日记和回忆录，成为后世史家能够还原这连续四天召开的御前会议情形的主要材料。

太常寺卿袁昶和工部侍郎、总理衙门大臣许景澄也在被召之列，两人都是浙江京官，也都算是张之洞门生，京城动荡以来，他们一直向张之洞通报京城的情况。二人一同乘车奔赴西苑。袁昶在日记里说这一天很热，完全没有任何预感这次御前会议会给两人带来杀身之祸。

核心层小会开完以后，包含满汉全体被召大臣的御前会议到申初，也就是下午三点过才召开。约有四十人，分成数排跪着，王公贝勒、军机大臣跪在仪鸾殿东室内，其他臣子跪于门外。按照规矩，先集体叩头，谢太后和皇上赏大家跪垫。从宋代以后，除特例加恩外，君臣相对就不再赐座，臣子全程都是跪着回话。

自从戊戌年那场变故之后，召见大臣的时候皇上很少出声，都是太后说话。今日也是她开宗明义："局势纷扰至此，洋人兵船都开到大沽口了，这一战恐怕是免不了了。你们大家伙儿今日各抒己见，从速奏来。"

群臣纷纷发言，总结起来，意见是"现在各国兵舰云集，万不能战"。但是，王爷贝勒们都没有表态，三名军机大臣里只有王文韶说了劝阻的话。也就是说，说话的都是没开过小会的，没说话的都是刚从小会出来的。虽然关于这场小会没有任何记录留下，但是从这些草蛇灰线似乎也能摸到一点端倪。

侍郎曾广汉希望老佛爷现实一点，注意到实力的差距，"昔与日本一国开战，尚不能胜，今与各国开战，岂有胜理？"他是本朝中兴名臣曾国荃的孙子，当年他的叔祖曾国藩平定太平天国的基本策略就是"扎硬寨，打硬战"，作战先立于不败之地。这种同时与各国开战的做法在当年老湘军的眼中叫作"浪战"。

刚毅回怼了一句："有团民足恃。"

刚毅被洋人视为朝中的强硬派的代表，义和拳最有力的支持者。他刚刚前往良乡、涿州察看义和团情形回朝，给老佛爷的报告是"其术可用"。

他当下是老佛爷眼里的大红人，极受重用，隐隐有取代实际上的首席军机大臣荣禄的意思。提到的又是当下势力遍布朝野，在京城横行无忌的义和拳，眼下的形势隐隐有谁要反对义和拳，谁就是假洋鬼子的意思。

场面一下僵住了。

静默了一会儿，突然，有人在槛外高呼："臣袁昶有话上奏！"

袁昶，光绪二年进士，殿试二甲。早年师从上海龙门书院山长、名儒刘熙载，刘氏倡导的是"有用之学"，学术要经世致用。袁昶官声甚好，特别是在安徽宁池太广道道台六年任上，提倡教育，兴修水利，清厘关税，整顿胥吏，政绩良好。巧合的是，太平军作乱之时，该道道台惠征，正是太后的父亲，他因丢失治所芜湖而被免职。光绪二十三年（1897），曹州教案起，德国借机强占胶州湾，皇上下诏求言。袁昶上条陈二万言，提出："德据胶州湾，其祸急而小；俄在北境，其祸纡而大。"并提出一系列振作之法。皇上大为赏识，亲自做了读书笔记，摘其纲要，御笔亲书成册，发大臣们议行。这是何等的荣耀。应该是与此有关，转年，四品道台袁昶就奉谕以三品京堂在总理衙门行走，参与外交事务，同年授二品衔，后又授光禄寺卿、太常寺卿。两年之内，以地方道台而超擢九卿，相当于以地级市领导晋升中央部委正部级干部，古今皆属罕见。既可见袁昶议论之超卓，又可见光绪求治求贤之急迫。

老佛爷发话了："进来说吧。"

袁昶膝行进屋，挺身直立："臣曾微服往东交民巷，见团民中枪而死者，伏尸遍地，并不能避枪炮，究不足恃。"

太后微哂："你说的这些是土匪，决非团民，若是团民决不至中枪炮。"义和团刀枪不入，所以中枪炮的就不是义和团。老佛爷的这番话在逻辑上称为循环论证，竟是牢不可破。

"即便有邪术，自古及今，岂有以邪术能成事者？当务之急莫过先治乱民，安顿秩序。然后和各国使节协商，我大清自能保护诸国使节安全，劝阻各国进兵。"

"法术不足恃，难道人心也不足恃吗乎？我大清今日积弱至极，所倚仗的只有民心二字，如果连民心都失去，何以立国？

现在民心已变，义和团就是民心所在，总以顺民心为最要，你所奏不合。"

话说得这样重了，按理臣子就应该顿首惶恐谢罪了。

可袁昶今天竟吃了熊心豹子胆一般，还要争取。

"民心是被这些旁门左道的拳匪所蛊惑，只要捕杀为首数十人，其他的乱党皆是乌合之众，立可望风自解。我们自己清剿乱民，以免贻洋人口实，调兵代剿。京畿重地，宫城之下，如招致战乱纷扰，必致大局糜滥不可收拾。"

这就是和老佛爷硬杠了。她说是民心所在，你说是旁门左道；她说顺民心可致太平，你说必致大局糜滥不可收拾。

虽然有厚厚的粉底遮盖，还是看得出老佛爷的脸已经黑了。

但是一帮跪在殿门外的小臣们看不到太后的脸色变化。他们受到袁昶的鼓舞，纷纷发言。槛外一个声音高声喊道："太后信拳民以敌西洋，不知欲倚靠何人办此大事？"

太后曰："我恃董福祥。"

"董福祥第一即不可恃。宜召近省知兵大员入京再议。"

今日这班小臣一个个的说话都没了规矩。太后闻声四顾，看不见是谁。端王昂首回身虎视，大呼："谁说话！"

"臣翰林院侍读学士朱祖谋。"

朱祖谋因为个子太矮，跪在人丛中看不见，他品级不高，平日很难有机会面圣，因此太后不认识。不过声音平静清亮，倒是听不出一点慌乱胆怯。

太后大怒："你说董福祥不足恃，你保举一个可恃之人来！"

这班汉人儒士就是可恨，自以为心中存着一个"忠"字就可以在朝堂之上放言无忌，把忤逆君上视为气节。只会放言批评，却不能成事。果然，朱祖谋仓促之间不能对。跪在旁边的恽毓鼎替他回答:"山东巡抚袁世凯,忠勇有胆识,可调入京镇压乱民。"

话赶话的,局面越来越僵。

此时尚书裕德突然插话:"奴才愿太后皇上以天下国家为重。"太后不理。他喊了三遍,太后仍不理。当时朱祖谋跪在后排还窃笑裕德其言空洞无物。事后才醒悟:其不触犯天威即在此。

老成持重的协办大学士王文韶和尚书徐用仪出来打圆场,"无论和战,需保护各国使臣,也不可在京城开战。"果然是老臣,话虽简单但都在点子上。第一,按中华传统,两国交兵不斩来使;按万国外交规则,不可伤害外交人员。第二,若在京城开战,不论战果如何,以现代火器的威力,一定对京城造成重大破坏,得不偿失。

刚毅接话了:"那也要看洋人什么个意思。无论如何,现在总以阻截洋兵入京为第一要事。许景澄不是识洋务吗,可派他前往。"太后说:"也好,只要洋兵不往京城来,也可以不打仗。"于是太后即加派总理各国事务大臣、理藩院侍郎那桐与许景澄一同前往天津,劝阻联军入京。同时知会一直似取居间调停地位的俄国公使格尔思,请其通知联军,如不停止进军,则立即调董福祥军阻止。再不听,则决战。留下王大臣和军机大臣继续开小会商议,其他人先行退下。

恽毓鼎突然喊道:"臣还有一事上奏:京城风传太后和皇上要西幸,京师为根本重地,万不可轻动。"

太后瞥了他一眼:"并无此说。"

第二天朱祖谋向友人谈及这次御前会议,"涕泗交颐,谓昨日召见,如置身森罗殿上云"。

部分大臣退下来后聚集于值房,想打听枢臣会议有什么消息。大约半个时辰,亲王贝勒和军机大臣们散会回到值房。庄亲王载勋脸上堆着笑,说道:"老佛爷圣明,已下谕命端邸和董福祥招抚义和。"庄王对义和拳极为信服,早已公开在家招引大师兄设坛做法,日常穿短衣,头扎红巾。据说有一次开坛做法,是关羽关二哥亲自下凡附体大师兄,庄王竟然跪迎,全程不敢抬头仰视。所以接此上谕自然十分欣喜。

袁昶不甘心,对庆亲王、端郡王和荣禄苦劝:"招抚义和拳拳众和董福祥甘军合力,即便攻破交民巷,洗劫各国使馆,击败从天津来援的数千洋兵。可是同时与十一国宣战,众怒难犯,恐怕全局也难幸免。"

庆王神色沮丧,不发一言。荣禄脸露难堪,轻叹"非我所能做主"。端王怒色满脸,斥骂道:"今日廷上,你出言悖谬,顶撞老佛爷。小心你的脑袋。"

军机大臣和王爷贝勒的小会议作出了一系列摇摆不定、互相冲突的决议。责成刚毅和董福祥亲自开导安抚义和团,将其解散,但是年轻精壮的一概招募入伍成军,"以备折冲御侮之资"。但是到底法术是不是真的可靠,老佛爷心里也没有十分的底,加派领班军机大臣礼亲王世铎细加查验"究竟该拳民临敌接仗,有无把握","万不可孟浪从事"。同时分电各地派兵进军勤王。以上各条是做战争准备的。另一方面命荣禄速派武卫中军得力队伍,"实力保卫各使馆,不得稍有疏虞"。这是防止冲突激化的。

看来老佛爷这一天还没下最后的决心,先两面下注。

是日,袁昶在日记中记到:"仆升沉祸福,久置度外,亦不过为甲申年三月十八日之张赟斋耳。"

张篑斋即张佩纶。1884年，甲申年，老佛爷打倒了自己多年的政治伙伴恭亲王奕䜣，并将恭王为首的军机处全部撤换，史称甲申易枢。左副都御史张佩纶上书为恭亲王鸣不平。他一介书生，本职为监察弹劾，被报复性地安排到马尾中法战争前线，三品卿衔会办福建海疆事宜，兼署船政大臣，仓促间让他负责实际事务，应对战争。张不出意料手足无措，顺理成章地承担战败责任戍边。四年之后放还，入李鸿章幕为幕僚，李鸿章对他极为器重，把小女儿嫁给他，后生了个孙女取名爱玲，写了些小说，颇有些名声。

袁昶以为的"亦不过"如此，即最差的结果就是如张佩纶戍边而已。

他太乐观了。

第二次御前会议

做最后决定的时候到了。

第二日，五月二十一日申时（下午三时至五时），两宫再次临时叫大起。时势如此，大家心里都清楚，如此不同寻常的廷议应该是要对和战作出决定了。

可是，没有一个人猜到竟然是这样开场。

群臣行礼完毕，在仪鸾殿的地上安安静静地跪了满满一地，等待两宫谕旨。夏日的北京此时是最热的时候，强烈的光线从窗棂射入屋内，明暗参差。大殿之上突然响起了老妇人的哭声。先是低声地抽泣，逐渐地不加节制起来。自太后垂帘以来，群臣听到的只是她威严冷静的声音，即便盛怒之下，她也能恰当地控制自己的情绪和语言，毕竟，她是老佛爷。可今日，听到这哭声，大家才想到，原来老佛爷也只是一个老妇人。

发生了什么事，能让近四十年来为大清帝国掌舵的老佛爷如此失态？

太后渐渐平静，让内监给大家传看了一份外交照会。群臣阅过一遍，皆大惊失色，面面相觑，谁也不敢首先发声。照会大意是：一、中国的兵马钱粮归各国管理；二、老佛爷无论在宫中还是在颐和园，都由洋兵保护；三、各国派人为政府参谋，与闻大事。

太后情绪极为激动,高声说:"洋人如此无理,这四条要求,如何能够答应?现在是他开衅,若要将天下就这样拱手让人,我死也没有面目见大清列祖列宗。就是要送天下与洋人,也要打一仗再送。"

端王、庄王、徐桐等亲贵大臣群情激愤,纷纷发言,必要决一死战。

昨日的反对者袁昶已被排斥,今天的廷议未被通知列席。侍郎许景澄接替了他的角色,"跪"出来反对:"中国与外洋交往数十年,百姓和洋教相仇之事,每年都有,然而不过是赔偿而已。闹到这样攻使馆,杀使臣,中外都无先例。再对各国开战,不知宗社生灵,将置于何地?"太常寺少卿张亨嘉跟着补了一句:"拳民不可恃。"仓场侍郎长萃跪在张亨嘉身后,大声反驳:"这些都是义民!臣才从通州来,要是没有这些义民,通州已经不保。"载漪、载濂及户部侍郎溥良纷纷附和,皆说人心不可失,国体不可侮。

昨天一直没有说话的光绪皇帝突然开口了:"人心何足恃,只是添乱罢了。今天你们都喜欢喊打喊杀,然而朝鲜之役,使我大清受创至深,其害各位皆共睹。何况西洋各国之强,十倍于日本,今日联合对我,何以御之?"当年甲午一战,皇帝血气方刚,力图振作有为,在师傅翁同龢及一般清流读书人的撺掇下,坚决主战。今日看来,已是深有悔意。

端王回道:"董福祥在西北剿灭回乱有功,以他的精兵抵御洋人,当无敌。"

皇上耐着性子:"董福祥骄兵难用,各国器械坚利,士兵精良,岂是西北叛民可比。"侍讲学士朱祖谋插话支持皇上:"董福祥不足依赖。"端王不能对皇上直接反驳。这下抓住朱祖谋的话大声驳斥，出语不逊，指桑骂槐。

史称"上嘿然"。嘿然，意为沉默不语。这里面既有对自己在朝堂之上只是一个毫无权力的木偶的无奈，也有对狂妄无知之徒的不屑。

太后的情绪平复了一些："皇帝意在和，不想用兵，我的心也乱，今日廷论，关系至重，众卿可畅所欲言。"

徐用仪表态："用兵对我大清不利，而且不能由我先挑起战端。"

皇上看太后似乎有点能听反对意见，此事又对本朝国运如此重大，便鼓起勇气再发言："不是绝对不能言战，只是我朝积弱已久，兵又不足恃，依靠这些乱民，想赌国运以求侥幸成功，万万不能。"侍读学士刘永亨随声附和："乱民当早除，不然，祸有不测。"载漪拧着脖子大声咆哮："这些义民本是好百姓，起于田间，奋不顾身，万死不辞，来赴国家之难。今天却指称他们是乱民，欲行诛杀。如此人心一解，国家还依靠什么以图存？"

皇上这次不再隐忍，厉声驳斥端王："这些人都是乌合之众，无训练，无纪律。难道能以血肉之躯和炮火相搏吗？你所说什么人心只不过是空话罢了，为何要以百姓之性命为儿戏？"

王文韶赶紧助阵，大声说："圣虑及此，国之福也。"载漪怒斥："王文韶，你此时尚为此误国之言耶？"

端王此时已涨红了脸，握紧了双拳，咬紧了牙关，极为愤怒，但除了愤怒又无理可辩。太后看载漪词穷了，左右看了看，看到户部尚书立山。立山曾任内务府大臣，平日有心计，用心伺候，很得太后欢心。太后拿眼盯着立山，指望他能帮载漪说话。

立山知道，这个时候说话就等于站队了，可是他还意存侥幸："拳民虽无他，然其术多不效。"拳民不是乱民，并没有祸国为匪的情事。这是不得罪主战派。但是他们所谓刀枪不入、仙家附体的把戏大多数无效。这是不得罪主和派。

但激进者是从来不欢迎骑墙派的。载漪色变："我们依靠的是扶清灭洋的人心，说什么有效没效！立山在朝廷上敢这么为洋人说话，那一定是和洋人有私通之情事。应该派立山去退兵，洋人一定听他的。"

端王的思维逻辑也很清奇，你和他分析战争力量对比，他给你说人心向背；你和他探讨技术的效用问题，他问你爱不爱国。这样的对话逻辑在历史的极端时刻总是反复发挥作用。

立山急了，斜着眼看着端王："首先言战的是载漪，现在又管着总理各国事务衙门，理应让他去退洋兵。奴才所任为户部，从来没有办过洋务，不应派奴才去。"

太后不高兴了："前几年德国亲王亨利来访，是你办理的各种供应，亨利很满意，对你很感谢啊，我看你去挺合适的。"这句话夹枪带棒，往好了说是你和洋人有交情，说得上话；往坏了说你早就里通外国，心怀二主，想搭上亨利这条线。吓得立山匍匐磕头，不敢回话。

这一日的早些时候，朝廷已经收到了两江总督刘坤一和湖广总督张之洞的联名奏折，力主剿灭义和拳，结尾说："从来邪术不能御敌，乱民不能保国。外兵深入横行，各省会匪四起，大局溃乱，悔不可追。"代表了地方大臣的反对意见。

但是在今天这种氛围下，改变不了太后的决心。

太后看着跪在下面的群臣，高声说："你们诸大臣都听见了。我为的是江山社稷,方和洋人开仗。万一开仗之后,社稷仍不保,你们今天都在这里,要知道我的苦心,知道不是我一人送的天下。"

群臣齐叩首,同呼:"臣等均同心报国。"

于是派兵部尚书徐用仪、户部尚书立山、礼部侍郎联元至各国使馆,命其退兵。否则下旗归国,绝交开战。

归政照会

退朝以后，一些朝臣聚集在瀛秀门外。有人问："老佛爷说洋人照会有四条，发给咱们看的怎么只有三条啊？""是啊，还有一条是什么？"大臣们互相看着彼此，想要找出谁知道答案。

谁也没有答案。

有人问在场的一位总理衙门大臣："外交照会理应由译署（总理各国事务衙门时称总署或译署）代递，你应该知道这第四条是什么。"该大臣回答："译署从未收到此照会。"

"啊！"

另一人赶紧问在场的军机章京："可是军机处代奏的？"

"军机处并未见过这个折子。"

各国所发外交照会，主管外交的总理衙门不知道，主管机要的军机处不知道。它是怎么递到老佛爷手里的？

前一日夜间，紫禁城东北桔儿胡同，一座五进的大宅，荣禄的府邸。

三鼓了，荣禄还没睡下。连日以来，朝局的争斗越来越血肉相搏，他虽发言不多，但因为地位至关重要，而渐成众矢之的。在写给叔父四川总督奎俊的信中,他说"此事始于端王,继而诸王、贝勒各怀心意,从中有犯浑不懂事理,皆以上意为顺,故在殿廷大声疾呼……众口一词,坚意主战,皆以侄为怯……"

眼看就要到摊牌的时候了。老佛爷虽然还在观察,没有下最后的决心,但是天平明显是逐渐向端王他们倾斜了。

约十天前,上谕由端王管理总理衙门事务,启秀、溥兴、那桐为总理衙门大臣。虽然端王因为第二天固辞,总署事务继续由庆王管,但是上谕说"如遇有紧要情事,仍著随时会商。"庆王为首的外交班底办事不受老佛爷信任已很明白。

信中说"故庆王尤不敢出语,而拳民竟有以他为汉奸,几欲攻其府第,亦有人使之耳"。这个主使之人,暗指端王。

庆王长期办外交,虽无成就,但相对稳重持中,在中枢和荣禄形成较好的配合。现在他已经一言不发了。

甚至海外对这一权力变化都很敏感。驻德公使吕海寰致电总署,说德国外交部纷纷来问,传端王及满员四人入总署,汉员一人退出,情况究竟如何?并专门问庆王是否仍在。

荣禄越来越有一种无力之感,他在这封信中称自己"亦无能为力矣"。

可另一面,在京主和的大臣和地方督抚们又都寄望于他和庆王以及另一位军机大臣王文韶能力挽狂澜,把大清从与各国全面开战的轨迹上拉回来。频频来信,责以重任。

就在昨天(五月十九日),湖广的张之洞单独给他发电,除了提醒他"拳匪乃乱民妖术,无械无纪,断不能御洋兵;董军仅五千,勇而无谋,断不能敌各国",电报末尾嘱托"中堂文武重臣,与国同休戚,天下仰望,惟望公一言救危局存社稷"。

荣禄把电报往桌上一扔,"一言救危局,张香涛,你还是当年那个清流班头,相信一言可以动天下,直谏可以存社稷吗?"

几乎同时,两江的刘坤一也致电他和王文韶:"若仍信拳匪,恃以拒洋,全局糜烂,不可收拾。公任天下重寄,宗社存亡,在此一举,千祈力陈。"

就在今天,盛宣怀的电函也到了,语含指责:"中堂位兼将相,处此危急存亡之秋,若犹存明哲保身之意,隐忍不言,或言之不切,恐不旋踵而奇祸临矣。"

正因为天下都以为他不言,他才能在老佛爷眼里眼外做些折衷调和的事,否则,京城早已被这些拳民们掀了个底朝天。不是他在暗中使劲,就这么几个使馆哪有十万义和团打不下来的道理。

可是,看今日廷议,竟是要决裂了。

"仲相。"他最信任的幕僚樊增祥走了进来。清朝无宰相,内阁总领六部,大学士权同宰相,因此大学士都被尊称为相。荣禄字仲华,号略园,文华殿大学士。时人称为仲相或略园相。"江苏粮道罗嘉杰派其子前来,有要事禀报。"

荣禄微感诧异。罗嘉杰不过是一四品道台,与他也无私交。现今存世的荣禄信札,不过有四封罗嘉杰的来信,都是公事请示。他本人都没有资格在深夜求见军机大臣,何况还是派儿子来。不过樊增祥跟随自己多年,办事最是稳妥,识轻重,他既能通报,必然有缘由。

"有事?"

"有事。"

"大事?"

"可大可小。"

罗嘉杰从上海督办漕粮经海路到天津，遇上义和团和洋兵已经接战，枪林弹雨，租界戒严，水路断绝，粮船无法进京。他征得直隶总督裕禄的同意，会同浙江粮道上奏停运，赶回上海将剩余漕粮改走大运河送京。因地方官未经征召不得擅自进京，且督粮有责，特派其子进京，呈上他在上海打听到的一个惊天的情报。

这个情报的内容是：密闻洋人将向我要求四事：天下兵马钱粮归其节制；政府得聘为参谋；太后归政于皇上；归政之后，太后择一处住，由各国派兵保护。

荣禄看完，将纸放在案上，问："罗道从何得知？"

"家父在沪上闻之于洋人。"

荣禄不太高兴了，这种道听途说、捕风捉影的消息，云门（樊增祥字）怎么会递进来？要是只是闻之于洋人，盛宣怀在上海密布多少耳目，如此大事，早就发电来告，还轮到你一个粮道？何况所提要求荒诞不经，绝不可信。

打发走送信人，荣禄看着樊增祥。

"仲相，这个消息是假的。"

"我知道你看出来了。"荣禄很了解樊增祥的眼光和谋略。他静静地等着云门说出他的谋划。

"罗嘉杰不过是一个钻营干进之徒，又不谙夷情，不过是把在上海探听到的一些洋人议论拼拼凑凑，献给仲相以图为进身之本。这本是小事。"

"嗯。"

这确实是一则假情报。后世史家分析，它的来源当是英国人在上海所办的英文《北华捷报》五月二十三日所刊载的一篇社论，只是一种议论而已。可能在刊登之前，被报社排版的华工传出，辗转为在上海督粮装船的罗道台所知。可能是他被人误导，也可能是本人希图邀功，就改头换面，添油加醋做成情报。借督粮进京之机献给军机大臣。因为战事被阻，改派其子进京献上。历史上从来不缺这种以奇货可居而希图干进之人。

"现今朝堂之上，和战已成胶着之势，那几位爷一天天的越来越张狂，您和庆邸恐怕也难再硬顶了，一班汉人大臣们的意见在太后心里也没什么用，眼见着就要放手让乱民们打使馆了。老佛爷真的认为这些鬼们能打得过洋人？不，老佛爷垂帘几四十年，心里明镜儿似的。她要办的，就是废皇上。皇上一天不下来，她一天不踏实，心里这口气一天出不来。这么闹不过就是扶植那几位老顽固，用他们在台前张狂，让反对的臣子们闭嘴，让反对的洋人别掺和。保护使馆是仲相您争取的，但要是不合老佛爷的意，恐也办不了。现在放开手闹，换完皇帝，死几个洋人，大不了就是赔款，再抛出去几个顶罪的。"

荣禄的眼睛亮了。他明白"可大"是什么意思了。

樊增祥也笑了，他俩太默契了。

但如果不是大清赔款那么简单，如果洋人要追究某个人……

这是一招妙棋。如果洋人要追究决策者的责任，如果把端王他们抛出去没用，洋人盯着的是老佛爷本人，那么老佛爷恐怕要掂量废掉皇上重要，还是保住自己重要。失去了使用价值，立时端王他们就要失宠。国家还要回到常态，还得靠庆王办外交，靠荣禄主管军机。

可这也是一着险棋。如果老佛爷知道这是假情报，知道他荣禄明知道这是假情报而上奏，这就是欺君之罪。

如何决断？

据说"荣相绕屋行，彷徨终夜"。

经过一夜的权衡，"黎明遽以进。"荣禄在五月二十一日早，军机独对的时候，作为重大情报，呈递给了老佛爷。

可是荣禄押错了。老佛爷并没有像他预计的那样"惧而谋和"，而是"悲且愤，遂开战端。"

于是就有了今日申刻这次御前会议。

这里面有两个不可解之处，一是情报怎么就成了外交照会，二是本是四条，发给大臣阅看，怎么只发下三条。

后世史家多方探寻，但从早朝太后拿到情报到下午召开御前会议，这中间发生的事都在宫闱之中，无从查证，只能猜测。

一种可能是，老佛爷也看出了这是一个假情报，她要反过来用。她本人坚定地要推动形势激化，以完成换帝之凤愿。朝中意见还不一致，有反对者，有摇摆者，正可用此奇耻大辱、大损国格的要求来激励人心，让反对者噤声，让摇摆者归心。情报的力度还不够，须得各国的正式照会才能达此目的，所以，一白天的时间，老佛爷在做改头换面之事。从午后的廷议来看，效果也达到了。

四条何以只发下三条？缺少的是"归政"这一条。

所谓归政，即是将大政"归还"给皇帝。从礼法来说，只有皇帝才是帝国最高权力的唯一的合法拥有者，任何人不可窥觊，权力也不可与人分享，太后垂帘听政或者摄政王摄政都是权力的临时状态，一旦皇帝成年即必须奉还，否则国家就不处于正常状态。

所以大清的臣子们都在等着太后归政于皇上，随着时间的推移，这种期待对太后形成了一种巨大的压力。而当各国舆论形成太后保守、对外国不友善的印象之后，也都在从官方到民间舆论施加有形无形的压力，期待太后归政于开明的光绪。所以,"归政"二字成了太后心中最不愿听到的词,久而久之,此二字提都不能提,以各种隐语来指代。

去年十月太后六十五岁寿辰,本是欢欢喜喜的办喜事,讨厌的康梁一党鼓动海外华商发电以祝寿的名义请太后归政皇上,颐养天年。雪片似的"贺电"发到军机处,荣禄王文韶转呈时隐去"归政"字样。可是刚毅从南方巡视回来,将此事面奏太后,太后大怒,悬赏十万两捉拿康梁,后来给各省督抚下谕旨,其中强调"万一强敌凭陵,胁我以万不能允之事,亦惟有理直气壮,敌忾同仇,胜败情形非所逆计也。"这"万不能允之事"就是归政要求。这是交代政策底线,即便国家破碎,生灵涂炭,归政也是不能谈的条件。

荣禄想要引导老佛爷谋"和",老佛爷就将计就计促"战"。

饶你奸似鬼,也得喝老娘的洗脚水。

决裂

接下来两天，每天都召开一次御前会议。除了风向已经一边倒和情绪越来越激动之外，并无太多可记之处。比如，王文韶劝诫了几句，太后拍案大骂："你说的这些，都是他们说过的老话，我耳朵都听起茧子了，还要你又说。你去，让洋兵不要入城，否则砍了你的脑袋。"内阁学士联元说了几句两国交兵，不可攻杀使团的话，贝勒溥伦竟在朝堂之上大叫："联元通贼，可斩也。"

皇上心急如焚，望见许景澄跪在下面，起身走下座来，拉着许的手说："许景澄，你是出过外洋的，又在总理衙门办事多年，外间情势，你通知道。这能战与否，你须明白告我。"许回奏称："闹教堂伤害教士的交涉，向来都有办过的，如若伤害使臣，毁灭使馆，则情节异常重大，即国际交涉上，亦罕有此种成案，不能不格外审慎。"皇上本就知道万不能战，不过是被端王、庄王这般亲贵所压，不敢直抒己意，因许景澄久习洋务，想借他之言达己之意。闻许所言，深中己意，用手拉着许的衣袖而泣。许的回奏语言本来极平正，太后似乎也没太注意听。端王起立咆哮："许景澄，你拉皇上衣袖何为？"许大惊，忙分辩："是皇上拉臣袖。"太后这才注意到二人相聚共泣，怀疑许必有何秘密之语刺激皇上,大怒,注目二人,厉声道:"这算什么体统?"

皇上闻之立即松手。

五月二十三日,开第四次御前会议。接到直隶总督裕禄六百里加急的奏折,说联军发照会要求限时交出大沽炮台,虽然要求已经被他驳回,但是如此无礼的行径预示着即将开战。建议朝廷激励团民,加派军力,扩大战争。

其实裕禄是在欺骗朝廷,联军已经在二十一日凌晨攻下大沽炮台,裕禄固守天津,并未派兵增援。但因中西军队已在天津到廊坊之间陷入交战状态,义和拳民遍布其间,电报被视为洋玩意儿,自然是在推倒之列。京津之间早就断了电报往来,只能用驿马传递消息,朝廷丧失了别的信息来源,裕禄事实上垄断了京津两地的通信。

御前会议上公布了裕禄奏折后,庄王载勋、辅国公载澜高喊:奴才等近支子孙,总以社稷为重,若不战,白白给他们,断不能甘心。

话说如此明白,各大臣都不说话了。人家子孙卖祖产,奴才还能议什么?

于是传谕:限各国使臣二十四点钟内起身出京。驱逐外交使节,是开战的先声。

老佛爷又当面派贝勒载润等加强皇城警戒,不必下班回家,赏内膳房饭食。载润22岁,代表了亲贵中的少壮派。

徐桐提议,到此地步,即便各国要议和,也须有十项条件:一、还通商口岸;二、只许在洋面海口通商,不许上岸;三、英法各国对华的文件中对自己的国主只许称君主,不得称大皇帝;四、不许洋人学中国语言文字; 五、外交事归理藩院管；六、琉球、越南各侵占之地须归还；七、关税税则由我国定；八、京中不许立使馆；九、不许传教；十、要赔我兵费十千万。

义正辞严。

退朝的路上，蒙古正黄旗出身的大臣荣庆心有不甘，对荣禄说："恐无与各国一齐开衅之理吧？"荣禄答以："子之言，我之心也。若再分辩，视为叛逆矣。"二人洒泪而散。

剿抚和战，在朝堂之上决策过程虽然如此波折激烈，其实结果早就在远在广东的李鸿章意料之中。五月十七日之时，刘坤一就电商李鸿章，各督抚应联衔奏请速剿"拳匪"，但李对此并不积极。他五月十八日给安徽巡抚王之春的信中说："鄙人知内意主抚，电奏无益。……群小把持，慈意回护，必酿大变，奈何。鸿。"结论是必然"主抚"，原因是"群小把持，慈意回护"，后果是"必酿大变"。

简洁而准确，果然是政坛的老狐狸，太后的知心人。

克林德之死

御前会议结束后，当天下午三时，总理衙门发出致各国公使照会，言各国水师欲图强占我大沽炮台，首先开衅，扩大战端。当下京城拳民四起，人心浮动，"贵使臣及眷属人等在此使馆情形危险，中国实有保护难周之势"，总理衙门限所有公使及眷属人等从今日下午四时起，24小时内离京前往天津。此哀的美敦书（最后通牒）一共12份，发往11个使馆及关税处。

京津之间早断了通信，使馆并不知晓联军向大清索要大沽炮台之事，收到最后通牒，被非正式围攻半个多月的使馆区一千多人陷入更大的恐慌和混乱。在现场的英国人普特南·威尔日后在起名为《庚子使馆被围记》的回忆文章里记载说，"当下午之时欧人皆有丧心失魄之状"，"群失管束，哄然如癫狂矣"。

此时的公使团领袖是西班牙公使。十一国公使齐聚西班牙公使馆商议。门前聚集了焦虑恐惧的数百人，都想第一时间知道会议的决定。德国公使克林德提议，全体公使立即前往总理衙门，施加压力，要求中国政府收回决定，保持交往状态。但是没有人同意这个冒险的提议，"且有一人闻之而哭者"。到七点钟，天将要黑的时候，达成决议，接受最后通牒，但是二十四小时时间紧迫,要求放宽;并且要中国政府保证沿途安全。

有人赶紧派中国仆役出去雇车,到天津三日路途,大车平时只不过四五两银子,现在开价已达四十两、五十两,甚至一百两。有几个使馆想雇五十辆车,不论价格,只要肯来即可。仆役出去寻找很久,回来面带惊慌之色,回报只有几辆车说如果有中国军队保护,愿意来。寻车的路途中他们看到,即使已经是深夜了,出京的人和车仍然纷纷攘攘,络绎不绝。有官员坐在车里,路遇盘查的拳民,被拖下来向他们磕头才肯放行,显见大乱即在眼前。

五月二十四日,公历6月20日,新的一天开始了。北京应已是闷热难当之时,可今日虽然"赤日当空,如一红色之球",天气却是不太热。虽已进入20世纪,中华帝国的都城仍然大都是土路,平日车辆川流不息,惹起灰尘漫天,如同下土。今日使馆区外的路上却难见车辆行人,尘埃不起。普特南·威尔说"似在北京之灰尘,亦震于将来之事变,而伏地不起矣"。

昨晚七点给总理衙门要求延长时限以及提供安全保证的照会提出请今日九点前回复,九时回复并未到来。中国政府寂静无声,这是明白宣告,不再多费笔墨了。各国公使聚在一起,争论了半个小时却讨论不出解决办法。这时克林德男爵起立:"我之前和总理衙门约了今日十一时会议,虽有此哀的美敦书,但我不愿失信,该动身了。"众人虽力劝,但克林德不为所动,回馆准备动身。他注定要为他的自大付出代价,以他的血献祭即将开始的癫狂。

从普特南·威尔的视角,此后成为辛丑年交涉一大关键的克林德事件是这样的:克林德坐绿红色的官轿,翻译柯达士也坐轿，两个中国随从骑马跟随。他坐在轿子里，口里含着烟卷，意态休闲，仿佛是平常时候去赴宴一般。然后仅仅一刻钟之后，两名随从策马狂奔回来，冲入使馆区防御线，口中大呼大叫奔到德国使馆门口下马，汗流浃背，气喘如牛，半天才平复下来。在围上来的众人纷杂询问之下，事情大概清楚了。两人跟在克林德轿子后，行至东单牌楼，忽然听见枪声，看见公使已被打死在轿中，柯达士身上流血，极力奔跑，一个中国人拿着枪在后面追他。两人赶紧策马调头飞奔回来，柯达士生死不明。听完讲述，围观者恐惧至极，有妇女蹲下失声痛哭。

一刻钟后，德使馆卫队集合了一半的人，全副武装向台基厂匆匆进发。"条顿人面色严厉，露出拼命的表情，至少要夺回本国公使的尸身。"卫队赶到克林德被杀之地，地上还有血迹，轿子轿夫和开枪的人，都不知去向。路两边各家各户均大门关闭，街道荒凉之极，一条狗都没有，唯有灰土飞扬。

一年之前的六月初五日，是个阴天。光绪皇帝升勤政殿，接见德国新到任的使臣克林德呈递国书，内阁学士恽毓鼎侍班在旁。他在日记里记下，本日散班路上，"见太液池荷花盛开，红裳翠盖，晚霞送馨，缓步河边，爽沁心骨"。

还差几天就是克林德呈递国书正式成为德意志帝国驻大清国公使一年，他已命丧街头。

至此，使馆区内，不论是洋人还是教民，人人都知道，战争开始了。

围攻东交民巷

在使馆区受围困这半个多月中，封锁线沿线日常与使馆贸易的商铺仍然在私下里交易，虽然也关门，但是不全关。就像新年时候的那种半关门状态，你侧个身仍然可以出入买卖。店中学徒手缩在袖子里，看见人进来，甩甩长袖掸掸裤子上鞋上的灰，显出已经关门歇业的闲适样子。可是脸上又半含笑容，示意你一切照常。二十四日这天下午三点钟以前，这些和和气气的店家所售的货物，还一如平日之价，只是不记账了，只可现金交易。在他们看来，这些洋人接下来是死是活得看命了。

三点钟，最后一家店铺的门全关上了，店中最后走出来的一个人，给门上了锁，贴一张福字在门上，悄然而去。

四点钟，二十四小时的期限到了，受命承担进攻任务的董福祥甘军和武卫中军开始炮击使馆。"欲尽杀诸使臣。炮声日夜不绝，屋瓦自腾，城中皆哭。"据说京城有数万拳民前来助阵，他们主要的战斗方法是"巫步披发，升屋而号者数万人，声动天地"。当晚，奥匈帝国使馆被攻破。

刚毅、赵舒翘受命督战，二人坐在正阳门城楼上饮酒欢宴。刚毅心情大好，看着下面的炮火连天，畅想未来："使馆破，夷人无种矣，天下自是当太平。"赵舒翘起立向刚毅祝酒，"自从康有为倡言变法，大逆不道，乱我大清以来，天下轻燥好事之徒，云合响应，幸赖我公一手平定，以安社稷。今上病入膏肓，又早失天下人心，不足以承宗庙。幸而大统继承有人，此定策之功，我公当居第一。今日义和义民四起，上下同仇敌忾。若非太后圣明，我公以身报国，尽除乱政，与海内更新，哪有今日之大好河山。古人所谓社稷之臣，今日在我公身上得见啊！"言毕一饮而尽。

赵舒翘虽然在刚毅面前总是直不起腰，但确实是干练之人，轻轻一番阿谀奉承之话道出了事情何以至此的缘由。

刚毅大喜，手执酒壶站起来，给自己倒满，再给赵舒翘斟满，"展如知我。"赵舒翘字展如。

城楼之下杀声四起，火光冲天，二位天朝重臣满面红光，大清之太平只在这小小一条东交民巷之得失，那还不是指顾之间？

攻击使馆的主力部队是荣禄统辖的武卫军与董福祥的甘军。据说董福祥进京之后曾在慈禧面前夸下"臣无他能，惟能杀洋人"之言，深得太后欢喜。五月十五日，日本使馆书记杉山彬在永定门为董福祥部所杀。载漪抚董背，伸拇指夸赞："汝真好汉，各大帅能尽如尔胆量，洋人不足平矣！"董大喜，在载漪面前更加自夸不已。载漪也愈加倚任董，令董统率团民以敌洋兵。但久经百战，真刀真枪过来的董福祥和义和团虽然有共同的目标，但对队友的所谓神通颇不以为然，他受端王之命后把义和团团首数十人召集前来当面训谕："尔等大言欺王公，以欺朝廷，尔等当自忖，如不足以制火器，直言为是，勿误大事。"

各团首齐声回答："愿听令助战，御火炮绰有余裕。"

但是，神通不灵。

西什库教堂是北京最大的天主教堂，其住持法国人樊国梁是天主教驻京总主教，朝廷赐二品顶戴，相当于享受省部级待遇的出家人。义和团攻打西什库以来，以车轮战法，每日换班攻打，但仅能将教堂四周外围房屋烧毁数十间，主体毫无伤损。与此同时，附近的商铺居民，却连带被焚烧被抢掠，无一幸免。有好事者问团民，从前你们焚烧各教堂，擒杀教民，都是无往不胜。这西什库教堂虽大，可现有团民数万之众，何以一月有余还未将其打破？回答深具玄机："此处与别处教堂不同，堂内墙壁都是用人皮粘贴，再以人血涂抹，还有无数的妇人赤身露体，手执污秽之物站在墙头，还将孕妇剖腹钉在楼上。故大师兄请神上体后，刚行至楼前，就被邪秽所冲，神立时下法，不能前进，所以难以焚烧。而且教堂有老鬼子在内，专用邪术伤人，因此难以取胜，反而多所受伤，等老团一到，自然扫荡矣。"传说，天津紫竹林租界洋楼上每门大炮上都趴着一个裸体女子，以破义和团闭炮之法。所以紫竹林也是至今没有攻下。

此种解释不知是否能取信于京城普通民众，但是有人信了。

徐桐日常深信的一盲老者，名豫师，对徐说西什库教堂之所以不能攻下，是因为樊教主以妇女例假血点在守教堂的洋兵教民额头，炮不能中。又说樊教主割教民女阴，列阴门阵，以御枪炮。徐深信不疑。徐在经筵教大阿哥程朱理学，退朝招各翰林，演说阴门阵。一日传见翰林，黄石荪前往，遇见一山东张姓翰林对大家说：在东交民巷及西什库，洋人使妇女赤体围绕以御枪炮。闻者偷笑，而徐相深信。其实偷笑之人是孤陋寡闻，徐相才是见多识广。二十年后一个叫鲁迅的作家就记得，他的奶妈曾对他说过，太平天国时，"城外有兵来攻时，长毛就叫我们（妇女）脱下裤子，一排一排地站在城墙上，外面的大炮就放不出来，要放就会炸。"这距庚子年四十多年了，也只有徐相这等宿儒与亲历的农村妇人才能知道。

面对西式神通，只能召唤更高级的神通来镇伏。

启秀向太后进言，五台山高僧普净有神通，可诏来京攻西什库教堂，他人各有推荐。太后下诏，招僧普净、余蛮子、周汉米来京灭夷。

普净到京，言关圣降神附其身，携青龙刀一柄、《春秋》一部，骑赤兔马往攻。入阵中炮亡，惟马逃归。

即便如此，被围的洋人们也日日在生死线上煎熬。

躲在使馆的美部会传教士麦美德在日记中写道："我们在这里与世隔绝，好像置身于一个荒岛上，我们知道的外部世界的消息，甚至由洋兵守卫的这个弹丸之地以外的中国其他地方的消息，都是两周前的旧闻。我们在保定府的朋友们安全抵达天津了吗？全中国都处在动乱中了吗？各地的教民正在遭受屠杀吗？离此地不到一英里远的皇宫里正在发生什么事情，皇帝还活着吗？慈禧太后已经带着尽可能多的金银财宝逃离北京了吗？从我们头上呼啸而过的子弹是我们与外界联系的唯一纽带，但它们都转瞬即逝。"

围攻使馆进展颇不顺，相持日久而不能下。

仔细爬梳史料，真正的原因不是神通不够，而是朝中两派反复拉锯，以各种方式影响太后，使得她决心不够，仍想为以后留余地，所以一直打打停停。

才打了十来天，六月初七日（7月3日）朝廷向英、日、俄三国发出国书，请求"排难解纷"。两天后给各驻外公使发电旨，让他们告诉各国政府，称"照前保护使馆"。这是荣禄建议、王文韶起草的，目的在"预为后日言和地也"。

于是美国国务院发来密码电,要求总署送交被围的美使康格。总署照办了,并将康格的密码复电发回。这是自使馆被围以来,在京公使首次与海外通消息。在此之前,海外许多报章报道,除两人之外,所有在北京的洋人都在7月6日、7日(公历)两天被屠杀,世界各地的报刊上充斥《北京的洋人尽遭屠戮》《北京大屠杀已得到证实》等标题。

可是很快又断绝往来,开始围攻。这就是主战派又占了上风。

进攻没多久,到了六月二十一日,又有谕旨停止进攻使馆并致电法德美,请调解。第二日总署派人至使馆声言保护各国公使。这是第二次停止进攻,延续到了七月初二。中间的六月二十六与七月初一,太后还两次传旨,送西瓜药品到使馆,展现友好。可是就在同一日,还有一份谕旨从中枢发出,命各路统兵大臣停止使用洋操洋装洋号,重归旧日兵制。命长麟、文瑞分统京师义和团民前往通州天津助战。

旬月之间,政策左右摇摆,幅度之大,中外瞠目,不明所以。驻德公使吕海寰向刘坤一发电打听北京情形到底如何,各国公使死活,最后特意问:北京到底谁秉政。甚至七月间,奉天将军增祺发电给王文韶:"此次中外失和,是为何事,乞宣示。"王以无词可答为言。

一日,忽有旨意,命荣禄以红衣大将军进取。所谓红衣大将军,为巨炮。本朝初入关时,曾用以轰击齐化门,攻取北京城,此后并不常用,收藏至今,二百多年后仍然是大清威力最高的武器。放炮的技术都成了祖传非物质文化遗产了,寻访当年负责演放此炮的兵勇后代,好不容易才找到两个。使馆房舍密集,如以此巨炮连轰数次,必将化为齑粉。

围攻使馆的最高指挥官是荣禄，他本心不愿如此决绝。但以地势言，炮架必须立于东安门内，此巨炮发炮时声闻数里，宫中一定听闻得到，所以也不能光做样子不真放。有幕僚献上一策，炮弹准不准全在表尺设置，表尺加高一分，炮弹放出就会偏离数百米以外。于是荣禄秘密叮嘱炮手将表尺略加高二三分。当施放之时，炮弹轰然发出，不但超过英使馆屋脊线，还出了前门直达草厂十条胡同，将山西票商百川通的屋顶打穿出一巨窟。该票商及附近十几家商户，一时大惊，纷纷商议迁移。几日之后，收拾好银钱账据，全数迁往昌平贯市暂住。不久以后，洋兵入城，各种商号均遭抢掠，损失殆尽，独独这几家得以保全，不伤元气。

祸兮福所倚，福兮祸所伏。老祖宗此言不虚。

日后议和约之时，各国公使还提及此事，颇有后怕。见证此事的署理京兆尹陈夔龙私下对李鸿章说："当日演放炮弹时，尺码若不加高，恐使馆已成灰烬，各使亦难幸存，不过肇祸愈烈，索款愈多，求如此时之早定和局，戛戛乎其难矣。"李亦以为然。

神兵遍京城

五月二十四日朝廷围攻使馆，第二天发布了对十一国的宣战诏书，那就是正式与列国撕破了脸。于是已经在京城半公开半合法的活动了数十天的义和团就名正言顺地登上了前台。五月二十六日，有旨，派载勋、刚毅统帅义和团，英年、载澜会同办理。义和拳由此算是进入体制内，有了编制。虽然是短期合同工，要认真说起来，只有从这天起，义和拳才能名正言顺地叫义和团。团即团练之意。

从此而后，据说太后之后开御前会议于前殿之时，召集对象就从大学士、军机大臣、外务大臣、六部九卿扩大到大师兄、众师兄，从台阶上望下去，跪满地的既有红顶珠褂，又有短衣红包头。"凡红包头者，皆忠义奋发，慷慨陈词。诸红顶附和之。荣（禄）、王（文韶）诸相不敢发一言。"

当然大师兄参与御前会议，只见私人记录，尚无官方史料为证，聊备一说。

不知起于何时，不知何人指使，京中拳民渐渐传布一口号："不斩一龙二虎，不能成功。"虽无人说破，但个个皆知，二虎者，在京的荣禄和在外之李鸿章，大家纷纷传说李鸿章的侄子是日本天皇的驸马。一龙者，当然是当今皇上了。

前总署大臣张荫桓戊戌年之前曾以西药进呈皇帝，载漪等王公贝勒此时想来，恍然大悟，皇帝那时定然已信奉了天主教，身边太监必是已多有人教之人了，这就属于二毛子，必须肃清。他们声言大师兄能望气而识二毛子，撺掇太后召大师兄入宫，令其遍视妃嫔宫女宫监，以甄别二毛子。搜查之细致，甚至将各殿屋顶所悬承接落土的"承尘"拆卸下来查看是否有二毛子隐匿于其上。搜到乾清宫承尘时，忽坠下一件木匣子，开启一看，乃是世宗宪皇帝，即雍正爷御笔所书，内有"后人如见此匣国必有大咎"字样。团首恐怕遭祸，当即焚毁以灭迹。

在这样轰轰烈烈的揪"二毛子"运动中，宫廷秩序失去保障。

五月二十七日，大阿哥与皇帝起冲突，口无遮拦，骂皇帝为"二毛子"。小孩子哪有什么见识，只是听父亲、师傅等人说起，不知轻重。受皇帝斥责时，大阿哥竟以拳击打皇帝，这殊不成体面，太后得知后大怒，命二总管崔玉贵鞭打大阿哥二十下。

这一下就把暗流涌动的矛盾摆在面上了。

两日后，载漪、载勋、载濂、载滢兄弟几个率领拳民60余人闯入大内，叫嚣搜拿教民。载漪似乎已醉酒酩酊，众人冲到瀛台外，大声鼓噪："因有紧要之事，我等颇愿见皇上"，推搡之间有人口出不逊，叫骂皇帝为"二毛子"，侍卫只能极力阻拦，无法驱赶这些皇亲贵戚。眼见乱中就有可能发生弑君之变，太后闻讯匆匆赶来，大怒，载漪等亲贵罚俸一年，将在场的20余名义和团头目正法。

当时在场阻拦的宫廷侍卫富察多尔济回忆："皇上栗栗危惧，颇感圣母再生之恩。"

太后也感到自己对于情势逐渐地失去控制，心里慢慢地也没底了。几个月后，在西安，她与人闲谈这段时间自己的心理感受，既有事后为自己卸责，又未尝没有些当日的实情：

"当乱起时，人人都说拳匪是义民，怎样的忠勇，怎样的有纪律、有法术，描形画态，千真万确，教人不能不信。后来又说京外人心，怎样的一伙儿向着他们；又说满汉各军，都已与他们打通一气了，因此更不敢轻说剿办。

"后来接着攻打使馆，攻打教堂，甚至烧了正阳门，杀的、抢的，我瞧着不像个事，心下早明白，他们是不中用，靠不住的。但那时他们势头也大了，人数也多了，宫内宫外，纷纷扰扰，满眼看去，都是一起儿头上包着红布，进的进，出的出，也认不定谁是匪，谁不是匪，一些也没有考究。这时太监们连着护卫的兵士，却真正同他们混在一起了。

"就是载澜等一班人，也都学了他们的装束，短衣窄袖，腰里束上红布，其势汹汹，呼呼跳跳，好像狂醉一般，全改了平日间的样子。载漪有一次居然同我抬杠，险些儿把御案都掀翻过来。这时我一个人，已作不得十分主意，所以闹到如此田地。我若不是多方委曲，一面稍稍的迁就他们，稳住了众心，一方又大段的制住他们，使他们对着我还有几分瞻顾，那时纸老虎穿破了，更不知道闹出什么大乱子。

"连皇帝都担着很大的危险。他们一会子甚至说宫里也有二毛子，须要查验。我问：怎样查验。他们说：如系二毛子，只须当额上拍了一下，便有十字纹发现。这些宫监、妇女们，了不得的惶恐，哭哭啼啼，求我作主。我也不犯向拳匪去讲人情；我想阻止他们又不对，万一阻止不了，那更不得下台。我教他尽管出去，果然拍出十字来，也是命数，这何须怕得。如若胡乱枉屈人，那神佛也有公道，难道就听凭教下徒弟们冤杀无辜不成？后来出去查验，也是模糊了事，并没有查出什么人。他们心中明白，得了面子，也就算大家对付过去，还了我的面子。你想这样胡闹，还讲什么上下规矩么？"

潘多拉魔盒虽是由你开启，你却未必驾驭得住放出来的东西。这是中国历史上第一位想利用民众，操纵民意的君王——慈禧太后的教训。

义和团在极短的时间内变成了京城的第二权力中心，发号施令，生杀予夺。

入城之初，义和团纪律甚好，在大街要路，公然打旗列队而行，虽是一些种地的乡人临时编练，看在京城居民眼中，竟是比武卫军、神机营还要齐整。

他们每日在坛中扶乩，求神人降旨开示，一有神意降临，则刊印于黄单上，到处粘贴传送。其中一单说："庚子义神拳，戊寅红灯照。丙午迷风起，甲子必来到。壬申不算苦，二四加一五。遍地红灯照，壬申到庚午。己酉是双月，庚子才算苦。等到乾字号，神追鬼又叫。"

而求得神人下凡保佑或是助阵杀洋人的办法则是烧香。似乎神都是昼伏夜出，一到黄昏，每坛的拳民几十上百人涌出来，在附近街巷呼喊呵斥，挨户拍门，令居民烧香，向东南方跪拜，"不从者辄杀之"。北京城上空夜夜烟雾笼罩，气象惨淡。时不时有神仙降临到某位师兄身上，突然跃起舞蹈，自称刀枪不入，能跃入空中，手指向何处何处则火起。

城内城外各行商铺，义和团民俱令其不得用"洋"字为招牌，"洋药局"需改为"土药局"，"洋货"改为"广货"，"洋布"改为"细布"，诸如此类甚多。凡卖洋货的店铺都关门逃闭，否则，拳民进内，将货物打碎，然后将房焚毁。义和团认为拍摄照片需要用人的眼球，所以把照相馆馆主抓起来，施以酷刑，要他指出藏眼球的地方。各街住户不能使用洋货，凡家藏有洋书、洋图，都是"二毛子"，一旦搜出则必杀之。且有传言，把教民杀光后，就要杀读洋书的学生。七岁的梁漱溟偷偷地把所有的英文课本烧掉了，他的父亲梁济此时在北京当小官，想给他来点双语教学。点灯所用煤油那时称为洋油，因是从外洋进口，中华不产。号令之下，各街巷住户所存的煤油如泼脏水一般泼向街道，各种煤油灯砸烂无数，家家户户弃之犹恐不及，恐怕拳民上门，招致祸患。

因为每日四处都有烧洋货铺、烧教民住宅的，火势多所蔓延。京城各行商贾繁华之地多被焚烧，本来法术据说是可以精细化控制烧毁目标，不涉及无辜者的。但是前门大火蔓延开来那次，据说是有店铺老板对法术缺乏信心，担心烧到自己家，情急之下随手操起尿桶向火中泼了一桶水，有污秽之物，令法术失灵，大火失去控制，将大栅栏商业街焚烧一尽。甚至将翰林院的藏书阁也全烧了。这场大火焚毁了京城最大的四恒钱庄，导致市面上银根吃紧。陈夔龙此时正署理顺天府尹，京城地面的事是他的责任。奉诏进宫，太后问他怎么解决，他说京城的钱庄和当铺都有存银，应命他们为四恒提供贷款，使得它渡过难关。列席的刚毅在旁听得惶恐不安，散朝后，他在宫门外等着陈夔龙，警告他不要动当铺："勿论如何，切勿牵累当铺，至嘱至嘱。"原来是刚毅在京城的典当行中有很多的股份。

前门大火之后，精准焚烧的法术似乎就没再灵过，于是没遭火灾的商铺也多歇业，不敢开门经营。各家毫无进项，商民交困，苦不可言。唯独香蜡铺却一下红火起来。大街小巷不分贵贱，不管自愿被迫，每夜都需向东南方烧香，京城香料几乎卖尽，冷淡生意反成巨富。真所谓大难临头有幸有不幸也。

义和团除了惩办信洋教的二毛子，也惩办信其他教之人。义和团曾在菜市口杀天理教二十余人，天理教本是白莲教的一个支派，其宗旨是"在礼、戒烟"，其中有七十余岁老叟一人，六十余岁老妇二人。围观街民议论："戒烟反被杀，咱们还是吃烟吧。"

义和团又令各家用红布缝一小口袋，内装朱砂、绿豆、茶叶等物，要么钉在门头上，要么随身携带。又令家家每晚烧香之时，各供净水一盏，内泡花椒七粒。可保平安，可助神力。

烦琐的仪式和严格的纪律总是难以长期坚守。两三个月之后，或是老拳民也生了松懈之心，或是新入团之人并不诚心，鱼龙混杂，各团都生了私心，引出种种谋财害命之乱象。

有的富贵之家，仆役下人都入了团，主人从此不敢怠慢下人，否则该人就有可能到附近的团坛指认主人家中藏有洋货，或私下有不满义和团的话语。义和团即可上门捕杀。前河道总督钟秋岩，为觉罗，即远支宗室，平素好收藏把玩钟表等洋玩意儿。某日家中两个下人为小事吵闹口角，钟斥责逐走其中一人，而留下另一人。被逐者前往义和团坛举报其主人家多藏洋物。引起团民起疑，怀疑他信奉洋教，频频派人前往钟宅附近监视窥探，钟为之大不安。后经请多人到坛为自己辩白，其事方消。事后官府要治这个下人诬告之罪，则早已不知所终。

有一户部司官被拳民拿去关在刑部牢狱，吃尽苦头，后求会同办理义和团事务的英年出面解救，英年安慰他："你已算造化，有许多冤屈，连王爷亦无法。"

京中显贵之家，人人自危。

有的和团民平日有宿怨的人家，可能真是教民，也可能本系良民，此时其宅就被诬指为奉教之房。一群团民涌到其家，虚张声势，一定要烧房杀人，旁边则会有人出来则代为婉求，从中调处。最后往往是必须以巨款报效坛中，方可免遭此劫。

后来义和团之间也有了内讧。七月初九日，炸子桥的义和团与安南营的义和团，因为拆卖教民空房的木料归属之事起了争执，互相械斗。每坛各有数十人，洋枪火炮，场面甚为激烈。经琉璃厂的义和团从中说合，才讲和罢战。

随着时日过去，城中渐渐议论纷纷，义和团何以如此良莠不齐，神通又何以似乎并不见效？

例如义和拳已挨家挨户严查"二毛子"，似乎教民总还是不能除根，时时出来作祟。五月二十六日，城中风传教民在各街巷挨门涂抹红血，被抹者全家必患疯邪，自相杀害。义和团布告须急用香灰水洗去，可保平安。六月初五，又改传教民挨门抹白油，义和团急告须及时用水洗去即可破。

事平之后天桥的艺人们编了太平歌词来编排义和团。

【太平年】

京都地面，也要炼团。妖言惑众，借事生端。

团头都是些个瞎打混，生出主意家家化缘。鸣锣响号，走会一般。

有钱的大师兄阔的不可言。虎皮战裙腰中系，箍上彩毯又罢茨菇叶安。

说声上体，夫吃半天。大师兄上体又罢（把）座钟搬。

二师兄没上体扛开了老米，搂足了东西，归了本坛。

各庙里铺下坛，大师兄又罢（把）法力传。排枪排刀瞎捣乱,闭着眼睛炼开了拳。

又管送殡,又管把家搬。堂客出门师兄跨车辕。愣说师兄保护无有错,细打听师兄使了人家的钱。

西什库,老没破完,大师兄心内为了难。听说四外风声紧,打下了转牌又罢九门关。

一时的传言是皆因为新进之人太多,须得山东的"老团"才有神力,于是京中翘首以待老团。六月间,一日下午,高柟的朋友焕如在街口看见一老道,精神甚为健旺,穿大红绸缎衣,衣衫画有八卦,有儿童八人排成四对,双刀交叉负于背上,拳民五六人跟随其后。于是街上哄传:"老团来矣。"

可老团也未见奇效,西什库教堂依然屹立,东交民巷也寸步未进。

面对义和团在京种种混乱景象,朝廷也觉得有点尴尬,有点失望,试图约束。在七月初二日以义和团团练王大臣庄亲王载勋的名义颁布了十条团规:

> 钦命统率义和团王大臣为发给团规事:照得本爵大臣奉命统率义和团以来,迭与诸团师兄,讨论时事,具见忠勇性成,同仇敌忾,因思前来挂号者不一而足,恐其中或有事理未能明悉,致干咎过,爰与本团师兄等参合佛法,拟定团规,俾众团师兄有所遵守。兹将团规十条开列于后:
>
> 一、义和团专为承天命奉佛法,诛杀洋人,剪除教匪,以保国家而安良善,义和心诚,莫是过矣。仰各团师兄当谨守此意,不可偏信人言,有意苛求,致生枝节,如有滋事之人,轻者驱逐出团,重者请佛法惩治。

一、义和团本系大公无私，所有各团诸师兄，均应恪守佛法，精白乃心。如有不守团规，循私偏听，藉端滋事，诬害良民；或报复私仇；或意图讹诈，任意烧杀抢掠等情，即系匪徒假冒，既为神人所共愤，更为佛法所不容，本爵实深痛恨。若经访有确据，或被指名告发，禀明总团，即带团往拿，照匪徒办理，如敢抗拒，应格杀勿论，然不可任意专擅也。

一、义和团每遇诸神附体，是否教匪，一目了然，从未妄杀一人，世人或有不知者，不免啧有烦言，所以拿获教匪，必须带至坛上，明试真伪，以供众睹。实系甘心教匪，直认不讳，看押禀明总团，分别正法。如有教民，真心改过，质明神人，准赎前愆，带至总团，听候佛法发落。

一、义和团承天命，奉佛法，保国家，正所以保身家也。如遇临敌打仗，自当奋勇杀贼，不可畏葸退缩，应与官军联成一家，不可稍存尔我之见，致误事机。各团既系诚心为国，必有神灵保护，决无意外之虞。其临敌退缩，或存尔我之见，是故违佛法，神灵必不保护也。

一、各团师兄如遇调遣出征，当谨遵号令，不可稍存观望，违者即非佛法本意，当请佛法惩治。

一、各团师兄生擒洋人及教匪系职官者，在京应交统率王大臣；在外交地方大吏验明，分别办理。

一、各团师兄夺获敌人器械者，应呈明地方大吏，听候办理。

一、各团师兄杀死教匪后，查明房间系教匪产业，应即封闭入官，不可烧毁；所有一切什物，应查抄入官，变价充公，不可喝令抢夺；如系他人产业，应从宽免其究问。

一、各团师兄，应与兵勇彼此和睦，联成一家，并力杀敌，以保国家，偶有微嫌，不可介意。倘兵勇欺压团众，在京应禀由统率王大臣，在外禀由地方大吏，转行该管统领惩办，不可辄相械斗，致生内哄，而误大局。我团众总宜与兵勇联络，如有互相杀伤等情，各应从重办理。

一、各团师兄，不论何字，均系一家，尤当和睦，遇有团内应行联合事件，务须和衷筹商，断不可各存门户之见，致生嫌隙。凡事自有公论，决不容怀挟私心，强词夺理，颠倒是非，倘有不遵者，即将该团销号驱逐，该团大师兄应请佛法惩治。

光绪二十六年七月初二日

官方发布的这种东西，每一条的"要求"你反过来看，就大概明了当时的"实况"了。

到七月初五日，北京民众只是远远听见围攻东交民巷、西什库教堂的枪炮之声，昼以继夜，都不知道胜负如何，也不再关心。前门大街、后门外、鼓楼大街及东四、西单牌楼，在路边摆摊卖货的又多了起来，各物俱全。游人拥挤，团民及甘军武卫军兵勇出来逛的尤多，卖瓜果吃食的生意大好。戏园子已经被烧掉了，梨园行之人就在大街上设厂弹唱，北京竟比太平之时反多繁华热闹。每夜向东南焚香的规矩，多因各家财力不及，大都停止。法不责众，团民近日也不沿街督促了。

动摇之心开始弥散。

有一衙门皂头，曾混入义和团，混成大师兄。该衙门某司官新得一美差，皂头上前叩头贺喜。司官急忙扶起，说："何敢当，我正要给你叩头。"按照之前义和团的声势，确实该如此。

可此时皂头连说不敢不敢，说团已经散了。再问，说："当初照法练了百余人往攻西什库，一次就伤了四十余人。往后更知道没那么神奇。最后，看着不法情事一天比一天多，因此赶紧散了，还是干我原来这正经差事吧。"

这些是趋时附势混入义和团的投机者。那真正的"老团"作何想？

一日陈夔龙正在宅中与立山品茗谈天，仆人来报，有大师兄求见。请进来，该人老实规矩地站立于台阶之下，手持刚毅名片，说现在因为会中人数越来越多，粮食不够吃的了，该坛所在之某寺与京兆府中所设的平粜局相近，刚相批示请借拨京米二十石备用。待有钱买米了，立刻奉还。官粮本只供官府之用，陈夔龙尚在迟疑，立山劝他说，他们也是你之子民，不如给他们。此时空中浓云密布，大雨将至，此人仰天叹息："我等也系好百姓，倘若上天早半月降雨，溪河充沛，早已披蓑戴笠，从事力作，哪有工夫来京作此勾当。"

早在五月，与赵舒翘同去涿州察看的何乃莹回来后就曾写一信给朋友于式枚，其中有"天不雨，恐成流寇"之语，准确地洞察了事情的本质。

但是，士大夫们习惯于只是在私人往来中表达洞见，在公开场合则保持沉默。

东南互保

北方纷纷扰扰之时，帝国的东南却安静如水。因为今日的这一切已有人预料，并早做准备。

北京的狂热在五月二十五日达到了新的高潮。这一日，朝廷发布诏书，向十一国同时宣战。仅仅五日之后，在两千五百里之外的通商口岸上海，道台余联沅却与各国驻上海领事签订了《东南保护约款》九条和《保护上海城厢内外章程》十条，声明东南各省不参与朝廷和各国的战争，也请各国不要在东南各省动武，保境安民，相安无事。

道台只是一四品官，何以如此胆大妄为，与中央唱反调，拆朝廷的台？

小角色说狠话，办大事，那还不都是后面有人。

此事穿针引线的人是张之洞最亲信的顾问赵凤昌，强力推动者是大理寺少卿、大清电报轮船事业的掌控者盛宣怀，积极参与者是两湖的张之洞、两江的刘坤一，响应者为两广署理总督德寿、闽浙总督许应骙、山东巡抚袁世凯、浙江巡抚刘树棠、安徽巡抚王之春。另外陕西巡抚端方、四川总督奎俊虽然没有正式签字，但也表态支持，并在辖境照此办理。

大清半壁江山尽在这些人掌握。

此事被称为"东南互保"。但在庚子年之后太后还是那个太后，臣子还是这几个臣子，大家都对此有默契地保持沉默，许多往来信函甚至被焚毁。因此此事是如何动议的，如何发动的，长期不得其详。赵凤昌在民国年间写了一篇文章，名为《庚子拳祸东南互保之纪实》，开篇便说："庚子拳匪之祸，当日中外报章，事后官私奏记，亦已详尽；惟东南互保之议，如何发生？则无人能言之。"

他能说得清。

从五月初起，随着北方的局势日渐严峻，越来越多的各国兵舰在黄浦江口聚集，一部分即将北上至天津，一部分随时准备溯长江而上，保护长江沿线各通商口岸的洋商与教士。因为大乱之余难保没有乘乱烧杀抢掠之事。英国水师提督西摩已经做好一切准备，国内指示一到立刻可以直抵汉口。几十年以来，英国一直将长江流域视为自己的势力范围。

眼见兵舰驶入内地，一旦与地方发生冲突，将有大局瓦解之忧，瓜分之祸。赵凤昌焦虑万分，与老友何梅生商议："国事如继续糜烂，仅只考虑我等身家性命而言，也是无地可避。我辈已算是明白人了，岂可一筹莫展，坐听国家沉沦。我有意去和西摩商量立约，各国兵舰勿要驶入长江内地；在各省各通商口岸的侨商教士，由各省督抚负责保护。上海租界保护之责，由外国人担任；华界的保护职责由我国官吏承担。使租界内无一华兵，租界外无一外兵，使无冲突之可能。你以为如何？"何梅生，江苏常州人，曾任职淮军元勋张树声的幕府。他对赵的提议极为赞同，并提出，此事的推动必须有担任枢纽之人，盛杏生的地位最合适。并且要找一个在外国人那里说得上话的洋人一起去说，更容易取信，于是二人当即约上一美国人同去。

盛杏生即盛宣怀，时领大理寺少卿衔，并任中国电报总局督办、督办铁路大臣等职，掌握电报与铁路，中外消息自然极为灵通。并且他属于办洋务的专业技术官僚，各方都得借重，所以与李刘张等东南督抚往来密切，因此何梅生举他适合"任枢纽之人"。他们所约的"美国人"叫福开森。福开森出生于牧师家庭，父母都是虔诚的信仰者，信奉"社会福音"，1886年在神的感召下来到中国，从事教育。五年前盛宣怀在上海创建南洋公学，福开森受聘出任监院（校长）之职。他此时还身兼张之洞的顾问——洋师爷。因此他既在上海的上层洋人中有影响力，又得盛宣怀信任。南洋公学后改为交通大学，再后分为两家，分别叫上海交通大学、西安交通大学。

起初盛宣怀有所顾虑，从北方的事态发展来看，中枢已经被载漪、刚毅掌控，那以什么名义与各国订约？撇开现有中枢与外国订约岂不是要另立中央吗？以后如何收拾？

天无二日，另立中央，不管什么理由，都是大逆之罪，盛宣怀可不敢如此出格。

赵凤昌为了打消他的顾虑，提议由各省督抚派道员来沪，由上海道牵头与各国驻沪领事订约签字。这样的话，是各省联合所办之事，并无一个核心，您不过暂时起个枢纽作用，并非负责之人，也不用签字。"身已凌空，后来自免关系。"

这是赵凤昌所出金蝉脱壳之计。

盛宣怀早就不满朝廷的作为，认为中枢犹豫误事，"病在不肯杀人"。五月初二日后，他数次电奏并致电总署，引用曾国藩治湘故事警告当局"自来乱民初起，多由剿抚不定，酿成大患"。除此以外，他还分别给主和派军机大臣个人写信，给荣禄说"似须立定主见，给予训条，凡聚众持械，即准格杀"。后来看形势继续恶化,再给荣禄、王文韶写信,更不客气,给荣禄的信里直接批评荣禄在明哲保身:"中堂位兼将相,处此危急存亡之秋,若犹存明哲保身之意,隐忍不言,或言之不切,恐不旋踵而奇祸临矣。"差不多同样的意思,盛宣怀还给庆王也发了一封信:"王爷位极亲贤,处此危急存亡之秋,若犹存明哲保身之意,隐忍不言,或言之不切,恐聚九州岛铁难铸此错。此宣怀绕床终夜而不敢已于言者也。"给王文韶更直白:"天下皆知中堂默不言,惟其平日不言,危急之秋似不可不言。"意思是你老人家长年占着茅坑不拉屎,干了这么多年军机大臣却是以不说话闻名,危急存亡之秋你不要再装聋作哑了。这是相当不留情面的话了。

给上司们群发短信,盛宣怀也是拼了。大清官场,盛宣怀是第一等的贪财,也是第一等的实干。

1870年10月,27岁的盛宣怀经人推荐,任李鸿章的幕僚。不久,李鸿章新任直隶总督,带他前往天津处理棘手的天津教案,李的老师曾国藩大人就是因处理此事而晚年身负骂名的。盛在天津亲身见识了涉洋涉教事务的复杂与艰险。这一年6月,丹麦大北电报公司在上海开业,这是最早进入中国的西方电报公司。同年冬天大北建立了从香港到上海吴淞口外的海底电报线,随后未经批准将电报线沿着黄浦江秘密引入南京路大北公司的电报房。第二年4月18日,大北在上海正式对外受理电报业务。盛宣怀后受李鸿章委托,参照大北事,试办电报事业。到1885年,他主持建成津沪线、长江线和沪粤线三大电报干线。到1900年,盛宣怀主持下的电报线已经扩展到西北、东北、西南、东南的台湾岛以及朝鲜等地。除此之外,三十年来,盛宣怀参与创办轮船招商局,涉足纺织、铁路、铁厂、矿务、银行等种种洋务。

义和团拆电线扒铁路，打倒一切洋事物，这是要否定他一生的事业。国家的走向如若照此发展，他本人身家性命都有可能不保。

他与当政的保守派自然势不两立。他同意承担推动之责，即日向东南各督抚发电讲明此意，请他们派道台级官员来沪参与定约。

在东南各督抚中，关键在刘坤一与张之洞。首先得说动二人参与。

这两人当然是反对朝廷借义和团以灭洋的。但是他们采取的办法是不断地写信发电给中枢的主和派大臣，推动他们挽回局势，同时在自己的辖境控制呼应义和拳对洋人和教士的攻击行为。

五月初九、十一、十二日（1900年6月5、7、8日）这几天，张之洞连续给总理衙门大臣许景澄、袁昶发数封电报，表达意见："'辅清灭洋'旗号乃会匪故智，京城众论欲恃拳匪攻逐洋人，真大误也，拳匪大乱，外兵乘间，邪术岂能御敌？"并托他二人将这些意见"婉商云门达当轴"，即通过樊增祥向荣禄转达。

许景澄和袁昶均是同治六年浙江乡试中的举，这一年担任浙江乡试副考官的是张之洞，于是二人就奉张为自己的座师，并长期与张往来密切。此次变乱期间，许、袁频繁地向张报告京中情况，形同张之洞的京中"坐探"。许、袁之后被杀，未必没有太后杀鸡儆猴，警告东南之意。

张之洞也直接发电给荣禄，反复强调"拳匪乃乱民妖术，无械无纪，断不能御洋兵；董军仅五千，勇而无谋，断不能敌各国"。寄望荣禄："中堂文武重臣，与国同休戚，天下仰望，惟望公一言救危局，存社稷。"

同时，刘坤一也在用同样的办法。他两次致电荣禄、王文韶，推动他们在朝堂上力争"剿匪"，说："若仍信拳匪恃以拒洋，全局糜烂，不可收拾。公任天下重寄，宗社存亡，在此一举，千祈力陈。"

张之洞还在五月二十四日从武昌发出联名会奏，请"明降谕旨力剿邪匪，严禁暴军不准滋事，速安慰各使馆，力言决无失和之意"。末尾列湖北巡抚于荫霖、巡阅长江水师大臣李秉衡、两江总督刘坤一、江苏巡抚鹿传霖、安徽巡抚王之春、江西巡抚松寿、湖南巡抚俞廉三之名。但这是发出后才征求各人意见的，并且特别担心李秉衡不愿意，将他的名字列在首位以为安抚，谁知最后李到了北京还是反水。

但是，等来的是五月二十五日朝廷下发到各督抚的对十一国同时宣战的诏书："与其苟且图存，贻羞万古，孰若大张挞伐，一决雌雄。彼仗诈谋，我恃天理，彼凭悍力，我恃人心。土地广有二十余省，人民多至四百余兆，何难剪彼凶焰，张我国威。其各怀忠义之心，共泄神人之愤。"

军机处是通过电报发布宣战诏书的，而电报正掌握在盛宣怀手里，他下令各地电信局将宣战诏书扣押，只给当地督抚看。李鸿章收到宣战谕旨后，李鸿章毫不隐晦地向多位重臣、督抚宣称："二十五矫诏，粤断不奉，所谓乱命也。"

张之洞接到盛宣怀电后对如此大胆架空中央的想法迟疑不决，于是赵凤昌、张謇等人共推沈曾植到武昌向张之洞面陈。说服的过程当事人没有任何文字记载留下来，只有结果。张之洞同意支持这一设想。

刘坤一得电未复，这一年的刘大人，经历了许多。

去年十一月二十二日，朝廷命刘坤一"着即来京陛见"。虽然他以病推辞，但是朝廷一再催促，拖到十二月二十四日，刘坤一只得交出两江总督印信，上奏朝廷择期进京。巧合的是，就在当天，立嗣上谕颁发。据说，第二天湘军将领多人密见刘，自告奋勇，请举义旗勤王。时刘已交印，不敢行此非常之事。"婉谢之，但痛哭而已。湖湘将士顿足长叹，可惜胡文忠（林翼）、左文襄（宗棠）已死矣！若二公尚在，则李莲英等逆贼早已除灭而圣主早已复政矣！"这一条大概率是康梁一党所编造，但被当时的报纸报道，影响不小。

解了印的刘坤一在庚子年正月初十日上奏，对立嗣"叩贺大喜"。

进京之后，三月初二、三、四日，太后召见三次，刘以年老当面请解职退休。太后温言细语，再三安慰他说："你是中兴的老臣，现在时势艰难，我正要依赖你保我国家。那些在我这里说你的种种闲话，我自有权衡，不会深信。你也要善自调养身体，可不许你辞职。"太后说了这番体己话，刘坤一只能叩头谢恩，感激流涕了。太后又询问东南大局如何，刘坤一明白太后想知道什么，将海防等事宜条分缕析地明白上奏，太后听了很欣慰，说诚能如此，可无南顾之忧。据说当时在旁的诸大臣莫不赞叹此次深宫之垂询与老臣之奏答，均能相见以诚，全然没有先前风风雨雨的不信任。

觐见后不久，刘坤一离京回任了，并未如之前舆论猜想的将会被扣留在京城。太后在此非常时期一再严旨召刘进京，本意绝非只是了解情况，和老臣聊聊天。但何以变成纯聊天，放他回任，其原因只能是在太后的心思回旋之中，外人光能得知？

当时有一种说法是南方的湘军非刘不能统辖。传言刘赴京后，湘军十四万密谋举大事，檄文揭贴遍布长江一带，武昌甚至于有警，白日关闭城门。一日湖北湘军大噪，欲乘阅兵之际杀张之洞，张躲于马草堆之中方得脱身回署。护理两江总督鹿传霖大恐，不断致电政府，声言非让刘坤一回任，无人能制湘军。于是朝廷只得放刘回任。

庚子非常时期，传言谣言漫天飞，加上报纸的出现，电报的使用，革命党、康梁在国外的舆论战，加速放大了这些传言谣言的产生和传播，使得真相更加无从查考。无论如何，四月一日，刘坤一回到南京，重接两江总督关防。

对于这种接近"另立中央"的提议，刚刚离开风口浪尖的刘坤一自然不能立时决定。

赵凤昌和盛宣怀商量，找个人当面向刘进言。找谁合适？有人提醒，沈爱苍正在沪上。

沈爱苍，是沈瑜庆的号，别号涛园，此时头衔是江苏道员补用，他是刘坤一的重要幕僚。

五月二十六日，是星期六。当时从上海去南京，一般都是坐轮船，星期六照例是停开的。沈正在沪上宴集，觥筹交错推杯换盏之际，赵凤昌闯了进来。因为在座人杂，不敢多言，赵拉着沈瑜庆的衣袖就走，沈虽莫名其妙，但与赵是多年的至交了，也不问，跟着就上了车。此时上海正是桑拿天，热极了，两人挤在车中，汗如雨下，不发一言。到了盛宣怀公馆，才为沈详细言之，即请沈上船到南京劝刘。

星期六不是不开船吗？

莫忘了，招商局轮船公司就是盛宣怀创办并管理的。电报与轮船这两大现代交通利器掌握在盛宣怀的手里，使得他不仅仅在东南互保一事，在庚子辛丑年救亡议和都发挥了"枢纽"之用。

沈上船后，盛宣怀立即给刘坤一发电："霭苍今晚赴宁，请速定东南大计。"状元张謇此时也在刘坤一身边，他在日记中记："霭苍来，议保卫东南事。"沈传达完盛宣怀之意后，刘犹豫不能定，问张謇："两宫将幸西北，西北与东南孰重？"张謇与赵凤昌就此事早有交流，乘机进言："无西北不足以存东南，为其名不足以存也；无东南不足以存西北，为其实不足以存也。"意思是中央是国家名义所在，东南是国家根本所在，名实之间，当然是实重于名。于是刘坤一下了决心："吾决矣。"

其实张謇的这番话暗含了国家重于朝廷，中国重于大清之意，这就是大逆不道的想法了。十一年后，大清皇帝的退位诏书出自这位大清状元之手，其来有自。

督抚们也并不都如此一呼百应。有的督抚有个思想转变的过程。

江苏巡抚鹿传霖是河北定兴人。接到朝廷宣战上谕之时，正好长江巡阅大臣李秉衡巡视来到苏州，住在拙政园。鹿李两人在园中会商准备宣战诏书的复奏，采取的态度是坚决拥护中央的决定，极赞拳民义勇。正在此时，鹿忽接到定兴家人的来信，报告他在老家开设的典当行被拳民乘乱洗劫一空。鹿顿时幡然改计，回奏改为建议剿抚兼施。鹿并同时派其婿李子康来沪，向赵凤昌打听消息，看看此事到底如何，其他督抚如何态度。李子康三十日到沪，初一日即回苏州，初二来信，说芝帅（鹿号芝轩）一切均听各省帅座与刘大人的主意。

李秉衡却是不改其意，此时他已奉调准备北上，接到二十五日宣战诏书后，二十六日，他就打算在江阴炮台向英舰开炮，阻止其进入长江。张之洞与刘坤一得信大惊，他们认为如果在长江与英国发生战争，现有军事力量不过支持半日。急电李秉衡：你的职守是巡阅长江，并无督办防务之责，沿江地方防卫是两江、两湖之责，李秉衡勿得干预防务。江阴炮台属于两江辖境，刘坤一密饬炮台守将预先将各炮的炮栓取走，集中保管，以防李逞一时之愤。同时恭维李，京畿形势危急，更需要你，我已经给你备好了船，请你抓紧北上护卫两宫。送瘟神一般送走了李秉衡。

没几天，各省复电陆续到来并派代表到上海。盛宣怀草拟了八条征求意见，赵凤昌等人加上上海租界及各口岸的两条意见，共成十条。

草案提出后，与各国驻沪领事开会，会议之处即在英美租界内北浙江路（今浙江北路）刚刚建成的会审公廨新楼。盛宣怀不参与签约，自不能做正式代表，但上海道余联沅又一向口舌笨拙，拙于应对，办不了如此大事。于是安排座次时，中方以领衔道台余联沅为首，盛以沪上绅士代表旁听的名义居于次席，坐在余的旁边协助应答；再次为各省派来的道员。外方以驻沪领袖领事居前，依次是各国领事。事先与余联沅约好，倘若各领事有问题，你难于回答的，就现场与盛商量后再作答，以便有转圜之余地。

会议之时，领袖领事为美国驻沪总领事古纳，第一个问题就是问五月二十五日宣战上谕，已命全国皆与外国人开战，我们所议之事与上谕有所冲突，如何办？他说："今日各督抚派代表与各国订互保之约，倘若贵国大皇帝又有旨来杀洋人，你们遵办否？"这个问题其实不好回答，如果答遵办，那大家在这个地方商定这个条约有什么意义？如果说不遵办，那就是抗中央之命不遵，抗命即无外交，所订之约有什么法律保障？而且"不遵办"这话出自谁口，说不定哪天形势变化之后会被打小报告。余联沅回答不了，侧脸向盛露出为难求救之意，盛也犯难，回头小声问坐在身后备顾问的赵凤昌，赵的答复是："今日定约，系奏明办理。""奏明办理"这四字本是公文中的套话，含义模糊，奏明是已奏还是事后奏，奏的是定约这个行为还是约定的内容，都可以含糊解释。古纳在中国久了，也明白这些套话的准确含义以后可以根据各自需要解释，也就不深究，双方开议。

商谈参与人数众多，自然难以保密，过程中，北京不断给各地督抚发电，施加压力，敦促他们与朝廷保持一致。五月二十九日，谕张之洞、李鸿章、刘坤一、李秉衡等，"团民仇教，剿抚两难，各国强占大沽炮台，衅非我开，应各尽职守，以保疆土。"三十日，谕张之洞、李鸿章、刘坤一等，"力保疆土，勿再观望。"而就在这一天，上海这边已经快速商妥了保护租界及长江商教的办法，通过电报传给各派员参加的督抚，等待最后的确认。

与此同时，北京的真实情况通过各种渠道向南方传递。

六月二日袁昶给张之洞去密函，透露"总署形同虚设"，载漪等人掌控了中枢，董福祥已不受荣禄控制。这封密函给张之洞的印象就是朝廷已为一部分激进派不合法的控制，一切诏旨已非整个中枢协商一致的意见，所以皇上和太后的真实意思也被裹挟，有理由认定五月二十五日的宣战诏旨是"伪诏、乱命"。

内务府官员庆宽是太后最喜欢的画师，他给朋友赵凤昌写信讲述京中情形，说今日去刚相府邸闲谈，他谈及义和团的这些行为太危险了。出门之时,仆人向他说"以后勿再来见中堂"。不知道是刚毅不喜欢他的言谈,授意门仆还是门仆已入了拳。他又去庆王府,告诉庆王刚才所遇之事,刚起了个头,庆王赶紧说:"汝切勿多言,保汝身命为要。"信中庆宽又告诉赵,宫中传见红灯照,在太后前试演法术,得太后赏赐。庆宽是一个能见微知著的人,他见到这些景象后立即送老母前往西山避祸,写此信的目的是向赵凤昌警告:"南中当知大局去矣。"

最有影响力的信息来自荣禄。他在收到五月二十四日张之洞以各督抚联名形式上的奏折后,除上呈给太后皇上外,本人亦有复信致沿江五省督抚。此时北京城外的电线已被全部扒断,信稿只能快马送至保定,五月三十日由保定电报局发出,到达南京、武昌等处。信中首先表明了自己的态度:"以一弱国而抵十数强国,危亡立见。两国相战,不罪使臣,自古皆然。祖宗创业艰难,一旦为邪匪所惑,轻于一掷,可乎?此不待智者而后知也。"然后讲了自己的努力:"区区力陈利害,竟不能挽回一二。后因病不能动转,假内上奏片七次,无已。勉强力疾出陈,势犹难挽。"荣禄此时痛风发作,行动艰难,见事不可为,借病请假,在家养病之时仍七次给太后写信劝谏。劝谏无效的情况下,荣禄带病面见太后陈说利害,仍然无法挽回局面。荣禄介绍了中央当下的真实情况:"至诸王、贝勒、群臣入对,皆众口一词,谅亦有所闻,不敢赘述也。且两宫、诸邸左右,半系拳会中人,满汉各营卒亦皆大半,都中数万,来去如蝗,万难收拾。虽两宫圣明在上,亦难扭众。庆邸、仁和尚有同心,然亦无济于事。区区一死不足惜,是为万世罪人,此心惟天可表,恸恸!"义和拳已经遍布宫中、朝堂、军队,不经过一场战争,即便太后觉悟也已经无法改变了。

荣禄的回信迅速被日本情报系统获知，驻日公使李盛铎六月初五给盛宣怀发电报问：日本报纸报道，荣相致电各帅，二十四日后的圣旨不要遵从，此信确否？

这些信息只是从北京流出的若干信息中的一小部分，因为电报的普及，信息快速在南方的督抚中间传播，于是互保的决策变得更加必要与紧迫。

六月初七日正式签字定约。

事后，荣禄的门生易顺鼎私下和友人吹牛说："试问东南大局之保全，谁保全之？虽刘、张两帅保全之，而非有吾师之密电、密信，不能也。"这虽然是拍老师马屁和给自己脸上贴金，不过也有一点点事实。

东南表明态度之后，产生了各种借助东南势力安定全局的进一步想法。如六月初九日，日本外务省派人拜访李盛铎，转述外相青木周藏的想法：能否由李鸿章商派袁世凯帅兵入京救出公使。六月十三日，驻日商务监督钱恂致电张之洞，提出里应外合之策。让荣禄自请督师，带兵出京对敌，然后与袁世凯呼应，"相机办理"，搞军事政变。

可惜，北京铁板一块。

斩首

视线从上海回到北京。

六月初十日,围攻已有半月,东交民巷仍未攻破。起初太后问董福祥几日可克,福祥曰:"五日必歼之。"

御史郑炳麟上奏说:"连夜虽枪炮齐放,而东交民巷洋兵盘踞如故,以待外援。请饬城内武卫各军,克期迅奏肤功,黎庭扫穴,尽戮之以灭洋人之口,将来可尽诿之乱兵乱民所为,非我所能禁御。"他并不知道,这一天,联军已经攻下了天津,直隶总督裕禄自尽。

端王一力主战,可今日,前线大败,使馆仍在,南方的汉人臣子们公开抗命,朝中的主和派们也蠢蠢欲动。端王脸上挂不住了,放眼朝中,许景澄和俄国人有来往,且属于帝党;袁昶朝堂上公开顶撞,平日和张之洞这些督抚书信往来。万一京城失陷,这些人必定降贼做内应。得杀几个人祭旗立威,也警告主和派不要高兴得太早。

七月初二,说服老佛爷后,端王立即派人到各自办事衙门抓捕许景澄、袁昶二人,监禁于步军统领衙门。袁昶之子袁荣叟飞奔至王文韶处,求其搭救。王文韶大惊:"我刚从军机处散值回来,毫无所知,这是如何下的旨?"本朝惯例,圣意皆由军机处拟旨，朱批之后下发。值日的军机大臣竟不知道这个旨意来自何处。

第二天一早，照例军机叫起，议杀许、袁二大臣。荣禄为二人争，以图保全，太后笑而不答。

荣禄跪在地上不起来。

"你敢抗旨吗？"太后轻轻地说，却是表明心意坚决。

荣禄心有未甘，下来后拉着庆王一同再去。庆王摆摆手："我现在在太后眼中和你是一边儿的，你求不行，我怎能行？眼下这局面，要救二人，非得徐桐、崇绮他们说话不可。"

可朝中人人皆知，徐相素来痛恶洋人，凡是外洋来的东西，一概不用。其子承煜已官至刑部侍郎，一日口含吕宋来的洋烟卷，从家里庭院中走过，被老爷子见了，大怒："我还在，你就敢这样。我死了，你不得胡服骑射，作鬼奴吗？"罚令承煜跪在烈日中，以惩将来。去岁听闻山东义和拳起，以灭洋为号召，大喜，对人言"此天意也，异种自此绝矣"。许景澄曾出使诸国，办铁路，戴眼镜，正是徐相眼中的"鬼奴"。徐桐特意写上许景澄之名挂在门房，门人见此人来访不许通报。得知要杀二人，徐桐曰："是死且有罪。"

崇绮是徐相所赏识之人，他入军机正是徐相推荐于太后。对于杀许、袁二大臣，他的意见是："（此举）可以惩汉奸，令后无妄言者。"

二人如何会出言相救？

七月初三日，许袁二人被转到刑部天牢，原礼部侍郎徐致靖在戊戌之后，以赞成新政而入狱，此时尚未出狱。他亲见许袁二人共同被押解入狱，分开关在南监和北监。在狱中分道之时，袁昶握着许景澄之手说："人生百年，终须有一死，死本不足惜；所不解者，吾辈究何以致死耳。"还是要纠结一下罪名是什么。许朗然一笑："死后自当知之，爽秋（袁字爽秋）何不达也？"

袁昶乃是一负气磊落之男子，许景澄更是旷达过之。

当日下午，二大臣就被从刑部天牢直接押赴菜市口问斩。监斩官正巧是徐承煜。根据大内留下来的召见记录，今早太后专门召见了他，应为当面吩咐监斩事宜。刑场上他喜形于色，袁昶笑着对他说："勉为之，吾待公于地下矣！"意思是，你别急，你也等不了几天了，我在地下等着你。

徐承煜变色，看到二大臣还穿着官服，呵斥兵士："给我剥掉官服。"

许景澄质问："我二人虽被逮下狱，但并未奉旨革职，照例尚得穿此衣冠，为何要脱去？"

大清自有法度，定罪，革职，处罚本是按程序循序渐进，今日却是乱了规矩，不合法则，所以刑部侍郎徐承煜答不上来，一时面红语塞。

袁昶仍有执念，还想问清楚："我辈将死，然而究竟所获何罪，是何理由而受斩首之极刑，请明白告知，使我辈得瞑目地下。"

徐承煜呵斥道："这是什么地方，还容得你在此辩论道理？"

袁昶慨叹："何必如此，我二人将死，死后不久，洋兵必破城。洋兵来，你父子终必死，我辈同为一死，不过有迟早分别。等和你父子相见于地下时，再慢慢理论罢。"

此时，二人故友家人都来痛哭相送。袁昶瞪大眼睛训斥："如都城攻破，诸公义当死难，地下相见有期，有何可哭？"许景澄唤家人过来交代，时人记载"阳阳如平时，颜色不变"。

行刑时辰已到，二大臣"从容整冠带，北向叩头谢恩，无怨色"。

清律，凡死刑及重大案件须先交刑部等过堂审讯，死刑需待秋后方能问斩，称为秋决。何况袁昶为三品大员，许景澄为从二品大员，没有经过任何程序，仓促问斩，天下不知罪状，疑声四起。

为了给个解释，次日下诏公告：二人"声名恶劣、各存私心、语多离间"。以含糊不清的道德指责代替司法定罪。

袁昶的住所在崇文门二条胡同，行刑次日，即被乱兵与拳民抢掠一空，放火烧毁。

可杀二人并未如端王预期般建下立威之效，十几日之后，七月十四，联军攻陷杨村。

那就再杀几个人。

十六日夜，上谕：捕拿徐用仪、立山、联元。

节奏也是一样的快，第二日，就有上谕：斩徐用仪、立山、联元。

徐用仪，75岁的老人了，四朝为臣，咸丰九年中举，同治元年就考上了军机章京，第二年就在总理衙门章京上行走。官场上"帝师、王佐、鬼使、神差"四者是做官的终南捷径，得其一，指日可升。"帝师"是教皇上读书的师傅，这是要做军机大臣、大学士的，如同治的师傅徐桐，就做大学士；光绪的师傅翁同龢，就做军机大臣。光绪皇帝三岁半入宫，远离父母，从小与师傅翁同龢最好，翁美须髯，毛发发达，据说两乳毛长五寸许，皇帝幼时常常抓他的胡子，并"伸手入怀，抚其乳以为笑乐"。这是情同父子了。"王佐"是军机章京，又被尊称为小军机，本朝自恭亲王之后，都以亲王领军机处，军机章京就是辅佐王爷做事。"鬼使"是在总理衙门办洋务。"神差"是在禁军虎神营当差，只不过这是旗人的差使，轮不到汉人。

徐用仪既为"小军机"，复入"总理衙门"，"王佐"与"鬼使"兼而有之，故虽未中进士，也升迁极快。光绪十年（1884），升为总理衙门大臣。光绪二十年（1894年）为军机大臣，权势日隆。甲午战事时他在军机就力主和议，备受清流指责。这次在朝议中又言外衅不可启，已然被目为奸邪。惹上杀身之祸的直接原因据说是上奏说洋兵已抵通州，请两宫车驾暂避。而端王反驳，已三次派人前往探看，并无洋兵踪迹，奏徐用仪谣言惑听，可杀。真正的触发点则是许袁被戮，端王、刚毅有余怒，家人不敢收尸，第二日，徐用仪前往看视，涕下，为之收尸。端、刚闻而深恨之。

据说，徐用仪就被关在袁昶、许景澄二位之一曾待过的牢房中，他在牢中大喊："快把我杀了吧，好一起埋啊。为官一场，怎能让亲痛仇快，让洋人看热闹。主战，也不必非杀主和的大臣啊。"

立山是蒙古正黄旗人，历任苏州织造、内务府大臣、户部尚书。苏州织造、内务府大臣都是给老佛爷办事的，户部尚书是为大清管钱的。不是老佛爷极亲信之人不能干。之所以得罪，无外针锋相对之时骑墙，说了"拳民虽无他，然其术多不验"，"首言战者载漪也"这样的话。得罪了端王，也失去了老佛爷的信任。

立山府邸近西什库教堂，武卫军与拳民围攻多时不下，有人怀疑立山府邸通地道接济教堂粮草。某日有人传庄王之命，邀立山到王府谈话。到了之后，苏拉告以王爷暂不在府中，引立山至客厅稍坐等候。立山步入客厅，只见布置与平日来时所见大不同，条案上摆满香烛，供奉神像，苏拉请立山先对神像叩首上香。礼毕，走进来的竟是端王，端王坐定问立山："汝家中有戏台，戏台下有地道，接济洋人粮食，罪当死。"立山大惊，辩白："家中并无戏台亦无地道，如果不信，可以派人往勘。"端王无辞，反身入内。一会儿出来一个大师兄，又问了一遍同样的问题。令立山下跪，上香，随即烧表，因表纸潮湿，不能上升，大师兄对立山说："今天所焚之表不升，你确是'直眼'（依附洋人，谓之直眼），罪当杀。"立山也硬气，答以："要杀便杀，但接济洋人实无此事。"当即由义和团民将立山推拥而出，并不马上行刑，送入刑部监狱。端王派拳民大搜立山宅，无所获。

立山被捕入刑部天牢后，恰巧和徐致靖同一监所，入狱之时大哭气绝，昏死过去。徐粗通医术，将立山救醒，同监的官员围上来讯问立山获罪原由，劝他镇静，以全大臣之体。立山将廷议及被义和拳拷问之事逐一讲述，说自己所痛哭追悔的并非直言得罪之事，而是身为大臣在义和拳民之前屈膝下跪，"予虽不肖，已忝为朝廷极品大员，乃一时昏瞀，致屈膝于乱民，亏体辱国，死不蔽辜。以此悔恨，非畏死也"。

立山行刑后，徐致靖时常有悔意，觉得当时不应治醒立山，反累他受刑多吃一次痛苦。同监之人劝解说："立公为旗人，知者较少，故虽同一死难，而远不若许、袁二公之轰烈。虽救醒复苏多受一次痛苦，但留下的话，大节皎然，鼎鼎有大臣身分。我们若能出狱，当广为流布，使天下后世，可以共鉴其心迹，泰山鸿毛，声价顿别。"

联元也是满人，隶镶红旗，同治进士。他的得罪由来已久。戊戌之后，皇上幽禁于瀛台。据说太后盛怒之时，太监们送饭都不按时,皇上甚至于采槿花而食。并每日公布一次医案,宣示内外臣民,称皇上病笃,为立储做倒计时。那时联元还颇受太后信任,一次奏事已毕,磨蹭不立时退出,太后问,"你还有话说?"他鼓足勇气说:"皇上当保全。"话还没说完,太后怒骂:"皇上当保全,你要不要保全?"联元平日口吃,这下更说不出话来,涨红脸退出。死因就埋于此时。前日朝议又乱说话,说什么:"倘使臣不保,洋兵他日入城,鸡犬皆尽矣!"惹得辅国公载澜在廷上大喊:"联元通夷有二心,杀联元,夷兵自退。"太后大怒,当时召左右要立斩联元。因为联元家本是庄亲王载勋的包衣奴才,庄亲王出言相救才免一死。

这日军机叫起入对之时,荣禄已得知将杀徐用仪等人,在殿门口,约徐桐共同为三人求情。徐桐厉声道:"君尚欲假作好人耶?我看此等汉奸,举朝皆是,能多杀几个,才消吾气。"拂袖入内。召对之时,太后从袖中拿出杀人诏书,荣禄伏地叩首力劝:"祖宗之时不轻杀大臣,前日杀许袁二人,今日又杀此三人,太过频繁,并且罪名不明。"

抬头看了太后一眼,又补了一句:"臣见奕劻,奕劻也说不可。"

太后冷哼:"奕劻这么喜欢管他人之事吗?替我给奕劻提个醒,小心就快轮到他了!"

荣禄冷汗就下来了,退下后,后背全湿。

太后所说,并非气话,已有迹象。都城的义和拳民早就把主管洋务的总理王大臣奕劻当成了汉奸,街头出现不少指向奕劻的揭帖,也就是大字报。其中一张名为"庆王爷于四月初九日夜间子时连عed三梦",上写"玉皇大帝点化他,改天主归大清正道。你既吃了中国俸禄,反与外洋助力,此如不改,悔之晚矣……"

就在张贴揭帖的当天,义和团杀了副都统、神机营翼长庆恒一家十三口。

五月十四日内阁明发上谕:"端郡王载漪,著管理总理各国事务衙门,礼部尚书启秀、工部右侍郎溥兴、内阁学士兼侍郎衔那桐,均著在总理各国事务衙门大臣上行走。"这就是太后明显不再信任庆王在外交上的作为。后因端王力辞不就,朝旨才改为有重大事项与端王商量办理。在此非常时期,这一人事变动立刻引起了各国关注。英使窦纳乐发电向外交大臣索尔兹伯理汇报:"官报宣布任命大阿哥的父亲端王和三位满族官员在总理衙门任职,所有情报都表明端王是宫廷设立义和拳神坛的主要支持者……"德国政府也向中国驻德法公使吕海寰询问。

行刑时在酉刻,仍用徐承煜监刑,极为仓促,凡当差的官役刽子手人等,均系当时现传。京城士庶工商围观者填塞街巷,同时杀三位大臣,从来少见,人人骇异,互相问这是因为什么罪。

徐用仪被杀之后,因其子也被羁于牢中,他为许衰收殓,自己倒无人收尸,尸横道中。当夜一夜阴雨,道路泥泞,首级身体分离,伏倒泥水之中。此时天气炎热,暑气潮气交替,蛆虫满地,秽味熏人。直到次日午后,官家才来人拾走。

立山平日雅好戏曲,临刑之时,所有平素知交的名伶,如叫天、路三宝等腕儿,都到法场跪送。立山呼叫天过来:"你上前,我有话对你说。"叫天跪答:"到此时候,尚有何言,请大人早升天。"路三宝请用为其母准备的寿器为立山收拾后事。立山一再推辞,路三宝不听,最后是以之收殓。刽子手等索要

"痛快钱"银四百两,叫天说一切找我要,只求下刀痛快,老爷少受苦。修颐和园时,立山为内务府大臣,报销八百万两,成巨富。死后,家资巨万,尽没入宫中。

同日,通州失陷,率兵抵抗联军的李秉衡因军队不战而溃,羞愤交加,也在张家湾自尽。

联军统帅瓦德西在日记里记录他听到的传闻:"此间户部尚书(立山)曾被太后垂询,是否应该继续攻打使馆?该尚书乃力谏其不可,于是太后直唾彼面,端王复以足踢之,立命拖拉出去。迨至两钟以后,此不幸者业已斩去其首矣。"

瓦德西这实属道听途说,其中不实的成分很大,我堂堂大清,朝堂之上,怎会出现太后吐口水,亲王拳打脚踢的场景?不过在当时几近狂乱的情景下,一切不合常理之事都会被郑重地记录。但这种夸乱构成了非常时代舞台的大幕,一切不合常理由此获得了自身的合理性。

端王还要杀李鸿章、王文韶、廖寿恒、那桐、陈夔龙诸人。

一日荣禄入直军机,两宫发下端王封奏一件,共参十五人:为首的是李鸿章,其次王文韶,最后一人为陈夔龙,均请即行正法。罪名也多无稽,例如陈夔龙,就指他在总理衙门办过事,与洋人多有交涉,必为汉奸云云。时王文韶刚入军机值房,荣禄就将端王奏折置入匣内,不让王文韶阅看。稍后,内奏事太监传旨入见,各事都一一指示完,端王的参折还放在御案之上,太后无语,皇上目视荣禄,希望他有转圜之策。荣禄奏说:"中外决裂如此,全系载漪作成,今日又有封奏,不知载漪愿将祖宗天下闹坏到如何地步,方始罢休。"太后才说:"我亦不以彼为然,今日封奏,著即搁起,勿庸议。"荣禄叩头并回顾王文韶:"可速碰头谢恩。"王耳背,每次叫起都是跪在后面充数，全由荣禄回话，下来之后再细细问。此事他全不知底细，荣禄让他谢恩，还以为上头有所赏赐。迨退入直房后，荣禄方以原折交他阅视，王文韶惊喜交集。

北京没有保卫战

窃快书

七月二十清晨起，忽听东边炮打连环。
人人都说交民巷，原来是，日本国攻城就在齐化门前。
清晨打到了后半晌，城门楼子打下多半边。
又听前门枪炮响，咕咚咕咚大炮响连天。
旗兵与洋人打开了交手仗，辘轳炮伤人甚可怜。
住家户闻听心害怕，越思越想越为难。
胆小的人家商量逃跑，跑出城去就奔西山。
城上的官兵打了败仗，皆因缺少火药铅丸。
履顺着马道朝下败，秋帽号衣扔在一边。
旗人回家我不表，听我再表义和团。
大师兄说这可不好，旗纛号衣往井内填。
说快跑快跑快快跑，隐姓瞒名躲在一边。
有人若问上那去，就说是上山东去请老团。

七月二十日清晨，日本兵用炸药轰开了京城东面的朝阳门（元、明初称齐化门）。午刻，日兵俄兵由朝阳门，英兵美兵由东便门，四国分道而进，直抵正阳门外，并进占皇城外南侧的天坛、先农坛。进城之后，联军并未遭到有组织的抵抗。申酉之间（约下午5—6时），宣武门上大炮突然向东南方向发炮，声如霹雳。此时负责宣武门防卫的是正红旗都统敬信，身边人劝他，大势已去，此举无济于事，速速下城走吧。敬信回答说："我职守攸关，未发一炮而走，是不为也。"于是督同守城官兵，在宣武门敌楼向东南方向开炮，以击天坛等处联军。

此"无济于事"之举被特意记入史册，实是因为北京城没有经过什么像样的抵抗就丢了。比起天津，北京没有保卫战。

保卫北京的期望，本是寄托在原山东巡抚、现长江巡阅使李秉衡身上。

中枢大臣刚毅、徐桐、崇礼对老臣李秉衡推崇备至，湖北巡抚于荫霖、江苏巡抚鹿传霖也奏保李秉衡知兵，于是电召速速来京陛见。七月初一日召见，李入景运门，徐桐迎之于九卿朝房，赶上陈夔龙与提督马玉崑有事相商，正同在朝房。陈亲见李。当着朝房所有在场大臣、军机章京，李说："前次沿江各督抚主和之联名电奏，我毫不知情，此系张香涛冒用我名领衔，李中堂在广东，亦有求和电奏。朝廷任用此种人，焉得不误大事。"

太后召见李于宁寿宫，召对为时甚久。太后问了同样的问题：之前你和李鸿章张之洞刘坤一这些人上奏何以主和？李秉衡仍一口咬定："此张之洞入臣名耳，臣不与知也。"李一力主战，对太后言义民忠勇可用，当以兵法来组织指挥义和团。当天津失守的消息传到北京时，太后本已在和战之间动摇彷徨。得李秉衡斩钉截铁的表态，大喜，乃决心再战到底，命李帮办武卫军事务，这就是架空荣禄军事指挥权的前奏。再总统节制由各地来京勤王的张春发、陈泽霖、万本华、夏辛酉四军。并另有恩旨"加恩著在紫禁城内骑马,并在紫禁城内,西苑门内乘坐二人肩舆"。

恩遇之隆,信任之专,太后对李秉衡力挽乾坤的期待之殷切可见一斑。太后之病急乱投医亦可见一斑。

太后不知道的是,李请训后,出发赴天津前夜,登门拜访荣禄。见面略事寒暄之后,请屏退侍从,对荣禄密语:"洋兵如此利害,战事哪有把握。我此番往前敌,但拼一死。可速电召李中堂迅即来京办理和议。"荣禄大惊,愕然说:"君早间请训,吾辈一同入见,君谓民气不可拂,邦交不可恃,战事必有把握,颇动两宫之听,何一日之间,所言自相矛盾如是之甚也。"李默然,匆匆辞去。

一日之间,何以如此反复?李秉衡并不是一个奸猾逢迎之人,他的官声甚佳。早年在河北做地方官时,就有"北直廉吏第一"的盛誉。后出任封疆大吏,更有"包拯再世,海瑞复生"的高名。中法战争期间李秉衡护理广西巡抚,与冯子材配合无间,谅山大捷后互相推功,更是得"知兵"之誉。

中间罢官家居时,自己浇灌田园,夫人下灶做饭。后再起复出,任山东巡抚,济南人闻其将至,酒馆衣庄同时歇业者达十多家。即是说高端商务宴请饭店和奢侈品店也因为反腐倡廉而丧失生存空间。李秉衡与湖北巡抚于荫霖为密友,户部尚书阎敬铭与山东巡抚丁宝桢为姻亲,这四人在当朝皆因持身正,有俭德而有高名。同时的政坛新星,新任山东巡抚袁世凯则是姬妾甚众,奢侈无度。据说家里吃剩的烟卷扔在地上,仆人拾起,转售洋行改造再售都能获利不少。

李大人持身正而对以夷乱华深怀戒心,有俭德而对奇技淫巧深恶痛绝。年初他过武昌时,晤张之洞,对张言:朝廷将痛除西人，公当默体此意。毓贤得授山西巡抚时，也曾对僚属说：义和团魁首有二，其一鉴帅，其一我也。鉴帅即李秉衡。

因此，对于李秉衡态度反复的一个解释是，他对义和拳与各地抽调的精锐勤王之师有一定信心，对最新的前线情况没有了解，结合之前击退西摩的经验，加上各地勤王军还在陆续前来，不怕军队消耗，所以认为打成阵地战、僵持战是有一定把握的。再议和就有一定的主动权。因此对太后，是鼓励她不要动摇；对荣禄，是刺激他抓紧议和。

和战两手抓。

不过，这也只是后人的猜测，李秉衡没有留下片语解释。而且如果他真是这么想的话，现实迅速给了他一记耳光。

出师之日，李秉衡请统义和团三千人相从，亲拜其大师兄，团民各持引魂幡、混天大旗、雷火扇、阴阳瓶、九连环、如意钩、火牌、飞剑，谓之八宝，拥李列队而行。

没想到的是，队伍刚出京师，北仓、杨村已告失守。在河西务与联军甫一接触，张春发、万本华军"未立营垒即被冲破，各军纷纷溃逃，势不可止"，死者十之五六，潞水为之不流。陈泽霖军正自武清移营，闻炮声，全军皆溃。

李在阵前亲向溃散的将士叩头，求将士奋发，无人向前，一哄而散。李秉衡只能退走通州张家湾。联军步步紧逼，李无力回天，无颜回朝，在张家湾吞金自杀。

自尽之前，李秉衡手书一纸，以别僚属旧友。

信中先概述战况：

"诸位兄台赐览：

弟刻自马头退抵张家湾，此衡死所也。马头已失，万本华尚一战，伤亡数十人。张（春发）十营仅剩一营，早间败后只数骑，顷云已集三营。夏（辛酉）犹在马头西南未退，陈（泽霖）则面称亦有数营赶到，勉强列队于西，大约不战自溃矣。马玉崐仅于十五早在杨房村口一晤，晤时，见贼即退去。昨亦退在马头，晨起请议战事，则又北去矣。军队数万，充塞道途，就数日击，实未一战。村镇巨镇如河西坞、张家湾俱焚掠无遗，小村亦然。身经兵火屡屡，实所未见。宋（庆）则总未得见，顷闻已在通州。"

军队数万，马宋皆为名将，实未一战，大军溃散，沿途烧掠。

"兵将如此，岂旦夕之故。衡上负朝廷，下负斯民，无可逃罪，若再偷生，是真无人心矣。天下事从此不可问。罪臣弟秉衡叩别。谨上。七月十七日。"

"天下事从此不可问。"大清的前途，李秉衡在临死之际，看了个明白。

通州离京城不过数十里，溃败很快影响到京城。百姓们看到，十七日自晨至午，由东边退下来的溃勇无数，纷纷进城，都说通州已失守，粮台失陷，李秉衡大帅殉难捐躯。溃勇进城越来越多，市面惊扰，人心慌乱。不久，内外城门一起关闭，街巷行人稀少，商铺食肆户户歇业，住户家家关门，各处义和团之坛，都急急拔旗拆棚，外乡之拳民连夜逃遁，在京之团众改装易服。一日一夜之间，数十万团民踪迹全无，比来时更觉迅速。

李秉衡确切死讯传到朝廷，徐桐赞叹："这回纵然失国，已是光明正大。"载漪痛哭："呜呼！天胡不佑我国家，失此明佐，而令边衅无已时耶？"朝廷给予极高封赐：文为"光禄大夫"，武为"建威将军"，谥为"忠节公"。

当李秉衡未到京时,京中人人翘首以盼,多望李能照时势实情以建言,若于太后前请训之时,以对荣禄之语密陈于两宫之前,太后必听。如若能于此时舍战言和,各国公使仍困于使馆之中,较之城破之后转圜较易,条款又何至于如此后之苛刻,两宫仓皇西狩之行更不会发生,于国计民生保全甚大。可惜李不以此为务,开始大言以欺世,继而一死以塞责。虽是一清官,其见识却不通。他殁命于疆场,自命忠臣,个人诚然求仁得仁,然贻害朝廷百姓,却不可谓不大。与在涿州迎合刚毅的赵舒翘,有何差别?

十八日,朝旨命刚毅继李秉衡帮办武卫军事务。载漪、载澜尤打算收拾余众背城一战,刚毅则力劝太后放弃幻想,及早西奔。在军机值房,载澜指着刚毅鼻子骂:"我等误听汝言,此后身家难保。我若此时有刀,定与汝拼命矣。"说着大爷脾气就起来了,伸手就要掌掴刚毅,刚飞奔逃去。

这一天,驻日公使李盛铎从日本分别致电盛宣怀、刘坤一、张之洞说:日陆军参谋次长寺内正毅从天津归日,面告商务督办钱恂,让中国从速特派有威望,曾办过交涉,素为外国人所推服的重臣,带着全权的谕旨,亲身赴前敌与联军统帅晤商,宣布朝廷议和之意,并商办送还公使。据寺内看,各国当可同意停战。可否上陈,请钧夺。没有资料显示三人是否上呈,但是,在当时的通讯条件下,南方的电报只能到山东巡抚衙门,再以驿马送进京,时间无论如何来不及了。

免于毁灭的最后可能的机会,就这样轻轻滑过,在历史中没有留下一点涟漪。

二十日,领班军机大臣礼王世铎与刚毅同在值房,刚毅侧卧在炕上呻吟:"不舒服。"礼王坐在他对面椅子上问:"中堂如何不上神？"刚毅还未回话，礼王又问："天津已失。中堂，义和团何在？"刚毅骨碌一下坐起来："不要开此顽笑。"

此时一场迷梦所致京中之乱，已不是"顽笑"二字所能挡过。

自十六日有两宫即将西行之信传出，甘军即开始在市面街道拉马牵骡，手持洋枪抢夺。到十八日，更加入了各路败兵及武卫各军，三五成群蜂拥而行，各持洋枪大刀，遍布大街小巷，皆以西巡征用车马为名，大肆强抢。住户官绅之家，破门即入，有车拉车，无车牵骡，粮店磨坊挨户搜寻牲口，百无一存。御史陈璧、彭述骑马入值，半路被甘军将马拉走，幸好被巡城练军堵住。给事中胡棣华的马也在入值路上被拉走。最后两日甚至巡城御史也不能幸免，只能徒步巡行。

拿车马载运军物不过是措辞，其实是借端抢劫财物。稍有抗拒者，即刀枪齐下，伤者死者甚多。连协办大学士孙家鼐家亦被劫，孙身上仅余布裤一条，布褂一件。对乱兵说："我乃宰相，年如此之大，尔等把钱物抢去便是，何必伤我。"

全城人心恐怖，民不安生。兵勇所掳掠财物，都用车马驮载，由彰仪（广安门）、西便二门出去，向西而行。

时有人为诗云：

市上无官马，军中有妇人。前营云气黑，西路粉痕新。

人望令公来，乃作哥舒翰。哭地动三军，军心已早散。

十九日，诏马玉崑回南苑，接应京师。毅军统帅四川提督宋庆入京，太后中午立即召见。宋并无新词可说，只是奏对洋兵联合各国，四路包抄而来，彼众我寡，不遑应接，惟有鼓励将士死战而已。皇太后、皇上也只能言语慰劳而已。退朝之后，宋庆赴军机处谒见诸王大臣，直言无讳："诸君信任团匪，酿成巨祸，此时团匪已散，我一国势难抵敌联军，恐京师终难保守。"

诸王大臣面面相觑。

联军已到了北京城外,董福祥在广渠门外迎战,大败。此时日近黄昏,北风急做,雷声震天,暴风雨将至,于是休战。

七月二十日,黎明,城破。董福祥出彰仪门,纵兵大掠后向西逃走,辎重相属于道。在此之前巡城御史彭述方才出安民告示遍谕五城,通报我军大捷,洋兵已退天津。因此当英军所部印度兵走上北京街头时,市民都说这些包着头巾的是董福祥麾下的回部马安良军救兵来了。京中的团民有误信传言的,没卸下包头红巾就去看热闹。被洋兵看见,揪着头发抓走了。

今年二月的时候,北京街头的街谣是这么唱的:

"芝麻将,下白糖,鬼子就怕董福祥。福祥足,两头哨,杀了鬼子拆铁道。"

现在,它改成这么唱了:

"芝麻将,下白糖,鬼子最恨董福祥。福祥足,跑得快,未曾开炮就先败。"

这正是皇帝反问的问题:民心何足恃?

第三部　最是仓皇辞庙日

出宫

七月二十一日，天未大明。

山东诸城人，同治七年二甲第一百零七名进士徐会沣新授兵部尚书，按照日程安排，今日他须入宫谢恩。骡轿刚到地安门，就听见哭声喊声四起，城门洞里拥挤嘈杂，有溃兵，有拳民，看服色甚至有老公和宫娥，人人都拼命地往城外挤。

说是老佛爷和皇上走了。

本日还未到亥刻（晨五时至七时），洋兵已进了城，宫里完全不知道，只听着枪弹飞过，这声音像猫儿叫，"喵喵"的。那时候太后正在梳妆，正疑心哪里有许多的猫儿，又听着"喵"一声，一个枪弹从窗格子飞进来。那弹子落地跳滚，仔细看明白，方才骇异。才要让外边查问，听见门外吵闹，一眼瞧见载澜已跪在帘子外，颤抖着声气奏道："洋兵已进了城，老佛爷还不快走！"

太后慌忙起身，急问皇帝何在？

太监回说正在某殿上行礼。原来这天恰巧是祭祀之日，皇帝正在那里拈香行礼，礼仪之事是他唯一的工作。太后忙叫赶速通报。皇上听着招唤，急忙赶来，头上还戴着红缨帽子，身上穿着正式礼节所穿补服。太后颤声对他说："洋兵已到，咱们只得立刻走避，再作计较。"也不管皇上意见如何，叫太监一面将皇帝的朝珠、缨帽脱下胡乱抛弃，一面扯卸了朝服外褂，换了黑纱长衫。太后也改换了青布衫。娘儿两个，就此一同出走，后面跟了一串随身太监宫女。一切衣服物事，都已顾不得携带。仓促间不及备车，步行向神武门奔去。

匆忙之中，太后只没有忘记皇上宠爱的珍妃，临行派二总管崔玉贵将其推堕井中而死。

一行人出了神武门，正好遇见各王公大臣前来早朝，众人见皇帝太后及宫眷徒步走出宫门大惊，这可是前明崇祯皇帝奔煤山以来数百年未见过的奇观。群臣之中桂公爷（桂祥，太后的胞弟）即问太后何往。太后挥手不答，大臣们心下也就明白了，太后这是要跑。桂公爷即将自己所坐的轿车请太后坐，皇帝坐贝子溥伦的车，皇后和宫眷等亦分坐各大臣车，此外尚有多人徒步随行。各王公大臣及宫廷侍卫等，前引后拥，杂乱已极。车驾到了西直门外，一些听到消息的王公大臣也赶到，稍稍聚集。大家伙儿出了西直门顺着御路直奔颐和园，到时已近中午，两宫和王公大臣在颐和园内草草吃了些东西，又怕洋兵追赶，便出颐和园向西北一气向前上道，昼夜趱行。

主心骨走了，宫中大乱，嫔妃宫女内监如没头苍蝇四处乱窜。许多跟到神武门的宫娥、福晋因车马不够，追着车痛哭而不得随行。瑾妃只听闻老佛爷带着皇上走了，便换上洋布衫，梳着汉人女子的辫子，独行于后，追赶车驾。幸好遇上庄亲王载勋，另找一车给她坐着赶去。

这一日，随后赶来追随御驾西狩的王公大臣有庆亲王奕劻，端郡王载漪，庄亲王载勋，蒙古亲王那彦图，贝子载振、溥伦、毓肃、公爷载泽、载澜、志钧，大学士刚毅，尚书瞿鸿禨、赵舒翘，侍郎溥兴，内务府大臣继禄等数十人。他们或是早朝到得较早，或是在宫中值宿，闻变随行。如赵舒翘事后补记本日日记："二十一日卯刻，洋兵攻紫禁城甚急，皇太后、皇上仓皇出走。予奔回寓所，草草收拾行李赶赴行在。"

大学士徐桐、军机大臣荣禄、礼王世铎、启秀并未随驾。朝野曾有传言说是荣相已不受太后信任，因此未被通知。其实并非如此，原因一则是几人本日到得晚，没赶上；一则是昨日早朝的决定本是"不走"，没人有准备。

比如荣禄。

这天上午，荣禄骑马带小队侍卫四十人，入禁城从箭亭向西奔军机值房而去。路上遇见礼王，二人携手同行。刚走到景运门，只见守门护军乱作一团，禀告二人：怀疑洋兵已攻入大内，内廷已大乱。荣禄、礼王闻讯大惊，带侍卫赶紧奔进景运门及乾清门，查探并无其事。

混乱之时，大臣须当示以镇静，于是二人下马，缓步行至乾清门西侧的军机处值房。荣禄今日本与载澜约好，有事商议。稍息片刻，并未等到载澜，他早已奔进大内告变了。看着时辰已到，二人共同前往宁寿宫，预备召见。还没走到宁寿门，就见太监奔迎过来告说："御驾已行矣。"

荣禄当即由苍震门夹道出宫追赶车驾，路遇崇琦，共同奔赴西直门，准备追随两宫。礼王是领班军机大臣，遂回军机处善后。

以上是当天入值的领班章京继昌记下的他所见的情景。

荣禄事后上奏折向老佛爷解释了未能随驾的缘由："奴才荣禄闻我皇上恭奉皇太后圣驾西巡后，与奴才崇绮在禁城内相见大哭,……奴才荣禄本拟收拾残卒,竭力巷战,誓扫贼氛。惟时见城中四处火起,喊杀之声大振,居民拥挤奔逃,知事不可为。然闻銮舆在外,未敢径守小节……"

荣禄与崇绮带侍卫策马飞奔至西直门,京内官绅商民携家眷纷纷出城避难,城门拥塞,极其扰乱。此时已不知两宫所在,于是二人取道卢沟桥、长辛店,奔赴保定,打算在保定"整顿队伍,养复锐气,恭候谕旨,再相机进取,以期稳慎"。

"然闻銮舆在外,未敢径守小节。"是荣禄为自己开脱。京城内未能追随行在的那么多臣子尽节殉国,理学大家徐相就在府中自经,你怎么好意思说这是小节?

两宫西狩进行得如此混乱,似乎此前从无准备。其实,一旦有不测,两宫走还是留的问题一直有所讨论,上意随着形势的变幻也左右摇摆。不过,必要的准备还是早有安排。

陈夔龙本年五月十七日署理顺天府尹,七月十二日卸任。在任期间,一大要务即是奉旨督办京津一带转运事宜。军机处特命顺天府借转运军需之名,筹备大车二百辆,实际上是以备事有缓急供两宫西幸之用。受命之时,京中已是风声鹤唳,京官的眷属纷纷南下避祸,所需车马为数不少。出京之后,有的车马一时半会儿不能赶回京,更有的乘自家车马远避江南的索性不回来了。京城车马一日比一日难寻。再往后,军队纪律涣散,董福祥、余虎恩所带之兵,到处抢掠,京里大小官员、商户自有的车马,大半都被劫走。六部堂官,多有每日步行到衙门办事的。

以此情形,一时之间办齐二百辆大车,并非易事。

七月十六日,赵舒翘的日记记下:"太后定西迁议。"根据本日的召见名单,参与决策者为庆王、端王、徐桐、崇绮、董福祥及军机，此时的军机大臣包括荣禄、世铎、刚毅、王文韶、启秀、赵舒翘。这日决议由荣禄带武卫军，董福祥带甘军护驾。派东阁大学士崑冈监国。

可是下午，又传来消息，李秉衡所率四军大胜，杀死杀伤洋兵至数万人，于是宫中传旨，不走了。

一时，如释重负，喜气洋洋。车马就不用办了。

第二日，随着溃兵奔回京师，前线真相传回：四军不战而溃，李秉衡羞愧自尽，联军攻占通州。

太后闻讯痛哭，目视廷臣："余母子无类矣，宁不能相救耶？"廷臣瞠目结舌，无人敢对。

太后欲遣王文韶、赵舒翘到使馆乞和。王文韶辞以年老，赵舒翘也固辞："臣资望浅，不如文韶，且口舌笨拙，不能引夷务惯例与洋人面争。"最后荣禄打圆场："不如遣人传递文书，先达此意，看各国作何回复。"于是修书派总理衙门章京舒文前往。

通州失陷消息传回之后，董福祥、余虎恩、武卫中军、虎神营、神机营诸军将领集会，共誓必破使馆以泄愤，即日加强对使馆攻势。舒文到封锁线，称要入使馆传信议和，董福祥大怒，欲当场杀之，舒文反复辩称乃是奉太后诏前来方得免。

信送达英使馆，公使窦纳乐读毕，与舒文约，明日请有资格的大臣来谈，九时相见。

当日散朝之后，军机处苏拉来陈夔龙家传信，说赵大人在军机处即刻候您去说话。这一天，正是徐用仪、立山、联元授命之期。昨夜捕拿三人的消息，已经传开，此时军机召唤，陈夔龙举家惶惧。他早听说端王的名单里有他，所举罪名是他在总理衙门当过差，与夷人多有勾连。他知道真实原因不在这里，而在他的继夫人是庆王的干女儿。陈夫人是前军机大臣许庚身的庶妹，家人称四姑奶，从小就拜庆王福晋为义母。侍义父极孝，嘘寒问暖，贡献丰厚。长居王府，累日不去，京官中传说她常为义父上朝前亲挂朝珠，冬日且先将朝珠在胸间温热。如此关系，岂能不惧端王杀鸡儆猴？

到军机值房之后，虚惊一场，原来是赵舒翘又要他办车马之事，说是新任府尹王培佑不能办事，陈夔龙虽已不再署理顺天府尹，也定要他办车马。正彼此争执间，荣禄由宫中出来，打帘子进了军机值房。荣禄对二人说："车马之事，太后也知道一时之间无从办妥，刚才叹息说：既无车辆，我们决计不走便了。"赵大人听了高兴，陈夔龙数日以来的忧惧也为之冰释。正要退出，帘子掀开，刑部侍郎徐承煜进来，附耳与荣禄密语。陈夔龙从旁听到只言片语，大概是复述监斩徐用仪诸人之事，陈形容徐的表情是"顾盼自适"，显见极为得意，正在表功。荣禄默然不发一言，徐承煜仍喋喋不休。

荣禄厉声说道："我尚有事，不必再谈！"掉头回北屋。

七月十八日，舒文与窦纳乐所约之时已到，仍无大臣敢去。只好派人传信：临时有事，改天约。

此事后来荣禄在奏折中有交代："是时（七月十七日）大局尚未糜烂，窦使（英国公使窦纳乐）复函于次日九点钟在馆恭候会晤。及该大臣启秀、赵舒翘等恐其扣留，不敢往晤，托词有差不及前往，又函复之。至二十日夜间又复迁延，遂有二十一日之变。"

反复之中，战火离京城越来越近。

王文韶写给浙江家人的信中记有："至十九日夜，城外炮火，隆隆不绝，二十日早，本宅喜雀胡同一带，炮声尤甚，炮子如雨下。"

二十日这一天，联军向北京发动总攻。

和？战？行？止？

中枢全体大臣整日在宫中商议，焦灼万分。

据赵舒翘日记与王文韶家信所记，二十日太后召见军机王大臣五次，太后本已确定暂时出京躲避。但是到了夜间，庆王、端王、荣相力阻，又决定不走了。他们所以一致坚持反对两宫西狩，除了路上的安全难以保证之外，也担心庚申之变重演。咸丰十年英法联军逼近京城，咸丰爷巡狩热河，圆明园被焚，祖宗百年经营的精华付之一炬，不过四十年，大家都记忆犹新。

于是又决议派赵舒翘、王文韶、启秀三人往使馆讲和。赵舒翘觉得，兵临城下之时，派他去使馆乞和，是陷他于危险之中。仍然坚决拒绝。

夜半叫起军机时，仅刚、赵、王三人，其他王大臣等均散值，尚未到班。太后埋怨："只剩你等三人在此，其余均各回家，舍我母子二人不管，你三人务须随扈同行。"并关照王文韶："汝年纪太大，尚要汝吃辛苦，我心不安，汝可随后赶来。刚、赵二人素能骑马，务必随驾同行。"王回奏："臣必赶来。"皇上也说："汝必要来。"等等。

无论太后还是皇上，在此意见尖锐对立之时，都能共同对王文韶保有信任。王有太平宰相之称，他曾经上一奏疏，言使馆不宜围攻。端王初读此疏，以为王文韶当杀。但王篇末说："如以臣为荒谬，臣亦不敢胶执己见。"端王看完见到篇末此语，遂不治罪。时人谓王相国不愧水晶灯笼之名。

王文韶是一个极聪明极勤奋之人，水晶灯笼是数十年的官场历练打磨而成的。

三十几年前，王文韶还是个年轻人，在军机处做章京。太平天国失败，南京克复的捷报传到北京之日，他亲眼见着外奏事处司员手捧鸡毛檄文，由景运门入乾清门，面交内奏事处官监，恭呈御览。他和其他年轻的章京，年老的大臣在旁观看，激动难抑，兴奋莫名。还记得这是八百里加紧公文一件，缀以夹板，大书"克复南京省城"六字。此时中枢大臣们都在恭候太后皇上接此喜报后召见。王文韶对当时的领班军机大臣恭亲王说："此番召见，皇太后、皇上必询问金陵省城共若干门？何门濒江？何门倚山？暨东南西北各方向。似须先有预备，免使临时张惶。"恭王说："我未到过南京，一切茫然。上如问及，凭何以对？"语带焦灼。王文韶当即从袖中拿出一本书献给恭王："此乃高宗（乾隆）《南巡盛典》某卷，详绘金陵省城地图。曾中堂（国荃）攻取金陵已非一日，何处驻兵，何处挖濠，何门包围，何门进取，屡次奏报，曾经叙明。卑职均于此图中拈有红签，并列小注，阅之一目了然。请携带手旁，以备顾问。"恭王接书大悦。等召见出来后，对年轻的章京王文韶一揖："今日召见，全仗君先有预备，敏练之才非某等所及。"说罢指着军机直房中军机大臣的座位对王文韶说："将来此坐定属君矣。"

王文韶对这一日从未忘怀，晚年曾说："我在南北两直房任差几三十年，每日均在忧勤惕厉中。所称心适意者，只此'克复南京省城'六字耳。"但是磨练久了，虽磨成了军机大臣，却也磨成了"水晶灯笼"。

但太后此时犹说不马上走。王回家洗漱。到第二日早七点，从家坐小轿进大内，才知两宫已于黎明出城。

二十日夜本已定计不走，却又无人敢出头议和，太后脆弱摇摆的心理，在二十一日凌晨载澜的突然告变之下，瞬间崩塌，仓皇变计。这就是老佛爷走得如此狼狈，庆王、荣禄等诸多近臣都未知晓的缘由。

宫廷侍卫富察多尔济多年以后问已成了庶民的大阿哥溥儁当日的情形："他（溥儁）果然道：'领路的是老崔（崔玉贵），还得问他……而我在车里，只是被颠得够呛，只要吐……'看见他那惨样儿，我便想起庚子年正月初一时，他竟然恭代皇上去大高殿、奉先殿等祭拜行礼，想至此，我往往想起来崇绮、徐桐大人，在弘德殿追着他，叫他用功的那阵儿。"

逃亡

　　渔阳鼙鼓动地来，惊破霓裳羽衣曲。
　　九重城阙烟尘生，千乘万骑西南行。
　　翠华摇摇行复止，西出都门百余里。
　　六军不发无奈何，宛转蛾眉马前死。
　　花钿委地无人收，翠翘金雀玉搔头。
　　君王掩面救不得，回看血泪相和流。

　　这首大唐诗人白居易的《长恨歌》，讲的是天宝十三年六月十三日（756年7月14日），玄宗宠爱杨贵妃误国，被安禄山打进长安，被迫西逃的故事。

　　1144年后，也是夏日，也是黎明，也是为了避难，开始了另一场帝王西逃。所不同的是，后人的终点是前人的起点。

　　如果还要找二者有何不同，那就是后者要仓皇许多，落魄许多。王文韶在家信里说："所谓天子蒙尘，从古稀有之惨，可痛已极。"

　　午后，车驾离开颐和园沿海甸（海淀）小路向西北而行。此时防卫京城的宋庆、马玉崑部大部溃散，马玉崑护驾，宋庆收拾残兵，不及二百人，半途追上车驾。此次仓促出京，妃嫔、宫女均留京城，内侍亦未多带，所有御用服食、行路用具，概未备带。下午一场雷阵雨袭来，除太后皇上皇后等几位有车可避之外，整个队伍，无论皇亲国戚、高官显贵，全都淋漓尽湿，狼狈至极。

黄昏，队伍抵达昌平贯市，驻跸清真寺。昌平县令裴敏中跑得比太后还快，早已远遁，地方瘫痪，不能供张御驾。贯市村民多姓李，除务农外，以开镖行保镖为生，在京内开有东光裕、西光裕镖局。贯市李家的首领，把两宫请至清真寺住宿，并预备了教席（清真菜），供两宫及随行的王公大臣饮食。贯市离京城只七十里，夜间向东南遥望，城内火光冲天，人人心惊胆战，一夜无眠。

次日天将将亮太后就催着起行，皇上决计不走了，要返回北京与洋人议和，收拾残局。太后心理素质很高，并无愧意，对皇上说："今日国家之事，误于奸臣。我母子终可对祖宗而无愧。"强拉皇上同行。

李家连夜赶制了用黄布做围的三乘驮轿，备两宫及皇后乘坐，太后内心被暖到了，当即赏给李首领（其名已不存）四品顶戴，赶驮轿之人均给五品顶戴。当时全国镖行的镖旗都是蓝色，李家镖行的旗号以后准改用黄龙旗，全国独一家。

在贯市，肃王善耆追上了车驾。他在两宫出宫后数小时得信，担心老母亲不放自己走，让下人伺候自己换上普通衣服，带一油纸伞，潜出王府，直奔德胜门而去。许久王府头等侍卫凤林得知，赶紧去追，因为王爷没有骑马，他也不敢僭越骑马，只能快步而奔。每过一路口便问路人，你见某某样人从此过否？道旁一水井卖水人说，曾有此人，在此饮凉水一勺即去，步速甚快，已去许久，你如何追得上。凤林无法，道旁抢一马打马而去，出德胜门十余里才追上。

肃王从来也没吃过这种苦，看见凤林落泪，说："你是我的好兄弟，快回去安慰太福晋，说我安好，我自去追皇上。"凤林说奴才愿随爷去。肃王以老母为念，不许，凤林无法，将马给肃王，自己回去禀告太福晋。肃王得马，直追到昌平贯市方赶上行在。

肃王一路对皇上保护甚力。行在西行，早期如惊弓之鸟，不敢走大路，专趋小径。一日过洋河，秋水正大，队伍停于河岸，寻当地人引导水浅之处，命所有轿夫都来抬太后的轿子过河，所有人都随太后一哄过河，却无人再回过来帮着抬皇上的轿子。此时河这边只有肃王陪伴皇上，皇上大发雷霆。肃王对皇上劝说："臣是皇上的人，臣知皇上生平因好着急，吃亏多矣。事已至此，臣劝皇上以后莫轻着急。"皇上不语。

光绪皇帝确实脾气暴躁，荣禄曾对前军机大臣李鸿藻之子李符曾私下说："皇上性暴，内实忠厚，太后心狠，令人不测。"

肃王亲往村中求村人帮助抬轿过河，直到追上太后，未见有一人回迎。

这是日后肃王亲对王照所说，当时他是托王照，日后皇上得亲政时，请王照代为上奏，为凤林"脱去奴才皮，我报他京城沦陷时替我侍奉老母之大德"。清制，王府家臣不得为朝官，因此肃王本人不能荐。

王照听完此事，顿脚痛惜，对肃王说，当时你要带皇上掉头回京，议和不必如此艰难，代价不必如此巨大，皇上也早已亲政，哪用等"日后"。

肃王料不及此，瞠目结舌。

行至昌平南口镇车驾遇到前来护驾的甘肃布政使岑春煊。

太后与皇上对岑春煊有恩。1897年召对之际，对岑之谈吐见识很满意，皇上正是锐意更新，选拔有魄力干劲之人的时候，于是岑春煊以一闲职被授为广东布政使，向例三品京卿方能简授藩司。因此战火初起时他就不待宣招，自作主张从甘肃奋发前来勤王，六月二十八日即抵都门。入觐之日，两宫奖谕备至。太后问他："你所见都城防务如何，可抵挡得住洋兵？"岑向以刚直闻名，直言回奏："臣到京之日，留心察看，京师内外，均未见守御之具，唯城门有义和团看守而已。"两宫听闻大惊，在岑退出后，立即召军机大臣入见，大骂诸人误国，命赶速筹备。军机大臣们退下后约岑前往商议，本欲派岑帮办李秉衡军务。因岑春煊从甘肃所带之兵未到，其议遂罢。次日，有旨命岑春煊赴察哈尔招募营勇，办理防务。他刚行至张家口，所以听闻两宫出逃后，能迅即前来护驾。

岑春煊日后回忆，两宫上下驼轿之时，他均跪在道左。见太后穿的是蓝布衫，用一条红棉带束发。皇帝穿着一身旧的葛纱袍，此时正当盛暑，道中暴晒，汗流浃背，身上粘腻，因此蚊蝇群集，太后皇上自己不停地挥手驱赶。随行的宫监侍女们，都是徒步奔走，鞋都磨破了，血迹斑斑。

听到太后和皇上今日还未进食，岑春煊带人出外觅食，而镇中人民被溃兵所扰，已逃亡殆尽，百方搜求，仅得百姓家所煮小米粥，盛以土碗进献于上。其余随扈人员在庄稼地里寻些瓜菜以果腹。太后见了，又哭，竟不能下咽，命给皇帝吃。皇帝勉强啜了两口，也难下咽。于是继续上路。

通过居庸关外四十里长的关沟，当夜宿于岔道。

在这一小山村更苦，除两宫及王公大臣等住在民房外，其他人员多有露宿者，忍饥受饿，虽有金银，亦无用处。

于是，这一夜，太后和皇上在地上睡了一夜。其他宫女太监在屋里地上你靠着我我倚着你入睡。虽在夏日，北京山区的晚上还是很冷，靠燃豆秸取暖。太后哭，皇上也哭。

大清立国二百多年，哪有天子沦落至此；柄国四十年，太后何曾狼狈如斯？昌平这一夜，太后铭记在心。到西安之后，立即召昌平县令裴敏中来见，裴不敢应召，自杀。

第二天出发，岑看见皇上自己抱着一个包裹，不像是衣服，就问随侍太监，才知皇上昨夜得一具草席铺地，用一灰布包住扫帚作枕头，就睡在其上。皇上怕前面再找不到这样的东西了，因此自己抱着。

可见皇上对前途之悲观。

幸好接下来就进了延庆州。延庆州知州秦奎良仍坚守职责，守土未去。延庆小地方，从来没有接待过御驾，何况仓促之间，诸事难以齐备，无法让所有王公大臣、权势老公都满意。有些人转眼就忘了昌平之夜，有了吃的要嫌弃不可口，有了住的要挑剔不洁净，对秦纷有怨言。秦奎良一七品小官，这些人，平日对他来说宛在天上，高不可攀，今日纷纷责难，大惧。传到太后耳里，"太后慰遣之"。

一天太后和随行的臣子们谈天，忽然问："此耻如何可雪？"众人沉默。独岑春煊回："欲雪此耻，要在自强，自强之道，首需培植人材。"危难之际前来护驾，又如此忠直，岑春煊从此成了太后跟前最红的臣子。有一个传言，说一夜车驾宿于一所破庙，岑彻夜环刀立于庙门，太后梦中忽然惊呼，岑则朗声应到："臣春煊在此保驾。"太后深为感动，曾"泣谓春煊：'若得复国，必无敢忘德也。'"

仿佛《三国演义》之故事。

北京西北方向，出了延庆，就进入直隶怀来县。

怀来县知县吴永，一日正在衙中与幕僚闲坐，忽接紧急公文，展开一看，是延庆州知州秦奎良所发，上写："两宫已在岔道住宿，准备接驾。"皇上太后到怀来小县，事先竟毫无消息，实属意外。细细查勘，确实是秦奎良亲笔文书，官印也不差。再想到几个月以来的形势，吴永知道情同咸丰年间避难承德之事。于是手忙脚乱准备接驾。收拾停当，带几个衙役亲赴怀来境第一站榆林堡迎候。

他一个小小的七品县令，因这一场翻天覆地的动荡，获得了与老佛爷亲密接触的非凡际遇。

行至半路，见一驮轿，缓缓行来，一人骑马为前导。驮轿就是骡马一前一后驮着的轿子，做长途远行之用。吴知县停马道旁等候。靠近之后，问知轿中为军机大臣赵舒翘。

赵掀开帘子探头问："前去有无馆舍？"

"大人公馆，谨已有预备，只是得信仓猝，恐不周到。"

"有住处即可。太后皇上两宫饥寒已两日夜，情形十分困苦。洋兵打入紫禁城，不能不走。你尽力供奉，使两宫暂得安适，稍解困苦疲劳。大驾随后且到，你可即前行迎驾。"

巳正（10-11点），吴永一行抵榆林堡。因从前线溃散的乱兵和拳民已先过境，居民逃走一空，街上全都关门闭户，杳无人烟。全堡仅有管驿站的家丁董福一人留守未去。董福向吴永禀报："全堡已空，没带走的，都被兵匪掠尽。驿马只剩老弱五匹，余皆为乱兵掠去。此堡只有骡马店三处，现已择较齐整的一家，备圣驾休息。本令每店各煮绿豆小米粥一大锅，可另外两店的粥已为乱军掠夺一空，此店的粥也差点被抢食，经再三央求，说此是预备御用，才获保存，现所剩的只有这许多了。"

吴永道:"现在已无别的办法,惟力保此锅,勿再被劫为要。"自己坐在店门石墩上,命兵勇荷枪侍立,遂无人敢入店。

县太爷如此严阵以待守卫的,只是一锅绿豆小米粥。

过了一会儿,只见肃亲王乘马先至,两人在京中是旧识。肃王告诉吴永:"皇太后乘延庆州肩舆,其后驮轿四乘,皇上与伦贝子共一乘,次皇后,次大阿哥,次总管太监李莲英,各坐一乘。待四人轿及第一乘驮轿入门,即可报名接驾。"

本朝规矩,皇上只接见四品以上官员,一个小小知县从来没有面见天颜的机会,这是肃王在教他规矩。很快就见十余人骑马而来,传呼驾到。远远望见四人抬蓝呢大轿前行,将至店门,吴永下跪高唱:"怀来县知县臣吴永跪接皇太后圣驾。"

接着是一驮轿,其中对坐二人,复高唱:"怀来县知县臣吴永跪接皇上圣驾。"报名毕,即起,仍在门外候命。驮轿过完是骡车七八辆,载着女眷和各首领太监,陆续入店门。护驾的军校数百人,横七竖八地在门口和道路上站的站,坐的坐,又饥又累。

过了一会儿,一太监走出门外,圆睁眼睛大呼曰:"谁是怀来县知县?"声音尖厉,后知此乃崔玉贵,当时为二总管,后代李莲英为大总管。"上边叫起,随我走!"

吴永见他来势汹汹的样子,不知这是一个太监的日常说话方式,揣度是否太后对接驾有谴责之意,快步跟在崔玉贵身后,一边走一边打听上意吉凶。崔说:"这哪知道,且看你造化。"用手抓着吴永手腕往里走,入院引进了正房。

只见房间正中设一方案,左右分列两把椅子,太后穿着粗布衣服,梳着汉人女子的椎髻,坐在右边椅上。吴永当即跪下免冠叩头。太后先问姓名,又问旗人汉人。

问:"何省?"

曰:"浙江。"

又问:"尔名是何永字?"

曰:"长乐永康之永。"

"哦,是水字加一点耶?"

"是。"

复问:"是何班次,何时到任?到任几年?"

这些是皇家首次接见外臣的规矩,得把履历问一遍。

太后再仓皇落魄,都得按规矩来。这就是真正的贵族范儿。

接下来,开始切入正题了。

"一切供应有无预备?"

"已预备,惟昨晚方始得信,实不及周至,微臣惶恐。""好,有预备即得。"太后说到这里,忽放声大哭起来:"我与皇帝连日历行数百里,竟不见一个百姓,官员更全跑光了。今到你怀来县,你能官服齐整的来此迎驾,犹不失地方官礼数,可称我之忠臣。我不料大局坏到如此。"吴永回忆,太后"声甚哀恻",自己也只能伏地陪伴太后痛哭。在本书的记述中,太后至此已三次大哭。第一次是归政照会,那有表演的成分。第二次是李秉衡自杀,通州失守,那是太后感受到了迫在眉睫的恐惧。这一次,所以在初次见到的小臣之前失态,是面对艰苦环境的折磨,触景生情,恐怕也带有一丝的悔恨。

太后哭罢,自诉沿途苦状:"连日奔走,又不得饮食,既冷且饿。途中口渴,命太监取水,有的是有井而无取水之器,有的是井内浮有人头。不得已,只有采田中作物的杆与皇帝共嚼,略得浆汁,即以解渴。前夜我与皇帝仅得一板凳,相与贴背共坐,通宵达旦。拂晓寒气凛冽,冷彻骨髓,难以忍耐。你看我,已完全成一乡下姥姥,即便是皇帝也甚辛苦。而今到此已两日不得饱食。此间曾否备有食物?"

吴永答道:"本已谨备肴席,但为溃兵所掠;尚煮有小米绿豆粥三锅,本是预备给随从打尖的,也被掠食两锅。今只余一锅,恐简陋不敢上。"太后答道:"有小米粥,甚好甚好,可速进。患难之中得此已足,哪能较量许多。"忽然想起来:"你当叩见皇帝。"回头吩咐李莲英:"莲英,速为他引见皇帝。"

此时皇上正站立在左边空椅子之旁,身穿半旧棉袍,上身没有外褂,腰间没有束带,前额的头发有一寸来长,蓬头垢面,憔悴已极。吴永随李莲英引导跪在皇上面前叩首。光绪一言不发。吴永于是仍还跪在太后面前,太后又问了几句,说:"我今儿也累了,你也可下去休息。"

吴永退出至西厢房,随即将小米粥送入。内监又出来要筷子,仓卒间难以筹办,幸好随身佩带了自用的小刀象牙筷,于是擦拭干净呈上。其余之人只能用秸秆做筷。一会儿,李莲英出来,辞色甚和缓,对吴永伸出大拇指:"你办事很好,老佛爷很欢喜,用心伺候,必有好处。"顿了一下:"老佛爷很想吃鸡蛋,能否取办?"

日常这不是个事儿,可是兵乱之下鸡蛋可比黄金还难找。吴永四处寻找,最后竟然在一户人家厨房的抽屉里找到全镇最后五枚鸡蛋,县太爷亲自在西厢房吹火舀水煮蛋。捧交内监呈进。李莲英出来给他说:"老佛爷很受用,自己竟吃了三枚,余下二枚,赏给万岁爷,其他人都沾不了光。"

几分钟后,太后打帘走到屋外连廊下,手携水烟袋,自点自吸。饱食休息后,看上去神态已不像之前那么萎靡困顿了。看到吴永候在西厢房外连廊,让他过来说话。语毕退出之际。

太后对左右人说:"吴永他是汉人,却甚知道礼数。"

到了这般境地,满汉二字在老佛爷心里竟还牢不可破。

随后,和岑春煊一样,太后也离不开能干的吴永,调他为粮台,办理行路事务,屡蒙召见,见证了西狩时期众多重大政事。

吴永字渔川,浙江吴兴人。曾被郭嵩焘聘为幕僚,光绪十三年随郭进京,被推荐到曾国藩次子曾纪泽家里教书。第二年迎娶曾纪泽二女儿曾广珣。可见其受主家赏识之重。之后被推荐到李鸿章幕府,深得器重。甲午战后,随李鸿章赴日本商谈《马关条约》。

光绪二十三年(1897),经过李鸿章的大力推荐,吴永补授直隶怀来县知县。这才有了让慈禧太后感恩戴德的一次机会,平步青云,连升三级,从一个小小的县令官很快升从四品。

1927年,吴永因老朋友中华民国国务总理孙宝琦的召揽,出任国务院秘书,同僚刘治襄相问庚子往事,由刘笔记,写成《庚子西狩丛谈》,留下以上细节丰富的记录。

两宫在怀来驻跸两日,其间,王文韶赶上了行在。

城破之日,王进大内,闻知两宫已西行,因神武门、东华门均不开,且城中已大乱,不能回宅。在巳时(上午9—11时)乘间冲出神武门,至安定、德胜门之间的灵鹫寺中躲避,此庙原为军机大臣廖寿恒所住,因此王与和尚相熟。因为此前每座庙中都设有义和拳神坛,所以洋兵进城,逢庙必烧,庙中和尚怕极,此时也顾不得王大人面子,不肯留几人多住。方此之时,安定门及德胜门城楼上,均有洋兵向下来往放枪,街上也有洋兵,万不得已,王与儿子只能从墙上架梯子,暂避到隔壁韩姓人家。此人是内务府库役,旗人,认得王大人。

下午，探听到西直门尚开放可以行走，于是王文韶将车马一切一概丢下，只带银钱及随身替换衣服，各人用小包裹背在身上，等到黄昏时分，装作生意人一并混出来，向德胜门、什刹海一带行走。走近戛戛胡同，天还在下雨，乃到一景姓友人之宅借住一宵。此时城内枪炮之声已停，只看见神武门外火光通宵不断。至寅时初刻（凌晨三时许），打听西直门已开，洋兵未来，清兵已逃，无人盘问，逃难之人不少。于是匆匆出城，步行至海甸（海淀）。出京后，沿途无店可住，无物可买，只拾到兵勇抢剩的小米，洒在地上，自行用柴火煮粥，聊以充饥。四天之后，王文韶在怀来赶上行在。

军机大臣犹如此，他人可知。

官不聊生

两宫出走之后不久，北京城彻底陷落。

消息通过重新接通的电报迅速传遍世界。三日后，驻德公使吕海寰就从柏林致电刘坤一焦急地询问："闻两宫西狩，不胜痛哭，何人留守，洋兵何日进京，都中近情如何，盼速电示。"

"都中近情"实不忍言。

联军入京城后，联军统帅、德国将领瓦德西竟然入居太后所住之仪鸾殿，以此为住所及指挥部。各国协议将京城分割占领，全城搜杀拳民，抓捕仇洋大臣，再有各种脱下号衣的乱兵与城内的地痞、城外的流氓趁乱烧杀抢掠，旬日之内，帝都尸如山积，中上之家，几乎无室不破，几成人间地狱。

臣子以身殉国乃至合家自尽者，不可胜数。走在内城胡同里，从各处坍塌的院墙望向往日达官贵人宅院内，往往能看到身着齐整官服的男尸，着朝廷诰命补服红裙的女尸。上吊自缢的，往往一绳高系，无人来解下尸身，时间久了，有的项断而身落，头还悬于绳上。路人掩面匆匆而过，不敢直视。

大学士徐桐的府邸在东交民巷法国使馆对面，甘军攻使馆时成为战场，被炮火所焚。此时徐桐迁居马大人胡同故体仁阁大学士宝鋆园中。

联军入城之日，徐桐不知，他是翰林院管院大学士，正高坐院中，按照常例召见翰林，却没一个人来点卯。待家仆冲进来大喊不好了，洋鬼子京城了，徐桐方仓皇回家。

洋人进城安定之后，开始开单抓捕惩办主战大臣，徐桐当然在名单前列。自知必死，嘱咐其未出仕的一子承熊："我为首辅，遭国难当死，你三哥为国之大臣，也分所应死。我们死后，你可归隐老家易州丙舍，教子孙读书耕田，永远不要再做官。"三哥，即刑部侍郎徐承煜。

八月初二，徐宅老仆在屋梁上打好两幅绳结，一左一右，徐桐站上左边的凳子，将绳子套在颈上，目视右边绳结，其意为此乃留待三子承煜。

谁知当日义正词严的徐承煜竟不殉国。且父死后不敢服丧，草草收殓父亲，诈称父亲于城破当时即第一时间殉国。自己深居简出，希图苟活。不过，他为人刻薄，监斩五大臣之时面有得色，有人向他求情，注意体面，对犯官用诛大臣之礼，他怒斥："此汉奸，杀之犹轻，何恤为？"于是五姓之孤儿寡母恨他入骨，有人到日军处告发而被捕，与启秀囚于一室。二人日日做苦工，受尽折磨。其间启秀母丧，求李鸿章向日军请假十日回家治丧。日军虽然准假，但怕如此重要的人物逃脱，在他手上捆一根绳子，一头捆在监视者手上，方放行。期满启秀再求续假，颇为留京官绅所不齿。给事中高枏在九月初二日日记中记到："启秀以母死，在洋员处请假十日，今又续假，不要脸极矣。"

第二年议和条约已定，其中惩办祸首一节，徐、启之名俱在其中，诏命斩于珠市口，如袁昶所说，不过是有先后而已。

崇绮孤身一人和荣禄追赶两宫未果，即奔往保定，居于莲池书院。家中眷属全被联军拘捕,赶到天坛关押,女眷多被奸辱。崇绮之子崇葆虽逃了出来,但无力救出家眷,使其蒙羞,愤恨无地,自缢而死。消息传来,崇绮服毒自尽。

崇绮为道光朝首辅赛尚阿之子,女儿为同治帝皇后,本人是本朝唯一的旗人状元,富有家财,讲究服饰,据称家藏华服三万余袭,此难全部被联军所得,寸丝无遗。

给太后报信的辅国公载澜孤身一人随车驾西走,半路写一字条给总兵万邦华,嘱其派人代查家眷下落。其字则张牙舞爪,其文则别字连篇。有人见此条,刻薄地说:"看此等字迹,无怪其信义和团。"

载澜当年读书的师傅是徐桐。

京城刚破之时,有位京官名叫彬成。愤于守旧大臣轻信义和团,挑起战端,以致如此祸乱。奔往徐桐府上,不得见,又奔崇绮府上,又不得见。怒问崇绮家仆:"你主人何在?"仆人回说主人逃了。彬成骂道:"你主人将国家事败坏至此,就自己逃了,你说,你主人是何东西。"家仆以为他说的"东西"就是俗语的"物事"。回说:"我家主人不是东西。"竟把彬成逗笑了:"你也知他不是东西啊。"悻悻而去。

也有无辜而满门自尽的。

翰林院庶吉士寿富,字伯茀,爱新觉罗氏,和硕郑亲王之后,父亲是诗坛领袖宝廷宝竹坡,七月十七日被斩的联元即是他的外舅,平日颇讲求西学。义和团之事初起,寿富即预知大祸将至,每日奔走,四处打探消息。一天忽然就想通了:"不用问了,无论如何结束,总不会有好局面。我为大清的臣子,只有一个死字罢了,哪里还有什么可选的。"有人劝他让弟弟仲茀护送家眷提前外出避祸,他一笑:"皮之不存,毛将焉附?大宗

（皇室近支）如此，何论小宗（皇室远支）。"

他家左邻为吏部侍郎华金寿，年初奉命为庚子年乡试福建主考，其子华学涑对父亲说："您借此差事出京逃难，好极了。天津、北京，不久必失，不能走者苦矣。"华金寿责备说："你小孩子懂什么，天道六十年一变，今灭洋之期已近，我岂逃哉。"六十年前的庚子年即是第一次鸦片战争之时，夷人远来欺我，一甲子过去，天道要变一变了。

学涑下来对人说："无怪乎人说三品以上皆浑蛋也。"

伯茀曾事先告知学涑殉难的想法。学涑劝他曰："洋兵入城，与国祚无关，何必以身殉。"

伯茀回答："我亦确信洋人不灭我国，但我知太后拉皇上去，则将来议和之后，皇上终不能脱出太后之手。大清不久仍必灭亡，吾何必多活数年。"

联军入城之时，城中哄传屋外竖白旗的家可免洗劫，于是在门口竖白旗或联军某一国顺民旗的，满城皆是。洋兵在街上逐院搜索，接近伯茀家时，他与仲茀闻声即在家服毒。家中有三十二岁未出嫁的大妹妹，抢过剩下的毒药，令八岁的小妹妹咽下后，自己也服下。家中一个婢女，名叫隆儿，既感于主人的节义，又惧怕被辱，也服药追随主人。洋兵已到隔壁院子而全家药效并未发作，伯茀怕来不及死，为洋兵所辱，急拉大家入西厢房，在房梁上结绳自尽，未曾想身体太胖，绳子竟然断了，砰的一声坠地。仲茀急忙扶着哥哥再上，于是伯茀踩着仲茀的肩，再把头套入绳结。仲茀又从容地帮妹妹婢女自尽。出门，到南屋，找到一条短绳，回到西厢房从容不迫地上吊自尽。

"假药"害人。

仲茀死前给华学涑送去一封信，委托其帮助料理后事，其信中说:"大事已去,国破家亡,万无生理,老前辈如能奔赴行在,敢祈力为表明,晚生死于此地此时,虽讲西学并未降敌。家人有不欲死者,尚祈量力照拂,如死亦听之。外有先人奏疏年谱及平生著作,并以奉读,亦祈量力保全之,敢百拜以请。"信后附有绝命词一首,其中有:"衮衮诸王胆气粗,竟将血气丧鸿图。请看国破家亡后,到底书生是丈夫。"之句。

伯茀有一子,伯茀仲茀两寡妇妯娌共同抚养,1905年死于喉疾,方17岁。

其家绝后。

华金寿没能南下,留在京中死于此次国难。华学涑于事变后,投身于现代化学制造业。民国以后,又致力于甲骨金石文字之学。1918年参与创立天津博物院,任副院长,1928年逝世。

甲骨文的发现者,国子监祭酒王懿荣夫妇及子媳,共同投井而死。祭酒熙元,为直隶总督裕禄之子,城破之后自缢而死,裕禄已在杨村之役后自杀,父子皆殉国,家财被抄掠殆尽,女儿七人尽被联军所掳。大阿哥师傅宝丰、崇寿皆自缢而死。因为亲近义和团,敌视洋人的大臣以满族亲贵和旗人为主,城破几日之内,旗人恐受报复羞辱,举家自尽者不可胜数。京城恢复秩序之前,满人死数千人。

甚至出现种种忤逆不孝之人伦惨剧。

前侍郎景善,也就是本书开篇所引《景善日记》的主人,听闻京城破碎,两宫西狩,换上全套朝服准备投井殉国,但又心有未甘,在井旁徘徊之时,其子恩某催促说:"为臣尽忠,为子尽孝,天经地义。今国破,父不死何待?父不尽忠,儿不复能尽孝矣。"从后面一把把他推进井中。然后拿鸦片膏逼其母服下,以免受辱。说:"洋兵入城,事亟矣。今父已死,母不死,更何待？岂六七十积世老婆婆，白发种种，行将就木者，而犹欲生小洋人乎！"有人说他是想留待事平之后以忠烈之后而获取朝廷恩恤。其母不堪忍受，以忤逆之罪向占领本地的日本军官控诉。恩某在京城未破之前，热心附和义和团，并且被推为头目，统率七坛之众，联军早有所闻，于是立即被逮捕枪毙。

也有留京大臣没有勇气自尽，生不如死。

怡亲王溥静为洋兵抓走，堂堂亲王，天潢贵胄，在军营中为洋兵洗衣服，备受屈辱，困顿不堪，最后寻机自尽。克勤郡王晋祺、内务府大臣庆宽，同时被拘，被驱使驮死尸出城埋葬，每日往返数十次，不准休息，食物只有面包一片，清水一碗，苦楚备至。晋祺是努尔哈赤次子代善之后，八大铁帽子王之一，庆宽是最受老佛爷喜爱的宫廷画师，养尊处优，何曾受过这种苦。一日找了个机会去找在京主持和议的李鸿章哭求设法解救。李鸿章也无法可想，安慰一番让二人回去罢了。

沈家本是本朝法制改革的推动者，大清民律、商律、刑事诉讼律等一系列现代法律皆为他所主持制定。庚子年任天津府知府，天津是义和团活跃之地，与清军共同对洋人作战。因此天津城陷之时，沈家本被联军抓获监禁在狱。后有一教民在旅顺洋人处控告他"祖匪害教"，于是将他捆绑解往旅顺对质。押解途中在沈背上贴一白纸，上书"天津府知府沈家本"八字，意在折辱。沈神色泰然自若，而见者发指。

以上是有组织的折辱。更有大量的放纵与无序带来的伤害。

联军占领京城初期，有几国军纪混乱，放纵士兵劫掠，其间本国地痞流氓乘间而起，京城秩序极为混乱。

协办大学士、户部尚书徐郙并未参与支持义和团。因此开始无事，其家也没被抢劫。突然一天闯进一堆人，大肆抄掠，徐尚书略为争辩，就被拽下台阶，拳脚交集，甚至有人用刀背打他。打得遍体鳞伤，昏死而苏醒，又被打昏死过去，如是数次，这些人才放过他，"挟其所得，呼啸而去"。徐尚书身受重伤。之后才知道是因他家存有户部银两，数额巨大，不知如何为外间所知，以此有劫掠之祸。至于这些人是乱兵还是盗匪，还是为联军所派，则不得而知。徐郚至贤良寺李鸿章处控诉，李也无可奈何。

此次两宫西狩，除庆亲王、庄亲王、端郡王、伦贝子、某贝勒等随驾，礼亲王逃至乡间外，其余近支王公、贝子、贝勒及宗室，留在京城的很多。他们家财多被联军没收或者被盗匪趁火打劫，而俸禄又无从领取，生计困顿，往往怀揣宝石顶的官帽，沿街求售。中国人不敢买，洋人又不知道这帽子价值何在，无人光顾，于是多有饿死。

渐渐怨气就撒向在京议和的人头上，留京大小各官，多有联名奏劾议和大臣的，指责他们入京以来，每日只是坐困愁城，一筹莫展。还有人称这种形势实在是议和大臣们有意放任的，以此使西安的行在，知和议之不易，痛快答应议和条款。

真真假假，假假真真。

命若草芥

显贵之家尚且如此，布衣小民更是饱受摧残。

时钟再拨回到庚子年七月二十一日，北京。

从昨夜到今日黄昏，雨云阴沉沉的笼罩京城上空，微雨不停。在留下未走的百姓日后回忆里，这一日"愁云密布，地暗天昏，人之性命全在呼吸之间，难卜存亡"。

这一夜的北京城，恐怕无人能入眠，从南城遥望紫禁城方向，只见正北火光冲天，烧红了半边天。有人说是洋兵如当年烧圆明园一般放火烧了内廷宫殿，也有人说是入城的洋兵在大肆焚掠城内的达官贵人之家。

恐慌迅速蔓延整个京城。

有的人想全家逃亡，有的人想抛家弃子独自躲避，有的人想亲友结伴同行。可是，城破前几日就已经难以找到车马，徒步逃亡不但带不了多少财物，也走不了多远。家家户户议论纷纷，焦虑莫名。

仲芳，现在我们已经不知道他是什么人了，只知道庚子辛丑之际，他家住宣武门外椿树胡同二巷，给后世留下了一部北京被占期间的日记。

这一天，他家也是乱作一团，作为一家之主，值此危难，他内心仓皇。仲芳第一反应也是想要带全家出京避难，可静下心来细细推敲，有种种不易：其一，上有七旬老母，下有妻室儿女、兄弟弟妇，战乱之时，遍地尽是土匪溃兵，长途跋涉，难免不担风险。倘遇不测，是陷老母妻子于危难，罪何以堪。其二，穷家富路，一大家子人逃难，一路上风餐露宿，不知要花多少钱，以寒薄之家实难负担。其三，远无亲族，近无至友，逃出城外并无栖身之地可投，如何安置？其四，自身虽非富裕之家，但是一应家其衣饰，尚称齐全。今一旦弃家而逃，势必为贼人破门抢走。他日倘能回归，四壁皆空，届时又何以聊生？其五，父子弟兄，肩不能担，手不能提，无一艺之长，异域他乡何以谋食？

思前想后，逃难实在不易，与其浮萍而生，终不若团圆而死。而今之计，只有听天由命了。

仲芳的此番思虑基本可代表留在京城之良善百姓的现实选择。

各国入城之后划分区域，分界占领。要求凡在界内的店铺住户，不管贫富，都须在门前插一面白布旗。居住在哪一国管界，就在旗上用该国文字书写"大某国顺民"字样。有的人，在此规定上自出心裁，加以各种发挥创新，以为能更为有效。例如用汉文写"不晓语言，平心恭敬"贴在门前。有的人按该国国旗样式，自己仿做小旗，插于门前。数日之内，大街小巷各按洋人分界插满白旗。

仲芳家在美国管理地界，门前所插即是"大美国顺民"白旗。仲芳有一好友冯秀庭，冯有一世侄名叫胡荃荪，"素精英美文"，现在已经无法查证他是留洋学生还是同文馆学生，何以通英文了。仲芳求他用英文写"此户系安善良民，乞勿骚扰"等字,粘在门上。

中国人,总是认为文字有魔力。

这些文字并没有施展魔力阻止像病毒一样在全城快速蔓延的抢劫。

当联军已从天津出发,很快就会抵达京城的可靠消息传到使馆区的洋人耳中后,这些刚刚还在日日担忧明天太阳是否照常升起的人们马上狂热起来。有人贴出告示,悬赏征集纪念章的设计图案,以纪念这段不同寻常的经历,其中一个设计方案是象征欧洲、美国和日本的三个人手挽手站在一条巨龙的头上。

当使馆解围之后,刚来的联军士兵、被困已久的部分外交官、传教士和在北京的洋人平民都卷入了这场疯狂的抢劫之中,《悉尼晨报》(Sydney Morning Herald)用"劫掠的狂欢"来描绘此时的北京。

开头几日,遍街都是洋兵,每日在各街巷成群结队,无论商户民户,挨门搜刮,此来彼往,甚至有一日十数起上门者。洋人叫门,若开门稍迟,就用大石头砸门而进。进院后见人便打,作为闭门不开的罪过。进屋之后,翻箱倒柜,首先专挑金银细软手表等值钱小物。据称,英国公使窦纳乐的夫人率领一队人四处抢劫,抢来的财宝已经装满了87箱,而她还惊叫"还没开始装箱呢!"90年后,1991年,一位叫荣新江的北大历史学系教授到英国国家图书馆整理编目,偶然看到他们的业务通讯上写着,去年中文部最大的收获是买到了一套《永乐大典》。接待者告诉他,当年八国联军入北京,英国兵和爱尔兰兵就驻扎在翰林院旁边,拿了很多古籍,都在家里放着。老兵去世很多年之后,家里人虽然不知道这些古籍是什么,但是知道它们应该有价值,就拿到英国国家图书馆,图书馆会出高价买下来。

洋兵之后，往往是本地匪徒紧随而来。洋人抢完细软值钱之物，将要出门的时候，土匪就乘乱而入，大肆抢劫剩余财物，比洋兵更为残暴贪横。商民无人敢抗拒，任其满载而行。日后的戏曲理论大师齐如山，此时正在京城，才二十五六岁年纪，他在回忆录中记下他的所见，"平心而论，外国人抢的不过十分之三，本国人抢的总有十分之七，最初是只抢商家，商家抢完，接着就抢住户"，"提起抢掠的情形来，真是梦想不到"。"所有的买卖，都已被抢，无一幸存，最特别的是当铺及米粮店。各当铺门口扔着的衣服，都是山堆大垛，因当铺中房屋深而黑暗，抢的人多，谁也不能挑拣，背出一捆来，一看不是绸缎或皮衣，就都扔在门口回去另抢。各米粮店门口，洒掉的粮食都成了堤坡，因装入布袋者很少，多数都是用筐篮装走，所以有此现象。"

又有之前义和拳大搜全城时漏网的教民与本地地痞，露了头来，狐假虎威，得意扬扬，肆行无忌，以搜捕团匪为名，在各处讹诈。平日与谁家稍有些微嫌隙，即勾带洋人，指认此家为义和团匪，大肆劫掠，以为报复。更有一些家的男女奴役，暗通地痞，指点财物所在，勾串洋人上门恣意掳劫，彼此皆可生财。这和一月之前指认为二毛子诈人钱财套路一样，名目相反，所谓轮回，原来如此。

钱铺、烟铺、粮店、米铺、当铺、布铺、绸缎庄、典当行等店铺，无论城内城外，不论铺之大小，货之多少，俱被抢夺一空。后来者抢无可抢，甚至将门窗栏杆柜子，都拆抢一空。

京城已成无法无天的乐土，白昼街头三五成群，沿街查访富户；夜间则百十成群，上门劫掠。整夜各处人喊犬吠，人人终夜惊心。

京城的地痞流氓们扬扬得意，以抢夺为荣，视抢得多之人为本领高强，抢得少之人为力弱无能。后来不只是贫穷之人与土匪无赖之徒打劫，就是一些平素儒雅体面之人，在生活所迫之下或是从众心理驱使之下也趁机随众抢夺。齐如山还记下他在围观抢劫当铺时的心路历程，面对一件伸手可得的竹布大褂，他为取舍而犹豫不决："我取这件大褂，虽然不能说是抢，也得算白拿，白拿他人的东西总是不应该的。再进一步说，我若白拿，索性就多拿，拿了一件，也是破戒，还是不取的好，遂仍丢下而去。"

各街巷匪徒抢去财物，任意吃穿。此时在七月暑热，竟有人身披绸缎皮棉衣服，手执凉扇，沿街游逛。

旬日之间，往往有贫寒之家居然豪富，而富足之家却不免四壁皆空。

地覆天翻。

这种自发性的全城大掠在侵略军将领们的默许下持续了七八天后，基本市面一空，户户皆净。各国这才开始约束部伍，整顿纪律，以图恢复市面秩序。

英国军队通过建立奖赏金分配委员会的方式，率先将劫掠"秩序化"。官方授权的"搜查队"收缴劫掠的物品，并公开拍卖，筹集起来的资金作为奖赏金，统一按照军衔等级进行分配。中将指挥官每人10份，少将每人8份，校级军官每人7份，上尉每人6份，中尉、少尉每人5份，准尉和印度军官每人4份，英国军士每人3份，印度军士和英国士兵每人两份，最低等的是印度士兵，每人1份。每份奖赏金的数量，则视总额而定。

可就在此时，七月二十九日，德国军队一万五千人新开到，开始进驻北京。家家户户哄传德国皇帝发兵的命令就是为公使克林德复仇,本要兵到北京屠城,杀尽京中百姓,现虽经各国力阻,还不知道会如何。全城提心吊胆。当夜从仲芳家看出去,正北火光冲天,不知又是何地被焚。

德国兵进城,幸好没有屠戮人民。不过又照之前各国一样大抢了几日。前门外自崇文门往西,骡马市大街、三里河大街以北,直到彰仪门,均改归德国管辖。住户商户门前,又奉命忙不迭地换上黑白红三色方旗。

仲芳家从美界被改划为德界,又受二遍罪。本巷有一人叫程少棠,精习德文,邻居纷纷求其书写德文贴在门首,希望稍稍有点作用。

八月初二日,仲芳家附近各巷的住户商户,公同商议,每家凑三二两银子不等,购办猪羊酒水瓜果茶糖等物,由程少棠通译,送往善果寺德军司令部驻地,"犒赏"德国官兵,请求带兵官约束士兵,不要扰害良民。德国军官收下礼品,许诺保护,送礼之家各给德文护照一张。德兵见此当不再进门。

此时京城哄传德兵各处挨户劫掠,暴虐更甚于别国。由是人人恐慌,提心吊胆。各处听闻因仲芳处向洋人送礼,求有护照可杜绝德兵上门,纷纷集办厚礼前来,求转达德军官。

联军进城之初,除散兵四处劫掠外,全城大搜义和团和继续抵抗的官军,把守各门,严禁出入。还在犹豫是不是出城逃难的人也死了心,踏踏实实在家忍受接下来的日子,因而街市上不再像前几日挤满弃家逃走之人。只是城外的青菜货物无人敢贩运进城,城内粮铺已被土匪流氓抢劫一空。市面上无处可以购买米面菜肉,许多家庭两日仅食一餐。此时还是七月,白日正长,尤其难熬。大人还能强忍煎熬度日,孩童无知,日夜啼哭喊饿,情状甚惨。

沦陷区秩序

上节所述民间惨状既有联军军纪的缘故，也有大部分守土有责的地方官擅离职守的原因。但大清命官也不乏坚持职守者。联军入城前几日，最混乱的时候，巡视中城御史陈璧"骑马衣冠巡于市"，并于要冲大道张贴安民告示："洋兵入城，和好在即；居民官宅，各安生业。匪徒抢掠，格杀勿论；拿送到城，立即正法。"但是最混乱的时候，竟连陈璧大人也一度被德军抓去做苦力，经人前往营救，才被释放，如何能翼护子民？

后经留守大臣们努力与各国磋商，京城方才逐步恢复秩序，维持城市运转。

首先是重新收拾基层管制体系，命各保甲出来担起责任，出示安民，通告议和在即，令大家各安生业，如有土匪抢劫，格杀勿论。有一处保甲写完告示后，出去在街头张贴，刚走至街口，碰上一人持棍从旁边一棍打过来，将糊纸的面糊碗打烂。两人什么也没看清，魂飞魄散，飞奔回去大喊："不好了，二毛将碗打坏，不和了。"二毛者，二鬼子、假洋鬼子之意。翰林黄石孙正好在保甲处，听见不信，走到街口查看，只看见一人拿着棍子在那里舞，嘴里念念叨叨，状若疯痴，一问左右街邻，果然是个疯子。虽是笑话一场，却也见风声鹤唳，人心惶惶。

然后是准许乡间青菜、谷物、肉禽等贩运进城内售卖，不过在城门处都要先被守门的洋兵扣留一半，方准放入。物价自然高昂，白米达每石银十两，粗麸白面每斤银五分，香油每斤银三钱，猪肉每斤大钱三吊。且每次米每人只卖十斤，面只卖二斤。

虽然价贵，但总不像前日无处可得。仲芳老母年高，非得饮食稍有荤腥，才能滋补身体，就买一点点肉孝敬老人，其余合家日日以白米素菜充饥。仲芳倒也觉得万分幸运，在日记里感慨："值此世乱之时，饮食一如平日，即属托天之福，较之绝粒之家，何啻天堂地狱之别也。"

各国也引入自己熟悉的城市管理办法来运营这座东方千年古城。

美国英国日本等界，在大街遍贴告示，规定章程六条：一曰，无论何物，均准商民贩运进京货卖；二曰，无论何物，不准私运出城；三曰，沿途拉运的骡马车辆，不许阻拦抢夺，保畅行无阻；四曰，商民行路不准携带洋枪军械；五曰，沿路如遇洋人骚扰，土匪打劫，许至就近所设巡捕房告发；六曰，华人与华人如有斗殴词讼，亦准至巡捕房控告。

三国也不再像刚入城那样，街头随意拉人做工。一位留在京城的中下级官员记载："英、美、日本三国近日并不拿人，凡用人驱使，皆系雇觅。日本在安定门集人，每名工钱三吊；英美在天桥集人，每名工钱三角。人民困苦无处谋生，有此机会，人人争先恐后，人浮于事，多有不及入名者。"

德国入京城晚，在他自己划分的管界又乱抢一番之后也着手整顿。在大街出示安民，章程是四条，大略是：一、德界内粮食，禁止出界外贩卖；二、各巷街道令各户修垫平坦，打扫干净；三、无论铺户住户，每日门前于七点钟各悬灯一盏，至十一点钟止；四、各街巷俱不准出大小恭，违者重办。

出恭郑重其事地成为一个问题。

说起来也羞愧，大清首都，其实长期泡在屎尿之中。各家各户的排泄物是由城外的农户清晨进城来收，各家于此时泼倒净桶。男子小解往往就在街头巷尾，甚至大解也是夜晚寻一犄角旮旯解决。街巷胡同并无路灯，走夜路踩一脚屎绝对不是什么稀奇之事。

京城沦陷之后，城外收粪农户先是不敢不能、后是不便入城，于是大街小巷随意泼倒净桶的一日多过一日，天气炎热，臭不可闻。

于是，不许人在街巷出大小恭、泼倒净桶成了各国管制京城的首要问题。美界之内，是在各巷口设茅厕，任人方便，设立除粪公司，专司其事，由各家各户捐钱办理。德国管界无人倡办此事，只是严令禁止，违者甚至枪毙。

留在北京的给事中高枬在日记中记下，一日中午听门外吵闹，出去看，是一人在对着墙根小解。过路者说他："要是洋巡捕看见就不得了了。"小解之人还发怒，出恶声对路人。吵闹之间，左邻右舍都出来，纷纷指责，因为他们"守土有责"，街面不净也会被德人责罚。高枬感叹："夫众人洒扫而清之，一人任便而秽之，已为理所难容，而反忿怒相加者，殆以随地溲便为数百年之正宗，一旦扫除为今日之异学乎。"随地小便已是京城百姓数百年理所当然的举止，一时之间真难改变，可是德国人下手也很重，过了一会儿德国巡逻队持枪走过，小便之人已走。高枬说："若迟一刻则枪之矣。"

看来至少在德国管界随地大小便被逮住是要当场枪毙的。

于是家家都极感受难。男人出恭，要么附近找一间无人的空房，或者跑到在数里之外的野地，又或半夜在路边方便。女眷的排泄物多是在房中存积，无可奈何。时人都说，现如今真是应了那句俗话：活人被溺憋死也。

各国管制的这些措施，议论不一。仲芳讽刺说："英、美、日本初进京师，亦挨家搜掠，俱皆囊满箱盈。今见街市萧条，无可搜索，却欲钓名沽誉，竭力保护。凡在三界内商民，只求目下稍安，莫不同声感颂。日前众民集资与三国之统帅钦差捐送万名牌伞等物，彼族亦以为荣。"

可是，洋人带来的城市生活新规则，虽然严苛，再失去却又会让人感觉不便。

十一月十四日，京城下了一天的大雪，到傍晚才止住。

晚上高枬的朋友九愚、萍三来闲谈，说起一路过来，美国所管地界雪和着泥，没人清扫，因为美界秩序现已交给华人巡捕维持，华巡捕惰怠偷懒，街面大不如前。德界则是由地方绅董轮班，两小时一班，每班一名绅董，带巡丁五人巡街。德人又"诇察其惰，而别派洋兵督之，故不特地净，且少盗"。九愚提起德人打算在德界让住户分地段募捐，每段五千元，一概用于此一地段的卫生、秩序等事项，每家至少捐一毛，至多一元。

可是"今和局成，恐不管矣"。

随带一提，到新任直隶总督袁世凯当了民国大总统的时候，全北京城只剩下五座公共厕所还在使用。

受创至深的北京城有强大的生命力，只要秩序略微恢复，它就开始自愈，几个月后就重新显示活力，尽管略显畸形。

骡马市大街，自虎坊桥直至菜市口以西，每日清晨摆出数千个摊位，卖旧衣服、珠宝、绸缎、古玩。都是上等之物，而售价极低。原值十两银子的物件，在此一二两就可买。不言而喻，多半都是抢劫而得，要么并不知物之贵贱，要么急于出售，以防失主认赃。来买的都是有钱有胆之人，存着以备太平之日，再获数倍之利。

崇文门外花市、东晓市，宣武门外菜市口、骡马市大街、珠市口、皇城内东四牌楼、西单牌楼、后门大街等处，商铺基本全都重新开张。顺治门外一带为德军管辖界，界内新设各店牌号，大都命名为"德兴""德盛""德昌""德永"等带德字的，英美日意各界也都如此类推。市面粗细百货，无不毕集，作买作卖，热闹非常。饭馆戏园，欢呼嘈杂，似觉比往日太平之时更觉繁华。

守本分的正道之人，早被洋人土匪将资财搜尽，每日进项全无，衣食难以周全，哪里还有心肠听戏吃酒。这些个终日开怀畅乐之人，不消说，多半是发了不义之财了。

京城秩序逐渐恢复之后，之前城陷之日弃家逃走的仕宦商民，多有陆续回家的。谈起来，大都深感懊悔。回想起七月二十一二那两日，洋人炮声四城环绕，炮弹子弹到处乱飞，有人传洋人进城要杀尽城中之人以泄愤；又听闻太后皇上和王爷大臣们都遁走了，城中无主，盗匪要大肆抢夺。一会儿听闻某家被焚毁杀人，某家被匪奸掳；一会儿又听闻某处阖门殉难，某处全家自焚。流言四起，难辨真伪。惊恐之下，谁不惜命，更加儿女啼哭，不得已将家产付之度外，拖家带口出逃以保性命。

此时已近初秋，身穿单纱薄裤，雇不到车马，行李既难多拿，也不敢多带银钱，搀老扶幼，徒步而行。幸好当时城门未关，冒险逃出京城。出京之后，全是庄稼地，茫茫无边。那几日又是连天阴雨，道路泥泞，泥水湿衣。此时前无投奔之所，退无复回之理。只得冒死漫无目的地前行，只求远离京城。腹饥无处买食物，沿途偷偷地掰地里的玉米生吃；喝水则沿途水井多无取水的绳和罐，大多只能取水塘积雨之水；天晚无处安身，只能在青苗丛中露宿；时已初秋，早晚凉风透骨，露水湿衣，又得提防劫道土匪，夜里不敢合眼。路过村庄集市，要么空无一人，要么小米一斤标价大钱一吊，可往往有米而无火，也难做饭。终日浮萍，漂泊无定，等到不多的钱财花光，囊中空空，前无所依，后无所附，只得仍回京城，听天由命。

虽路途如此凄惨，却还算是幸运的。

更有不少人家出城不远，就遇上溃散的兵勇或者土匪打劫，或者人命遇害，或者家眷被掳，或者财物被洗劫一空，进退无路，只能仍回京城。回来之后，家中财物日用器皿，要么被看守之人盗卖，或是被洋人、土匪抢劫，甚至门窗都被拆走，无家可归，只能暂投亲朋借宿。受尽万苦千辛，反致倾家败产，依然困于京中。

这一切都如仲芳所忧。

庚子年夏天的这段往事，深深地烙在当时留在这座城市的人的记忆里。这时候的舒庆春还是一岁半的满族小孩，父亲是皇宫侍卫，在联军攻入地安门后的巷战中死于北长街的一家粮店。从他记事起到他母亲去世，母亲就不断地给他"含泪追述"洋鬼子在京城烧杀抢掠的那些可怕故事。1960年，已成为著名作家老舍的他决定写一个剧本，以纪念义和团运动60周年，纪念他那完全没有印象的父亲和他在恐怖故事下度过的童年。剧本名为《神拳》，主角是京城以西某地的贫苦农民高永义。高永义受到当地天主教堂和洋神父的欺压剥削，他的侄女因不堪当地恶霸的欺压而含冤自杀，因而他设坛组织义和团向压迫他和村民们的恶势力复仇。

东南并不平静

北方陷入战乱杀戮之时，因互保条约的保障，东南各省安定如常。定约之后，便是履约，协调中转各省意见，保证协议及协议精神得到贯彻执行。

盛宣怀在他宝源祥的办公地中腾出一间房作为互保办事处。宝源祥在上海外滩，本是上海地产巨商徐润的资产，徐润因为资金链断裂，低价抵给了盛大人。在这一段时期，这间房子只准盛宣怀、何梅生、顾缉庭（时任招商局总办，盛宣怀的得力助手）、杨彝卿（代表刘坤一，后为芜湖道）与赵凤昌（代表张之洞）五人进入，负责接收京津各省电报消息，共筹应对之术。这个小小的参谋部便成为东南互保的枢纽之处。特别是在东南与朝廷失去联系的二十多天里，东南如何自处，这个参谋部发挥了大作用。

七月二十一日，两宫仓促出巡后，半月不知所踪，中枢瘫痪，各地官员手足无措，会党图谋乘乱起事，全国人心惶惶，眼见将有天下大乱之动荡。

没消息不如假消息，赵凤昌于是自作主张，捏造上海收到了中枢的消息，拟了一封电报给张之洞："洋电两宫西幸，有旨饬各督抚力保疆土，援庚申例，令庆邸留京与各国会议云。"这是假说上海电报局收到了洋人发自北京的电报,说两宫已向西而去,走之前已有妥善安排,命各地督抚保境安民,并已留下庆王留京议和,如四十年前英法联军进北京那次留下恭王议和一样。意在湖广得此电文,可向文武官僚、地方士庶宣布,权力已有安排,并且这种事以前也发生过,熟得很,长江一带的官绅百姓不要惊慌。

为防止泄密,他也没有给张另电说明这是他编的。谁知道张之洞一点默契都没有,马上复电问洋电从何来,请立即回复确认。

赵凤昌只好拿着往来电文去和盛宣怀商量,让盛宣怀以他的名义再照发同样的电文给各督抚,以表示确有此电。盛犯了难,咱们联络各省自搞一摊以后,就已经不知道怎么收场了,岂能再假传圣旨?赵向他解说道,咱们说的是洋电这么说,万一实情不同,那是洋人捏造圣旨,我们只不过是"据外电报道",事情紧急,立刻传达而已。各督抚凭此电可以安各省人心。否则现在两宫和中枢大臣们都不见踪迹,督抚失去了权力的合法来源,成为无地位之人,如何再治理安定人民?

"假传圣旨亡国则不可,假传圣旨救国则有何妨?"

权衡万端,盛才同意照发通电。发出之后,赵凤昌立即复张之洞电:"盛亦得洋电,已通电各省。望即宣布,以安地方而免意外。"这一天是七月二十二日,两宫正在北京西北的山谷中奔行,他们对眼下的国家和此后的世界没有任何考虑,只想尽快摆脱想象中的追兵和得到一餐饱食。

此时,掌握了电报线就掌握了变乱之中指挥协调各方力量的钥匙。

中枢逃到西安之后,因北京与西安之间并无电线,整个议和进展，只能通过修复后的北京至大沽的陆上电线接续由大沽至上海的海底电缆，将情况通知盛宣怀，再由盛经由上海至西安的陆上电线传递给中枢。盛宣怀遂成为信息的枢纽，各省的将军、督抚、驻外使节也都是通过盛的电报局以电讯与西安行在保持联系以及彼此保持沟通联系。

八月初五日，赵凤昌又收到了朋友庆宽从北京的来电，日本将领大岛让他赴保定照料庆王回京主持议和。庆宽曾出使日本，获颁日本宝星勋章，在日与大岛相识，因此日方在京城纷乱中找到被抓去做苦力的庆宽，请他与庆王通消息，请庆王放心，日本将保护他在京的安全。赵凤昌这下踏实了，捏造的安排庆王议和的事也成真了。

庆宽除了善画之外，还精于鉴别古瓷，两宫事变回京之后，他奉太后之命，重新收集散落在宫外的古董器物，以装饰空荡荡的宫城。半公半私，瓜田李下之中，庆宽也成为一代藏瓷大家，其家族的明清官窑收藏，竟成之后百年北京最重要的民间瓷器收藏之一。祸兮福兮，谁人可料。

但是，看似波澜不惊的东南水面之下其实并不平静。

很快刘坤一、张之洞等就知道"洋电"不确。在七月二十一日到八月中二十多天的时间里，两宫仍然不知所踪，甚至有传言已遇害。

刘坤一发起了更加"大逆不道"的举措：推李鸿章以伯理玺天德（总统）的名义，主持国政，维持大局，应付外交。提议经在上海的小小参谋部传给信任的督抚，张之洞等回电赞成。此时李鸿章已奉诏北上任直隶总督，逗留沪上，静观时局。刘坤一将公推的想法密告李鸿章，李回答：众人既推我任此事，我也知道他人断然不肯任此挨骂之事，苟利国家，我不敢辞。

如果日内两宫仍无消息，我当勉从众议。不过一旦探知两宫安全的确讯，我将即日奉还大政，以守臣子之节。到八月初九，两宫的谕旨被带回北京，大致两三天后通过大沽的电报局传至上海，此议终止。这件事也是通过宝源祥那间小小的房间往来传递的，进行得极为秘密，行在安全的消息传回后所有资料焚毁。事后只有只言片语传出，不过以刘坤一之能断大事，李鸿章之肯负责任，此事可能未必虚诬。

天下无主期间，这种事所在多有，海外的康梁、孙文等皆跃跃欲试。传自立会成员傅慈祥等八人秘密从日本回国游说刘、张，不如改互保为独立，刘坤一严斥，张之洞未置可否。自立军首领唐才常回国武装起事，其中领袖多人都是张之洞所创办的两湖书院的学生。他们挑在汉口首先发动起事，未必没有和张之洞有所勾连。待两宫下罪己诏，洋人也有意以之作为谈判对手之后，张之洞迅速而准确地捕拿唐等人，并不待细致审判，两日内迅速杀死众人，未必无因。

东南互保起于局势的迅速恶化，仓促成立，也因京城陷落，权力中枢回到屈服议和的路径上而不再有存在的必要，为时甚短，却为安定东南免于兵灾，贡献甚大。

1902年，刘坤一死后，南京建刘忠诚祠堂以纪念。后有江南副主考满人续昌来拜谒刘祠，题一联："因保半壁地，用妥九庙灵，君子欤，君子也；可托六尺孤，并寄百里命，如其仁，如其仁。"下署"头品顶戴、外务部郎中、江南副主考某敬献"。可见满人也以保全光绪为德，以东南之互保为功，心悦诚服。

可是太后于东南互保之事却不无心结。

庚子事变结束后论功，赫德以协助议和之功，盛宣怀以东南互保之功，在同一道圣旨中褒奖加宫保之头衔。但是，向例外臣之事都是单独有旨办理，此次把汉臣盛宣怀和外臣赫德放在同一旨中，并且将汉臣列于外臣之后。

盛宣怀拟《义和团时期在沪出力华洋官绅职名折》，保奏在官人员总计三十人。赵凤昌未列入保单中，原因不明。赵只是在文中说"（盛）与我相见，即谓我，君未获奖，甚歉"，盛似并未解释原因。赵自己回答："我本此想也。"

"国人望李傅相如望岁"

两宫出走的消息大概在一日之内就为在京高阶官员所周知。如前所言,坐以待毙者有之,阖门自尽者有之。

身后留下这烂摊子谁来收拾?

如上所言,联军进了北京城后,划分区域分别占领,陆续成立管理机构,在初期的混乱之后开始恢复秩序,向朝廷显示可以长期驻守不走的意思。联军分兵向山西推进,呈追赶两宫之势。四十年前的庚申之变,咸丰皇帝是做好充分准备后方离开京城的,指定老六奕䜣留京和英法谈判。他媳妇儿这次虽然是"二出宫",却是仓皇之至。之前作为预案指定的留守大臣是崑冈,他是宗室远亲,豫亲王多铎的七世孙,长期在礼部、理藩院等衙门打转,做的是太平官,显然不具备当年恭王的能力、地位与明了"夷务"。

京城文武百官,如变没头苍蝇;黎民百姓,如陷深水热火。谁能与联军议和,恢复秩序?朝野上下不约而同,瞩目78岁的大学士李鸿章。国难当头,沉寂多年的李相重为中外安危所系。

如陈夔龙所言"国人望李傅相如望岁"。

巧的是,去年底外放两广总督的李鸿章此刻正在北上的途中。如冥冥之中早有安排。

事情还得从两个月前说起。

五月十四日,李鸿章电告总署,总税务司赫德告诉他,京城局势危险已极,如果危及使馆,各国一定会联合起来全力反击,中国危亡即在旦夕。赫德请他电奏皇太后,不要误判形势,不要心存侥幸,务将各使馆保护万全。

次日,日本书记官杉山彬就被甘军杀于永定门外,形势进一步恶化。再次日,荣禄即提议速调办交涉老成练达的李鸿章担任直隶总督、北洋大臣。太后接受了这一建议,五月十九日,遂命李"迅速来京"。

李鸿章己亥年南下就任两广总督之职本非为谋官,而在避乱。此时更不想再趟中枢这摊浑水。当各方呼吁李鸿章出山时,他致电盛宣怀私聊,抱怨"国事大乱,政出多门,鄙人何能为力"。所谓"政出多门"指的就是朝中和战剿抚两个阵营的博弈已经使得政策摇摆不定,每天发布的谕旨都自相矛盾,今天打昨天的耳光。

李鸿章在义和拳事起之初就持"先定内乱,再御外辱"的态度,四次御前会议之后,主战派取得政策主导权,驻俄公使杨儒致电李鸿章暗示:"端、刚锐气正盛,难与抗衡。非候其势挫计穷,未易接手。"直白地点明了此时北上无益,和李鸿章给盛宣怀说的意思一致。

六月初四日,刘坤一转达荣禄密电,告以克林德被杀的准确消息,问策李鸿章,并促李北上,"非公重望,威信四夷,不能有济,祈迅赐裁行"。翌日,李鸿章复电:"顷得袁(世凯)支电,兵匪仍力攻使馆。政府悖谬至此,断难挽救,鸿去何益?"并发牢骚:"荣、庆尚不能挽回,鄙人何敢担此危局。"

除了知道"去无益"之外。李鸿章还有一种恐惧，害怕再次面对五年前的噩梦。

甲午辛丑之年的往事历历在目。明知不能打，他还是被年轻气盛的皇帝和不谙外事的师傅翁同龢逼着开战；明知求和要受日人羞辱，受国人诟骂，可是还是得他去谈。由此背天下之骂名，闲居贤良寺，门前冷落。从那时起，李大人内心深处便厌倦背负举国之重，恐惧结城下之盟。

可是当张元济正面劝他不要北上时，他大怒："你们小孩子懂什么！我这条老命还拼得过。"

小孩子这一年33岁，两年前，光绪皇帝下诏变法的第五天就召见了他，要不是李鸿章搭救，翰林院庶吉士张元济本该和其他六个年轻人一起命赴黄泉，六君子就是七君子了。

世人对李鸿章常有误解，以为他是个油滑的老官僚。他曾经回应湖广总督张之洞的一个奏议，说"张香涛书生之见，听他做甚。"张之洞翰林出生，清流派领袖，却出任封疆大吏，本朝罕见，最忌讳人说他不谙实务，纸上谈兵。官场风大，这小话很快传到张耳朵里，大怒，悻悻道："我是书生之见，他就是老谋深算。"

但大清亡了之后，本朝遗老编清史稿，痛定思痛，详审人物，给李鸿章的评价却是："自壮至老，未尝一日言退，尝以曾国藩晚年求退为无益之请。受国大任，死而后已。"

所以，虽千般无奈，李大人还是不忍，选择北上，"当一日和尚撞一日钟，钟不鸣了，和尚亦死了"。

六月二十日他动身离粤北上。南海县令裴景福前去送行，二人面谈甚久。裴字伯谦，安徽霍邱县人，光绪十二年进士，以安徽同乡之故见重于李鸿章。他详细记下了这次谈话。

此时正是广州最热之时，李相（大学士可称相）着蓝绸短衫，脚蹬鲁风履，倚坐在一具小藤榻上。裴坐定后，李相勉励他道："广州斗大城中，事有缓急，可恃仗者能有几人啊。取信于民，此时正可有所作为，若论为地方弭患，一省之督抚其实不如地方州县官能有实效。我们自己能遏内乱，何至召外侮？你要努力啊。"

此前广州沙面的洋商，担心北方的动乱要延及此地，也担心南方的革命党乘乱又起，陆续相率赴香港避乱。李相加派一营兵勇保护沙面，并命裴及广州协统前往会晤各国驻广州领事，告以李某人力任保护之责。于是赴香港者三三两两返回省城。现今李相入京的消息又使地方不安。裴因而进言："内乱为外侮之媒介。东南之安危，视乎上海；上海之安危，视乎香港；香港之安危，视乎广州；广州之安危，则视乎沙面。各国领事洋商，聚集于此，而匪人日日谋划暴动，思以沙面为发难之基，如沙面不保，香港必受牵动，东南大局，不可问矣。我既为地方官，自当与此地共存亡。公过港时，请将此意告知港督，同心协力，以御东南危局。"

李相答说："我虽离开粤地，然粤督之任，尚未开缺（此时只是传旨让李北上，并未有正式通知授新职），若有大事，仍当与静山一力主持。"静山为时任广东巡抚德寿。

裴回说："有传闻说公已调补直隶总督，各国领事今晨得此电，都额手相庆。"

李相沉默了一会儿，以手拈髯，颇有一丝得意，自言自语道："当今之世，舍我其谁。"再抬眼看着裴说："百足之虫，死而不僵，京师虽作此大难，根本动摇，然慰亭（袁世凯）镇抚山东，香涛（张之洞）岘庄（刘坤一）皆有定识，必能联络保全，不至一蹶不振。以各国在华之兵力而论，京师危急之时本当在八、九月之交。但今聂功亭（聂士成）已阵亡，马、宋军零落，牵制必不得力。日本调兵最速，英人助之，恐七八月已不保矣。"语至此，潸然泪下，又复自言："内乱如何得止？"

京城陷落在七月二十一日，李相料事如神。

裴怕天热李相说话多疲倦，将辞出，李相挽留曰：潮水尚未至，不能开船，且勿忙。命以荷兰汽水待客，自饮牛奶。

裴问："万一都城不守，公入京当如何办法？"

李答曰："各国必有三大问题，剿拳匪以示威，惩罪魁以泄忿，先以此二者要挟我，而后注重兵费赔偿款，此势所必至也。兵费赔款之数目多寡，此时尚不能预料，惟有极力蹉磨，展缓年份，尚不知作得到否？我已垂老，尚能活几年？总之，当一日和尚撞一日钟，钟不鸣了，和尚亦死了。"言语之间涕下湿衣。

裴辞出之时，李相命人取自己照片为赠，送至舱口，执裴之手再三叮嘱："地方要紧。"裴唯唯登岸，安平号轮船起碇北去。

临别赠送自己照片似有深意，这是裴景福最后一次见到李相。

二十五日船到上海。第二天，李鸿章就收到了其子李经述的电报："天津十八日五刻失守，裕逃不见，溃勇拳匪沿途抢劫，难民如蚁……伏望留身卫国。万勿冒险北上。"裕即是现任直隶总督裕禄，正在指挥天津作战。李相此行北上，即是接他的位置。

紧随家书劝止的是电旨催进，其中颇有怨语，责李不可坐视大局艰危于不顾，严催无论水陆，即刻起程北上。

于是二十九日李鸿章向军机处、总署告病请假。言辞也不无情绪："惟念前在北洋二十余年,经营诸务,粗有就绪,今一旦败坏扫地尽矣。奉命于危难之中,深惧无可措手,万难再膺巨任。"这是还在倒甲午年的旧账。除了有情绪外,此时确实也无船可以抵达天津战区,本来是商量借俄国兵舰保护北上,可现在俄国在奉天、黑龙江也与大清关系紧张了,"俄船必不肯借。"而且他还将了军机处一军:"罗丰禄(驻英公使)电称,英外部请俟各使护送到津,再北上与之会议,未知都中能派队伍送各使赴津否。"

和敌国开仗,让敌国军舰保护我北上;把人家公使围起来打,让我去议和。国家外交哪有这一出?

于是,李鸿章以身体不适"连日盛暑驱驰,感冒腹泻,衰年孱驱,眠食俱废。"为由,暂留沪上。

抱怨归抱怨,在上海,交涉经验丰富的李鸿章也开始了议和的前期准备。可是,除俄国外,各国纷纷抵制他,以李鸿章身份不明拒绝和他谈判。其中以英、德两国最为强烈。在李到达上海之前,英国控制的舆论和上海英人协会就反对接待他。李鸿章抵沪后,英国领事拆下英租界内华人布置的欢迎他的彩坊,各国领事相约不去拜访他。

七月初一日,刘坤一、张之洞、袁世凯等督抚将军31人联名上奏,请对李鸿章授以全权议和大臣。

朝廷没有回应。太后还在和战之间摇摆,并无和的决心。一个证据就是七月初三日,杀主和派许景澄、袁昶。此举令李鸿章寒心,心生退意,初十日电咨军机处王大臣,再请代奏太后赏病假二十日。这病不是身病,是心病,他给驻俄公使杨儒的私信里说:"鸿感冒请假二十日,缘许、袁逮治,令人寒心。"

等到七月十四日,突然有诏:李鸿章授为全权大臣。真实原因是前一日李秉衡在杨村大败，太后对战争的幻想至此真正破灭。同一天，还任命大学士崑冈为留京办事大臣，已经有了离京的打算。庚子年对太后而言是奇特的一年，这一年她莫名其妙地失去了长远的战略眼光，大多数决策全都是根据当下情势变化临时做出的，表现出来就是各种决定如同抽风，今是而昨非，让臣下无所适从。

即使是在李鸿章的全权代表身份明确之后，英德等仍拒绝和他谈判。

各国的理由是现在中央政府权力已被端王刚毅等主战派掌握，因此李鸿章的全权资格乃是对各国具有敌意的政府所派，在此政府未改组前，其任命的官员不具有可谈判的价值。七月二十日东交民巷刚刚解围，使馆对外通信刚恢复，美公使康格就表示："不要信任李鸿章。他是残忍的慈禧太后的一个寡廉鲜耻的工具。"

其实，资格只是困难的一个方面，甚至并非关键。关键在于李的屁股坐在哪一边。

李鸿章为英、德、日等国所厌恶，是因为他被认为朝中的亲俄派。甲午战后，他曾经运动俄国牵头，法德站台，三国干涉日本归还辽东半岛，被日本认为奇耻大辱，衔恨在心。之后又是李鸿章出面与俄国签订了中俄密约。

流言之广，甚至戊戌年帝后的矛盾都被传为背后有俄国与日本博弈的影子。因为太后受李鸿章影响亲近俄国，而皇帝羡慕明治维新之成功而亲近日本。

虽然迹近僵局，但李相几十年的洋务不是白干的，停留上海五十二天的时间里，在上海这样华洋杂处之地，又电报畅通，李鸿章发动各种力量，多方缝合，各个击破。

其中往来细节毋庸赘述，引当时法国殖民部长所著一文中总结："鸿章之分化联盟政策已著成效，中国驻外使节在鸿章之指导下，破费活动。对俄秘密交涉；对美、法请求调解；对德道歉；对日动以种族感情相召；对英以长江商业利益之保护为词。"

各国默默地接受了李鸿章这个谈判对手。

七月二十六日，西行途中的太后以皇上的名义下罪己诏，彻底宣布自己错了，"罪在朕躬"。接下来，议和收拾残局就成了最关紧要的事务，节奏在加快，不再摇摆。

两日之后，朝廷准李鸿章便宜行事，不为遥制。意思就是：你该怎么谈就怎么谈，不必事事请示。

李大人虽愿为国尽心，也深知朝堂游戏规则，他一个汉人大臣独自担不起这个责。当年在日本马关，他就是独自一人去谈判签字，天下都认为台湾是他丢的，银子是他赔的，国是他卖的。这次得吸取教训了。

他立即上奏，请求"敕令庆亲王奕劻、大学士荣禄星夜回京会议"，并提议命张之洞、刘坤一共同担任议和大臣之职。一个是主管总理各国事务衙门的亲王，一个是实际上的首席军机大臣，且二人立场与自己相近，由他们回京主持合议，自己老迈之躯提供咨询，再好不过。两位地方督抚参与国家层面的议和则是少有先例，足见平定太平天国以来，地方坐大，中枢渐弱。

这些是李鸿章落实北上的最后条件，太后已经没有任何讨价还价的资本了。

清官刚毅之死

大学士刚毅在西行路上死了。

北京陷落之前，随着前线每一则失利的消息传回来，刚相的情绪都要低落一些。最后载澜要批他的嘴，礼王当面讥讽他，真有里外不是人之痛。逃出北京之日，就是他救国救民的理想破灭之时。心病逐渐引发身疾，从太原起程之日，他就病体缠绵，左副都御史何乃莹怕他沿途无人照料，因而与他相约同行。八月十九日（10月12日）两人行抵山西侯马镇，刚毅病势加剧，在当地延医调治，本已有起色，不料二十四日寅刻突然恶化，痰涌上喉，气喘不畅。他知道大限将至，口授遗折，嘱何乃莹代递。并将幼子玉麟托付给何，请他带至行在。

巳时，刚毅归天。

仓促之间，找不到适合朝廷二品大员身份的棺木，只能借当地人为自己准备的寿材入殓。刚毅本是个清官，走得又急，囊中无钱，全靠太后赐给三百两银子，方才得以办完葬礼。

以后何乃莹谈及刚毅，每每泪下："中堂身后异常萧条，几无以殓，操守廉洁，古今罕有，不假以年，岂非天哉！"

但是刚毅病逝的消息传回北京时，却没有得到哀悼。九月初三日，高枏在日记中记："刚伏冥诛，内外城称快，尤以未得显戮为恨。"

刚毅虽是旗人,却非出身亲贵之家。他在咸丰九年(1859)入仕,走的是旗人特有的翻译科生员的路子,就是在满语汉文之间翻译文书。他做过圆明园教习、实录馆翻译官、户科笔帖式。笔帖式是满语巴克什的转译,原意为有学问的人,本朝未入关以前,文化极低,能抄抄写写的就是有学问的人了,因此抄写员称为巴克什。实际就是后来衙门里的文书。

道光咸丰以后,六部里的满人官员因为太容易得个官了,往往吊儿郎当,不用心办事,部务实际掌控于汉官之手。特别是笔帖式出身的满员,处理文书往往文笔不通,错漏百出,最后,虽然身份也是官,却往往被堂官当作是胥吏衙役看待,派些粗活儿杂活儿给他们,甚至都不屑于整顿。

刚毅不是这样的笔帖式。

他极为努力。特别是在同治七年(1868)以额外主事签分刑部行走后,从翻译科出身转为专业性、技术性极强的刑部官员,他勤读大清律例,用心综核审理案件,很快脱颖而出,成为秋审处的总办。秋审相当于今天的死刑复核,是对死刑最终的裁决程序,秋审官一出一如,即是人一生一死,因此秋审处是刑部最重要的机构,只有谙熟大清律例并细致清明之人才能进入。

杨乃武与小白菜案即是刚毅在秋审处主审时发现漏洞,为之平反。

清朝开国已近二百余年,早已宦途壅滞,阶层固化。除非亲贵大臣之家,或者鲤鱼跃龙门高中进士,否则寒门子弟难有出头之日。刚毅以满人清寒子弟,能凭个人努力崭露头角,与刑部的特殊性有密切关系。

清朝对法律体系极为自信，常称"我朝深仁厚泽，固属美不胜书，然大要则有两事：一曰赋敛轻，一曰刑狱平"。对刑部官员的技术性要求极高，以精通律例，善于写文理俱佳的判决书为派官之标准。亲贵高官之后固然无法光凭出身做此官，那些只靠文章写得好得中进士的文人也干不了这样的活儿。

其中法律素养最高的就是秋审处官员，他们常能得皇上赏识，"出为监司，数年回翔疆圻，入掌邦宪，以终其身"。也就是在刑部干好了，下一步就是外放地方为封疆大吏，然后再回中央入中枢、军机，其仕途之通畅为六部之冠。刚毅的宦途如此，赵舒翘亦如此。

刚毅从刑部外放之后，先为广东潮惠嘉道道台，后为江西、直隶按察使，转广东、云南布政使，巡抚山西、江苏、广东。既有司法专业经验，又有地方实际政务历练，十四年间，升迁极速。

刚毅在外任也颇有政声。巡抚江苏时，革除各级衙门在收受百姓呈状时要收取规费的陋规；在广州讲求捕盗之法，改善治安。他从山西离任时，绅民为其立"德政碑"，留存至今。

刚毅的表现，逐渐受满人上层所关注。清流领袖、宗室宝廷上奏请整顿八旗人才一疏中言："近来满司员中半皆备员，公事但恃汉员与书吏主持。不习例故也。闻直隶按察使刚毅在部时专心习例，从学甚多。及官外任，甚有政声，则习例之效也。"潜台词即是，咱们满人混蛋多，政务都被汉人把持了，好不容易出一个能干的满人刚毅，咱们要珍惜啊，要捧他上位啊。刚毅之进入中枢，也有这班清流之力，清流要捧的人，能不能干是第二位，操守第一，所以刚毅操守是很好的。

甲午（1894）之初，刚毅极力主战，大为皇帝师傅翁同龢所赏识。这一年征召入京,以礼部侍郎入军机学习行走,时年五十七岁。

业务精,操守好,但是刚毅性格不好。他刚愎自大,目中无人。连赏识他的翁同龢后来提到他都说"清廉明决,特沾沾自喜耳"。一日军机章京高树值班,听见大臣直房传出大声争论。问小舒拉是何人吵闹,回说:"赵大人(赵舒翘)与王中堂(王文韶)抬杠呢。"只听赵怒吼如雷,王声音细如女子。高树问:"刚相不调停耶?"舒拉说:"刚中堂笑于旁,若甚快意。"赵舒翘是因刚毅援引而入军机的新人,依仗刚毅之势就能呵斥资深老人王文韶。

且刚毅为人,满汉中西之见甚深,向不隐瞒。

他出任封疆大吏时,属下见他的座旁悬有六字真言:"汉人强,满洲亡。"戊戌年行新政,刚毅认为这是皇上为汉人读书人迷惑,而败坏祖宗基业。他协助太后,诛戮康梁新党,不遗余力。张之洞曾发六百字电文给王文韶,请援救自己的门生杨锐,刚毅不许,而王不敢力争。

因为并非进士正途出身,刚毅颇为敌视读书人。他与满族亲贵大臣纵谈时事,常说汉人固无一不是坏种,即使是旗人中好读书的,也不可靠,今日为政,需取姓名之外识字无多之人,才是干才。

有人说读书本于孔子,未必皆坏吧。

原户部满笔帖式刚毅厉声曰:"孔子在当日岂是一好东西?"

光绪二十五年(1899),太后命刚毅至江南清查关税、厘金、盐课及轮船电报局事宜,意在罗掘财源,以解政府日益拮据的财政困难。但何以派刚毅而非他人,何以至江南而非它处,则各有缘由。

第一个原因是有人举报两江总督刘坤一。

这一年三月三十日，山东巡抚毓贤专折弹劾刘坤一，兼及所用候补道八人，奏折名为《参刘坤一庸懦昏愦甄法殃民由》，并有附片《江南厘金半归中饱请饬查由》。前者是指责刘的能力与为官品格，难以坐实，朝廷未作批复。后者是经济问题，有没有是实在可查的，于是朱批："另有旨"。当天朝廷就下发谕旨给刘坤一："有人奏江南厘金半归中饱等语，厘金一项必须经理得人，认真查核，若如所奏局员钻营请托，安望起色。着刘坤一破除情面，将通省厘金彻底清查。"

刘为湘军宿将，在南方根基深厚，收拾他不像收拾陈宝箴一介文人那么容易。现在，有人实名举报他的经济问题，那或许是个机会。而且，朝廷确实需要江南更多的税金、厘金、官办企业利润来支持。

一石二鸟。

刚毅江南之行，掘地三尺，广寻财源，罗织殆尽，除此之外，还百般刁难，绅商士人怨声载道。至上海，地方官员绅商晋谒之时，刚毅说："我最不解近人何以喜开学堂，学堂中所造就之人材稍知数西事，识数西字，便思作汉奸。而奸商又最喜接济学堂，实我所深恨。"这是把江南的文化人与商人一并骂了。

到了南京，传见高等学堂总办蒯理卿，言语带刺："此等学堂原为造就人才起见，只恐将来造成一帮汉奸，于国家何益。"提到汉奸那就是大是大非的原则问题了，蒯理卿也是耿直之人，生怼了回去："天下事若办的不好，都有流弊，不独学堂一事如此。即使中堂现在办的团练，若是办不得法，将见江南一带徒添数万土匪，于国家又有何益？"

刚毅大怒，拂袖而去，力压刘坤一裁撤江南高等学堂。

对刚毅之来，刘也是满腹牢骚，在给友人的信中抱怨："弟久处财赋之区，无能综核，致派重臣会商办理，溺职之咎，更何容辞。所有一切事宜，多系刚相主政，弟奉令承教，以告无罪而已。"

第二个原因则是刚毅与荣禄的矛盾激化，这已成公开的秘密。《中外日报》说："又闻刚中堂出京，实因有人与之不洽。朝廷恐两贤相厄或误大局，故令刚出京，俾之独当一面。"

这个"有人"就是荣禄。

自戊戌以后，刚毅与荣禄同为军机大臣，荣禄为大学士，称为正揆，刚毅为协办大学士，只能称协揆。定制，满汉大学士各二人，有人出缺方能补。当时满人为荣禄、崐冈，汉人为徐桐、李鸿章。一日荣、刚二人在军机值房午餐小酌，刚毅拉长着脸，酒杯放到桌子上时呲呲有声。荣问何事。刚毅直性子，又喝了点酒，说："公与崐晓峰（崐冈）各占一正揆缺，我何时补正揆。想及此，是以怏怏。荣笑曰："何不用毒药，将我与晓峰毒毙？"

史载，"二公从此水火"。

己亥年，废立之事为荣禄所阻，徐桐、刚毅、载漪知道太后对洋人多有忌惮，不先打击洋人，不能提振太后之气，大阿哥终难以继位。义和拳起于山东，不数月而成燎原之势。徐、端、刚用力实多，意在借此一举实现推倒荣禄，拥立新君，驱逐洋人之壮举。

其结果，燎原之火烧及自身，酿成此大祸，身死而国破。

刚毅不是贪官，他为官清廉，为政勤勉。刚毅也不是奸臣，他是真心认为光绪皇帝已经成为二鬼子，要把大清天下带上邪路。他与荣禄的争权夺利也是官场之常态，政见不和，那就彼此倾轧。

赵舒翘则像是刚毅的影子。他家境贫寒，由青年守节的婶母抚养长大，中进士签分到刑部，时人评价："京曹本清苦，刑部事尤繁重，俸人又最廉。赵聪强绝人，耐艰苦，恒布衣蔬食，徒步入署，为常人所不能堪。"他在刑部著述丰富，成为法律专家，与薛允升等出身陕西关中平民子弟的法学家共称为"陕派"。

启秀也是刑部司官出身，以孝道称于世。徐桐称他"学正才长，力持纲纪"。李秉衡被誉为"北直廉吏第一"。毓贤"嫉恶甚严，果于杀戮。捕务是其所长"。

他们都是正人。是好司法官，好治安官。他们在安静之世都是优异的高级"文法吏"。但在同光大变局下，他们"一不晓洋务，二不知兵，三不看京报"。却突破了技术官僚的天花板跻身军机处、总理事务衙门参决大政，思维上的缺陷就此被放大。

刘鹗在小说《老残游记》里感叹："中国事皆误于此等正人！""无才的要做官很不要紧，正坏在有才的要做官。只为过于要做官，且急于要做大官，所以伤天害理到这样。"

第四部　残局

议和班底

议和一事不只是李鸿章想到庆王,洋人也指名他出面。奕劻是皇室宗亲,身份显贵,主持总理衙门事务多年,虽无多大建树,却也平和慎重,颇获各国好感。

城破第二日,一些大臣就自发寻找与洋人接洽的途径。总理衙门总办舒文等人想到,此时能在华洋中西之间联络往还,帮助尽快建立能被占领军认可的留守政府之最优人选,莫过于已在中国服务了45年的总税务司赫德了。赫德为人谦恭,个子矮小,不会像他高大的同胞那样给中国人压迫感。恭亲王第一次见到他就对他有亲切感,一贯很矜持注重礼节的恭王甚至摸着他的西服面料,请他介绍西服的设计功能。虽然赫德在使馆被围攻期间也受了重伤,但是他们还是相信,或者只能相信赫德会帮助他们,帮助大清。

于是他们联合起草了一封信,派人四处打探赫德所在。信中称"阁下久任中国,素受皇太后、皇上恩礼优加,观此情形,定思挽救,俾使宗社转危为安,京城生灵不致同归于尽。缘与执事同事多年,用敢告援,以冀挽此大劫。至各国主见若何,和局应如何酌议,均望大力维持。"

赫德没有辜负他们的期望。接信之后积极探询各国意见所在。只隔了一天,在七月二十四日就回信:"各国并无害国伤民之主见,如有大臣出头商办,定可转危为安,惟应愈速愈妙,迟则不堪设想矣。"

得此定心丸,在京部分官员彼此联络,积极行动起来自救救国,一切安排紧锣密鼓地次第展开来。

七月二十六日,一些留京大臣到舒文宅会商。到场的有军机大臣崑冈、尚书敬信、崇受之、裕德、侍郎阿克丹、溥小峰,总署大臣那桐共七位满大臣,大家议定,选崑冈、裕德、阿克丹明日申正前去与赫德当面会晤。

第二天的会晤中,赫德的意见是,必须庆王急速回京,与各国早日商议和局大事。倘若迟迟不来,恐大内一切不堪设想。庆王在总署办事多年,谨慎和平,为各国所钦佩,是以各国都愿意与庆王爷商议。至于李中堂,"来与不来均可"。

从赫德处摸到一点门道的第二天,七位满大臣再聚于舒文处,共同起草了一份奏折,介绍了京师的现状,与赫德会面的信息,并引赫德之言,奏请简派奕劻回京主持议和。

七月二十九日,这份奏折派得力之人冒险带出城。此时大家并不知行在的准确行踪,只能是向西北方向寻找。

八月初二日,带信之人在怀安找到了行在,递上奏折。逃亡之中的太后皇上诸大臣第一次得到京城的消息,悲欣交集。对于赫德指出的一线生路,太后并不敢怠慢,第二天就迅速做出回应,发布上谕"著奕劻即日驰回京城,便宜行事",并任命崑冈等八人为留京办事大臣。

奕劻随两宫行至怀来时,称病,就地修养,没有随驾继续西行。据说端王本想在此杀死奕劻,经溥伦力劝方止。

奕劻根本不想碰这个烫手山芋。义和拳事起以来,他全程亲见事态演化，自身岌岌可危。他太了解太后心中真正的怨与怕了，所以接旨后极力表白自己只"愿从太后皇上行耳"，并不想回京。他最后是被逼着去的，上谕让他"自必力任其难，无所畏避"。已可见其大概。

谕旨送往怀来给奕劻的同时，"太后遣人至怀来，取其子为质"。

谕旨于八月初九日被带回京师，至此京师也首次得到行在的确切消息。两宫安好，中枢仍在。行在与京师之间至此建立了稳定的通讯渠道。行在遥控京师，也通过京师遥控天下，大清的官员们也不再是无主之臣。

崩塌的政治秩序以畸形的方式重建。

第二天，军机处寄给自己的洋雇员总税务司赫德上谕：

> 军机大臣字寄头品顶戴、总税务司赫，光绪二十六年八月初三日奉上谕：本日据崑冈等奏报京城会晤情形，知该总税司目击时艰，力维大局。数十年借材异地，至此具见悃忱。朕心实深嘉慰。现已派庆亲王即日回京，会同该总税务司与各国妥商一切。又寄全权大臣李鸿章谕旨一道，即由该税司向各国商借轮船，派员将谕旨赍送上海，俾李鸿章得以迅速来京，会同庆亲王商办事宜。该总税司并将此事详细缘由加函告知李鸿章可也。将此谕令知之。钦此。

上谕的核心意思是，赶紧帮我转告李鸿章，他要的庆王给他派北京了，赶紧来吧。

得知奕劻已受命回京，大局有人主持。李鸿章也上奏准备启程赴京。"现闻庆亲王已遵旨回京，臣即于八月二十一日借乘俄舰由上海道赴津。如前途洋兵无阻,即行进京与庆亲王会商一切。"

八月初十日(9月3日),谕旨抵达北京的第二天,奕劻也自贯市起程,入德胜门返京。

奕劻回京甚至引起了各国的争抢。英国公使窦纳乐告知日本临时派遣军司令官福岛安正少将:"俄国拉拢亲俄派的联芳,正设法将庆亲王请到俄军占领的万寿山,在俄军的护卫下自阜成门入城,欲将亲王置于自己的掌控之中。"两人商议之后决定:"说服清朝官员让庆王不要接受俄军的保护。一旦庆王为俄军所诱,在俄军的护卫下入城,日军就将不惜蛮干,派骑兵半路强行将亲王接到位于日军占领区内的庆王府。英军骑兵届时在西直门内集合,与日军一起行动。"最后奕劻全程由英、日军队保护。

八月二十二日,李鸿章乘招商公司轮船安平号北上,俄国军舰护航。在天津停留一段时间之后,闰八月十七日由俄国军队保护入京,时人称"英日侧目"。

最后一个关键人物是军机大臣荣禄。他参与议和的历程一波三折。

当七月二十三日两宫抵达怀来之时,不知荣禄的下落,发出上谕令荣禄与徐桐、崇绮均留京办事,"所有军务地方情形,随时奏报以慰廑系。其余应行随扈各员,速赴行在"。此时,荣禄也并不知道两宫的确切行踪,和崇绮逃出城后,他们遇上了董福祥,三人商议,董福祥率兵寻找两宫以护卫,荣禄与崇绮先往直隶总督府所在地保定,收集散兵,整顿队伍,等候旨意。

荣禄并不负地方责任,此时不随董福祥寻找两宫,而是跑到保定,其用心大可玩味。

二十五日，两宫仍在怀来修整，发上谕给荣禄、徐桐等，找补之前英国公使窦乐纳曾经回复约十九日往谈之约，虽然自己没去，但是"现在局势大坏，只此一线可以援为向议之据"。着荣禄、徐桐、崇绮迅速设法重新接上这个话头议和。

因此，最早与洋人开议的责任是交给荣禄等原班中枢大臣的。

但此时华北秩序已打乱，消息隔绝。十天之后，八月初四日，荣禄才奉到上谕。两天前，徐桐、崇绮已在绝望屈辱中自缢身亡。

太后确定由李鸿章为全权大臣之后，根据李的要求，派荣禄为议和大臣。当时，荣禄已从保定到山西固关，打算迅速回到太后身边，"免夜长梦多"，实无意回京。

其实李鸿章之所以要求派荣禄议和，除了为自己分担一些责任外，实是也有为他解脱之意。

当初围攻使馆西面和北面的是荣禄统辖下的董福祥甘军，甘军进京后明确是归荣禄节制。攻打东面的则是荣禄直接指挥的武卫中军。

中间的那些折冲樽俎，中国政治智慧里的阴阳表里，洋人搞不懂，也没有充足的情报。

"夷人诛首祸，禄名在约中，乃求解于鸿章。"

通过参与议和，展现朝廷和平开明的一面，与各国公使消除误会，建立信任。这就是李鸿章为荣禄开脱之计。

五年前，李鸿章从日本签订《马关条约》归国，失势居于京城贤良寺中，青灯孤影，无人问津。荣禄新用事，统帅五军，权倾天下。光鲜之下多有隐忧。一日荣禄车骑煊赫，前来贤良寺问计于故相李大人。"太后与皇上有嫌隙，臣下处于两宫之间,万一有变,我恐怕死无葬身之处。"言毕泪下。

李鸿章笑笑:"你有什么可担心的,太后对你圣眷正浓。"

"太后春秋已高,今日信之所集,正为他日祸之所集。太后百岁后,我岂不为他人鱼肉?"

交浅而言深,新起之秀荣禄对前辈坦诚相待,李鸿章不得不郑重以对。

李鸿章熟思良久,为荣禄熟筹一策。荣禄大喜,二人由此结下深谊。去年冬天,李鸿章启程总督两广,荣禄为之饯行,痛饮酒,荣禄解下身上貂裘送李,出门而别。

但是,荣禄并不想以这种办法洗脱罪名,他认为,当下最重要的是在太后身边,与端王集团角力,影响太后的决策。他懂太后,虽然太后已全心求和,但这只是不得已而为之,随时会受人影响而变化。

他想到"里边"参与枢垣决策,而此时掌控中枢的端王等人也意识到荣禄有意回到行在,于是特意在上谕内加重语气:"大局所关,安危系之,存亡亦系之。该大学士为国重臣,受恩最深,当不忍一意藉词诿卸也。"彻底把门关死,你再说什么想到行在的理由都属于"藉词诿卸"。十六日,荣禄于铡石驿接到谕旨,不得不调头返回保定。

但是,荣禄参与议和,"夷人拒不纳"。

列强对荣禄所辖武卫中军进攻使馆之事不能释怀。据叶昌炽日记称:"闻日人以荣相不能死,不能守,又不能扈跸以从,焚其邸第。"日本人不但以敌国重臣的战争罪责来对待他,还掺以东方的"忠臣"标准来蔑视他,把他宅子给烧了,如此侮辱,如何能商谈和平?

英国公使窦纳乐对于清廷提出的全权大臣名单表示:"除了

荣禄之外——他的部队中有好几名在围困期间被我们杀死在我们对面的工事上——我认为没有理由反对所提名的全权代表",并建议由闽浙总督许应骙代替,因闽浙是英国的势力范围。其他列强对荣禄也予以拒绝。

返回保定后的荣禄,进退两难。

此时,新的问题浮出水面。八月初七日,两宫行至大同,在此留三日,任命载漪为军机大臣,载澜为御前大臣。这项人事变动说明太后心思已经开始反复,一方面安排人议和,一方面把主战派引入核心决策层,日子刚刚好一些,太后又开始玩两面平衡这一套了。

内廷无有力的主和派主持,由这些人整日环绕太后身边,议和不可能进行得下去。

荣禄这一段时间和李鸿章、刘坤一、张之洞电报不断,在他的说服下,众人对"内廷无人主持"这一危机达成共识。李鸿章认为,荣相"所虑极为周密,内廷无人主持,必多掣肘"。

于是,大家又开始想办法把荣禄送回行在。

闰八月初九日,李鸿章以列国拒绝承认荣禄为由,奏请召回荣禄:"各使以围馆有甘军、武卫中军,系荣禄所部,不肯接待保护,恐有险,可否特召回行在当差?"刘坤一、张之洞、盛宣怀等人也纷纷向中枢表达同样的意思,希望将荣禄召回,他们在这个时候的发言权已经重到不能忽视的地步。

闰八月十四日,荣禄自己奏请仍回行在:"反复思维,再证以李鸿章之言,既不能久居保定,又不能前往津、京,惟有趋谒行在,叩觐天颜,稍申犬马恋主之忱。"发出后,未等奉旨便先斩后奏,从保定启程西上。

而此前一天,闰八月十三日,接到李鸿章等人奏折的太后已下旨："荣禄前来行在，入值办事。"

在运作荣禄回行在的同时，多种努力也在同时推进，特别是外交团开出的议和条件首要就是要严厉处分相关大臣，这给了主和派以惩办祸首的名义挤掉主战派大臣的大好理由。闰八月初二日，刚当上军机大臣不到一月的载漪已被撤去一切差事，刚毅、赵舒翘"议处"，新引入鹿传霖在军机大臣上行走。原军机大臣只剩王文韶，和事佬不足以为首辅。新军机鹿传霖首次入枢，资历尚浅，难以填补载漪空缺主持中枢。军机处人手严重短缺，荣禄入枢，势在必然。

至此，五名议和大臣变为四人，庆王、李傅相主其事，刘、张二督抚备顾问。

第一次握手

八月十三日，庆王在赫德陪同下拜谒各国使臣。经过鼓楼，路过东公街顺天府衙门，也即京都最高地方政府时，庆王打起帘子向外望，看见大门已然换了牌子，上书"日本大帝国军事警务衙门"，矮小精悍的日兵持枪守卫，是已为日人据有，心中恻然。

两天前，刚到京第二天，庆王即前去拜会赫德，向其请益，对交涉前景有一个大致了解后拜会各国使节。

各国公使对庆王的来见都能正常接待，并按礼节于第二日集体至广化寺庆王暂居之所回拜。独德公使不肯见，放话说："须俟瓦德西统帅来后再议。"似乎交涉是瓦德西做主。而李鸿章行抵天津之后，也曾拜谒瓦德西，瓦德西也是辞谢不见，让人传话却说："吾统兵主战，君主和，职事不同。"

这种态度，自然是准备找茬儿。

德国这次要紧紧揪住克林德被害事，在议和中扮演刺头儿的角色，博取最大利益。谈判中有人唱红脸，有人唱白脸，洋人们对中华文化逐渐有所领悟借鉴了。

闰八月十七日（10月10日）李鸿章在俄国兵的护卫下从天津到达北京。议和真正拉开帷幕。

闰八月二十日（10月13日）庆亲王致函赫德："径启者，李中堂现已到京，本爵拟于本月二十一日三点钟到贤良寺回拜，并有面商要事，务祈阁下届时前往是盼。"

二十一日李鸿章、庆王与赫德三人在贤良寺会商的议题是向各国主动提出中方的和平出价，争取把握议和的主动权。能参与如此重要的议程，可见赫德在中方两大臣心目中的地位。

会商是高效率的。第二天奕劻、李鸿章就向各国公使提出中方的和谈五点建议。

其实在此之前法国已向各国政府提出和谈六项建议，作为同中国谈判的基础。接到中方五点建议的第二天，即闰八月二十三日（10月16日），英德又商订协定四条，作为对华政策的基本原则，其他列强表示大体赞同，并各有修正补充。

双方都要掌握谈判的主动权，设置议题，控制节奏。但最终还是实力说了算。

闰八月二十五日俄公使由天津入京，二十八日德使到京，各国公使皆齐集。当日，英使函请庆王与李赴总理衙门，双方展开第一次会谈。这时的总理衙门已被联军占用，过去庆王在这里和各国公使是谈外交事宜，今天在这里还是这些人，谈的还是外交这些事，不过主人变了客人，客人变了主人。

公使团首先拒绝了中方的五点建议，然后出示各国所拟办法五条：一、惩治庇匪元凶；二、偿还兵费；三、赔被毁之产，恤被害之人；四、国家财富归各国共同掌管；五、总理各国事务衙门，只须遴选明于交涉者综理一切，人数不可太多。

李鸿章大约是马关赔款赔怕了，首先问："兵费约须若干？"

有公使答："约在三十万万左右。"

"中国急切之间何能筹如此之巨！"

英使云:"如由各国掌管中国财赋,此款可筹。"

李惊说:"若如此,则中国无自主之权矣。"

英使看着李鸿章:

"事已如此,中国尚还指望自主乎?"

参与会议的陈夔龙回忆:"使相遂不复与言。"

庆王本是乾隆皇帝第十七子永璘的后裔,和今日皇室已是远亲,本不能封亲王。只因1894年为太后操办六十大寿出力甚多而被册封为亲王。朝中有人说他不过是一内务府总管之才,绝非外交干才。因此会议结束之后,见议和事如此棘手,庆王毫无头绪,忧心如焚,一日日地须发苍白,几乎将至一白如锦。庆王对李鸿章托付:"我公系国家柱石,实为当今不可少之人,凡事均须借重,本爵当拱听指挥耳。"以后历次与各国聚议,一切解释反驳均由李陈词,庆王陪坐在旁,只是偶有数言相助。所幸李鸿章虽已年近八旬,精神依然矍铄,口似悬河,滔滔不竭,凡事皆力争上游,并不稍有屈服。

第一次会议结束后,庆王吩咐人将此次会晤情形,详细拟稿,即日以六百里驰奏行在知道。崑冈插话说,徐桐中堂以身殉国,从容就义,是否应顺便附奏请予恤典。

庆王勃然变色:"徐相已死,可惜太晚了,倘早死数日,何至有徐筱云尚书论斩之事。"徐筱云即徐用仪。接着奕劻给在座诸人讲述此事原委:"(七月)十七日早间,徐尚书诸人已拿交军署。军机入见,传旨片交刑部即行正法。荣相碰头吁恳,谓外边消息甚紧,京师岌岌可危,不宜骈戮大臣,即令有罪,亦须审讯明确。况本日系文宗显皇帝(咸丰帝)忌辰,例应停刑,可否暂交刑部,狱中讯明再办。上不允。而徐侍郎承煜已承命监斩。荣文忠退出殿外,与我相遇,即曰:今日又杀筱云，骇人听闻。此人必须保全，他日议和亦得一臂助，拟与君再行请起，代为乞恩。不过此数日间，吾二人亦犯嫌疑，恐难动听，不如邀同荫轩（徐桐字）、文山（崇绮字）四人请起，力量较大。君在此少候，我立约彼等即来。先商文山，谓：与筱云虽无深交，亦无意见，可以同往。迨约荫轩，渠冷笑，谓文忠曰：君尚欲假作好人，我看此等汉奸举朝皆是，能多杀几个才消吾气。吾子奉命监斩，不能代乞请。文忠废然而返曰：事不谐矣，冥冥之中，负此良友，奈何！奈何！此七月十七日事。筱云诸人之命，实断送于此人之手。"

庆王重点在结尾一句："假使筱云尚在，今日议事多一解事之人，岂不甚善。渠死事遗折，我不能代奏。"庆王说完后，意仍愤愤不能平。

崑冈选的这时机是触到霉头了。

此次会议之后，协商陷入僵局，其中既有中外之间反复讨价还价，更是各国之间的彼此协调与交换。而关键点则是在后者，中方只能争一些边边角角的问题，核心条款主要还是由各国彼此之间的利益分配所决定的。

且问西东

光绪二十六年七月二十六日（1900年8月20日），太后和皇上经过怀来休整两日后，惊魂稍定。此次京城沦陷，政府流亡，惹出如此波澜，需要给天下一个交代。全推给奸臣误国、刁民害朕显然无法取信于人，太后以皇上名义发布上谕。而其中的自责部分只是"自顾藐躬，负罪实甚"。罪责何在，空无所指。是本不应该激起这场事端呢，还是正义的事业败于抵抗不力呢？你往哪个方向理解都可以。

接着笔锋一转，是对百官的指责："然祸乱之萌，匪伊朝夕。果使大小臣工有公忠体国之忱，无泄沓偷安之习，何至一旦败坏若此。"事情闹到如此下场，都是日积月累，你们这班官僚苟且偷安所致。

"尔中外文武大小臣工天良俱在，试念平日之受恩遇者何若，其自许忠义者安在？今见国家阽危若此，其将何以为心乎？"你们的良心被狗吃了吗，一个个的平日居高位享厚禄，口口声声地表白忠心，今天国家危险如斯，你们想想自己该做些什么吧。到底做什么呢，是奋发抵抗洋人呢，还是改革自新内政呢，也可以做两种解释。

上谕接着宣布两宫下一步的动向："是以恭奉銮舆，暂行巡幸太原。"

继续一路向西。

从这份上谕来看，当下太后的政治态度仍不明朗。中枢的和战势力仍在胶着中。

8月初至大同，在此留三日，因首席军机大臣礼王世铎未能随驾，命端王载漪为军机大臣，救驾出宫的辅国公载澜为御前大臣。

七月底的上谕泛泛而谈，空无所指；先前几日任命李鸿章与庆王为议和大臣，不为遥制；八月初的这次人事调整将主战派健将，洋人指明的祸首调入中枢。太后的五连鞭打出来，天下舆论对太后意之所在莫衷一是，洋人对太后展现的和谈诚意极为不满。于是联军继续西进追击，并南犯保定，决定不放弃以武力解决问题。

八月十五日，两宫抵达太原，山西巡抚毓贤率领文武官吏出城三十里到黄土寨跪接。进入省城后以巡抚衙门暂作行宫，在此驻跸一月。下一步如何行止，有三项选择：在太原等待谈判结果；回北京议和；继续西进。

庆王回到京城之后，曾奏请两宫在太原驻跸，汇报各国对太后并无恶意，议和不会太长，不久皇太后必可以安全返回北京。

皇上也极想东归，他一直请求留太后在太原安住，独自回京主持议和。朝议有奏请继续西行者，皇上必定蹙额皱眉。太后与各大臣会议庆王所奏，最初似乎也以庆王所言为然。

漫长的一个月的考量后，最后决定出乎意料：继续西行，去西安。

英文报纸报道："西历十月五号，即闰八月十二日，（山西）

侯马来信云：两宫自太原启程后，刻已行抵侯马，扈从各大臣，俱不以西行为然。以吾观之，东归北京，未必无望。吾辈在太原已逾一月，所有手边事件，方稍有头绪，殊不意复有西行之举。吾辈俱大惊愕。"

据说，转折点是在新晋军机鹿传霖。

他突然跪奏庆王之策不善："臣愿以死保国，只是两宫冒险回京，自投于联军罗网，实属非计。如果联军欢迎太后皇上回京，何以将北京城劫掠一空？据闻，此下京城极为不堪，百姓逃散，一座空城而已，已不足以为大清之首都。而且如果联军真愿太后东归，为何最近又攻占保定府？"说完涕泗交流。

鹿传霖奏完，载漪、载勋、董福祥、马玉崑，纷纷附和：鹿传霖所奏为是，两宫应即刻前往西安，陕西有潼关之险，以绝联军之望。如不早起行，恐怕联军将由保定追来太原，不久前大家从京城出走时狼狈之状，恐怕将复见矣。

时人称，移驾西安，扈从各大臣大都不以为然。大约文官不愿西行者十有其九，武官则皆以西行为便。此时护驾的军队为董福祥、马玉崑二军，二人及其部下本为陕甘之人，自然想将在北京所得财物，运归故里。而且两宫到西安后，万一洋兵尾随而至，则端王可在董马诸人护卫下，弃两宫而窜入西北各处，洋兵追无可追。

只是文官鹿传霖本直隶人，竟主张西行，大家都想不清道理。鹿之前任陕西巡抚，在西安广置房产，有人怀疑他是为了让西安成为临时首都，房产升值。但这一猜测显得鹿大人格局太小，不值一信。

但是太后听到"往日狼狈之状，恐将复见"，颇为所动，同时对联军会怎么认定她本人在事变中的责任深有忧虑，因此下决心还是要走到更安全的所在。下谕定于闰八月初八日西行。皇上大不愿意，怒斥载漪、载勋："朕之所以抛弃宗庙，仓猝出走，只不过需侍奉太后，岂怕一死？太后今已至太原，朕已无顾虑，尔等善侍太后，朕当归京师，完成议和，以期大难早平。"

太后坚决不许，并且大发脾气，无人敢谏。皇上要独自回京的想法，触动了太后的底线，这些年，皇上一直牢牢在她的掌控之中，如果离开她回到北京，结果可想而知，一定是在洋人和那些主和的大臣们的拥立下成为实质上，并且也是更名正言顺的最高权威了。自己将会像一个无用的废物般被抛弃在西安，形同流放，这种情形比归政更惨。所以绝对不能在洋人的威胁影响下作出任何决策，绝对不能让皇上脱离自己的掌控，这是太后的底线。

继续西进的消息传出，在外之大臣督抚如奕劻、李鸿章、崑冈、刘坤一、袁世凯，纷纷上奏请回銮，其中有言"陕西古称天府，今非雄都，又与新疆、甘肃为邻，新疆近逼强俄，甘肃尤为回薮，内讧外患，在在可虞。"这是说过去长安雄踞关中，可以为国都，今日早已丧失这样的地位了。而且世界形势已然不同，强邻俄罗斯势力不断渗透到新疆，甘肃近几十年来宗教冲突又不断，西安内患外忧交逼，断不可以立国于此。

又有言："各国曾请退兵回銮，不占土地。正可藉回銮之说，以速其撤兵之议。倘西幸愈远，拂各国之请，阻就款之忧，朝廷徒局偏安，为闭关自宁之计，以偏僻彫敝之秦陇，供万乘百官之粮，久将不给。"这是说各国都呼吁政府回京议和，咱们正好借着回京要求他们从速撤兵。走得越远，和议越难成就，陕西闭塞穷苦，哪里能供应皇室百官，偏安的打算今天是走不通的。

10月11日,赫德致函随扈的军机大臣王文韶,请他促成皇上回京主持议和。他站在洋人的角度为王文韶——实际上是为朝廷分析了利弊。"有较庆亲王回京尤要尤妙之事,即系速请皇上回銮。现在各国皆谓京都既无君主,即中国亦无君主,即如应由各国自定办法等语。此言虽误,然已致有外论。虽各国驻京大臣未闻有此语,然其意见尚秘不能宣,而各国报纸早已浮言竞起,有云将欲瓜分土地者,有云欲在各省督抚中择一首领由各国派员襄助办理者,更有云另在京中择立君主者。虽系报纸所传,然往往浮言竟为日后事局之朕兆。是皇上一日不回銮,百姓既无依赖,国势亦甚可危。计惟有先请皇上回銮,既免多生枝节,更可速定和局。若以西安为中国腹地,距海甚远,可冀平安,深恐四肢渐渐残缺,仍必侵及心腹,是迁都之法,非欲巩固中国,实将分裂中国也。因知中堂于此事不能数谏,敝人系属客官,言之或可无罪,即请于奏对时将此函直陈。若虑西兵大队未退,回京势甚可危,则请看庆亲王、李中堂在京,各国皆优礼相待,此系国家大事,岂似平人寻仇,尽可放怀,无庸过虑。且现阅德皇复电,深盼中国皇帝回京,即各国当亦均以为然也。临颖神驰,无任迫切企望之至。"

信中列举了如果两宫不回北京,联军可以采取的举措,一是直接分割中国,如非洲一般;二是扶立在京的皇室成员为帝,成立傀儡政权;三是辅助汉人督抚建立新的国家。这并非空穴来风,当时已有秘密推立李鸿章为大总统的举动,后和议成立之后,相关材料基本烧毁,只留下几个人的只言片语。

太后皆不听。

赫德说得明白,"此系国家大事,岂似平人寻仇。"可惜此时的太后已然如一寻仇的街妇，失去了政治家的胸怀与判断。

其实早在天津北仓之败时，李鸿章就料到太后有西迁打算，他起草奏章，言今上当安坐，洋兵虽入城，于国际公法，准保不会伤害两宫。倘若车驾出国门一步，则大局糜烂，后患将不可胜言。草毕传阅刘坤一、张之洞、袁世凯，约请联名上书，刘、袁皆许诺。张之洞答曰："公不见徽钦之事耶？吾不忍陷两宫于险也。"李鸿章得张回书，大失所望，奏遂不行。

后来张之洞与客饮酒至醉，私下对客说："我也知道两宫留京不会有五国城之祸，然而太后在京，洋人定会逼使归政，事尚可问耶？"

张之洞真是太后的知心人，洞晓太后心思。两年之后(1903)，他受召入京，太后在颐和园召见，军机章京高树迎候引导，高树听内监说，此次太后与张之洞见面，太后呜咽涕泣，张亦涕泣，对泣已久。太后说，你年纪也大了，路途辛苦，下去休息吧。二人始终未交言。四十年前，太后初垂帘，张之洞殿试的卷子就是她点中的，当年张只是二十六岁的青年，意气风发，今日见到，免冠叩首，已是白发老翁，太后岂能无悲？他俩又各有伤心，不知从何说起，也心有默契，不需言语，唯有对泣而已。

顺便一提，鹿传霖是张之洞的大舅子，他的意见恐怕未必不是代表了张的意思。

到西安

从太原出发行抵潼关,皇帝再次发脾气了,不愿再走,对大臣们说:"哪有什么关中天险,我能往,洋人怎么不能往,即入蜀也无用。太后老了,可以在西安暂避,朕打算独自回京,否则兵祸不解,必将危及太后。"

戊戌之后,皇帝严守"恭谨"二字,朝会向无多语,此次事变以来,往往激愤不能自抑。出京之后,太后心有羞愧,常常对身边的近侍臣说:"吾不意乃为帝笑。"想不到我落到被皇帝嘲笑的地步。因此听见皇上如此说,太后以下都相顾有难色,确实此时无辞可反驳皇上。

第二天清晨,皇上被一阵喧闹声吵醒,整个行在已经收拾行李要西行了。被强拉着上路之后,皇上双目盈泪。某官曾听一内监说,联军炮击京城之时,皇帝就要亲自去使馆议和阻止,被太后制止,皇帝对太后说:"彼军法文明,朕往必无害,且可议矣。"

如果他不是光绪,只是载湉,必是一活泼泼的热血青年。

九月初四未初,抵达西安。入城由长乐门大路,先至陕甘总督督署行宫休息,后移驾陕西巡抚衙署。沿路皆用黄土铺垫。各商铺张灯结彩,西安市民跪于道左,都想看看太后皇帝御容,西安的子民能目睹天颜，那是千年以来所未有啊。

巡抚衙署已在最短的时间内尽力改造，模仿宫廷仪注。院外一切装饰，全用红色，原本东西辕门等字用红漆涂盖。正门上竖立直匾，上写"行宫"二字，日常中门左门皆不开，由右门出入，如京城大清门规矩。入门，有侍卫二百五十人，及一切仪仗。旁边军机处朝房、六部九卿朝房、抚藩臬各员朝房、侍卫处，种种机构名目，只能将就，贴红纸条而已。各部关防多未带出，暂用木质关防，文曰"行在某部关防"。

大清朝廷，就此易地重新开张。

太后首先即传谕旨，着各省官员，原应供北京的粮饷均要即时送到西安。第一是南方的漕粮之米，它从来是经大运河运送到北京，这时西安人少，用不上那么多，路途也更艰远，于是以一半漕米折价成银，一半仍是米，一并运送到西安，百年来在大运河上管办漕运而兴起的安清帮一下业务萎缩，这年也就多数被撤销，只剩得少数船向西安运送漕米。

两宫移驻西安一年多的时间里，西安东门外的大路上，车辆人马每日早晚不绝于道，都是各省的大小官吏进贡的物品。西安的行宫虽狭小，御膳房也全盘照北京皇宫内一样的设置。膳房虽说起来只是一个厨房，可里边分了荤局、素局、菜局、饭局、茶局、酪局、粥局、点心局，每一个局设一个太监专管其事，每局设有厨司十数人不等。为了宫里几个人吃饭喝茶，膳房里就需要一百多人伺候。到了夏天，太后要吃冰镇梅汤，西安天气很热，没有存冰。经当地人介绍，离西安城西南百余里的太白山山洞里有万年不化之冰。因此每日由地方官用大车去太白山拉冰，以备御膳房使用。

太后和皇上的膳食，每晚先由太监呈上菜单一百余种，开始也不过只有鸡鸭鱼肉之类，其后各地督抚的贡奉陆续送到，燕窝、海参都逐渐加入菜单。每日约花费二百馀两。此时后勤供应事宜由岑春煊核定，太后一日与岑闲谈时说："向来在京，一费何止数倍，今日可谓节约矣。"岑耿直回奏："尚可再省。"

太后无言。

其实皇上平日只是喜欢吃黄芽菜，并不多吃荤。太后只是喜欢吃面筋，也不多吃其他东西。皇上经常对御膳房太监说："不必多办菜，一百余种，朕不过食一二品而已。何况天下不安，自当节俭。"可每餐不有一二百种菜肴，办事人如何中饱私囊？

虽然尽量照北京大内的标准侍奉，在西安住下后，太后还是水土不服，常常胃痛，夜里睡不安稳，情绪多变，哭笑无常，时常命几个太监轮流捶背，终夜不休。皇上则反而比在京时更为开朗。

刚安定下来之时，各省有贡品送到内务府，太后都会睹物大哭，赞此督抚有良心，皇上也陪着掉眼泪。对进贡之物，太后也和在京时不一样了，都命太监开单，分赐群臣，毫不吝惜。

荣禄九月二十日到达西安，重入军机。此时端王、赵舒翘已罢退，在西安的军机处中，仍是荣禄主事，王文韶可否因人，鹿传霖则附和荣禄。三位军机大臣上朝等候叫起之时，一太监手捧一圆盘，盘中为三人名牌，上盖黄绫，引三人前进。王资格最老居首，白发苍苍，面目清瘦，行路迟缓。荣次之，须发微白，面部扁平，肤色泛黄，一脚有疾，微跛（严重痛风，关节变形），个子不高。鹿新晋军机，所以在最后。鹿脖子歪斜，面目浮肿，极无精神。据说，召见之时，只有荣禄一人对答，王耳背，君臣对话，一无所知。鹿唯唯而已。

国事艰难，各处纷纷献计献策，前工部主事夏震武上折，力保余虎恩可胜统兵之任，愿以全家性命保其与联军背城一战。折中引用姜子牙、韩信两典故，请皇上设坛拜帅。又称联军若来进逼，可引渭水灌之，使其片甲不返。此计虽未施行，太后赞赏不已。

十月初十日为太后万寿。初六日，大臣与宗室商议为太后祝寿，溥伺厉声说："国是败坏，一至于此，近又闻东陵为联军占据，何以对祖宗，尚欲做生日乎？我当力阻！"

这一年，太后静悄悄地度过了自己66岁生日。

瓦德西与吴克托

行在到西安安定下来了,可北京的议和仍无进展。

九月二十四日,奕劻、李鸿章往晤联军统帅瓦德西,希望能得德国的谅解,促成和局早日开议。

瓦德西是八月二十四日从天津到北京的,大刺刺地将西苑仪鸾殿设为联军司令官邸,住了进去。李鸿章在天津要拜会瓦德西虽碰了钉子,可中国议和全权大臣与联军总司令不会面终是不妥。于是进京后再次与瓦德西约见。瓦德西这次同意会面,但是欲召李鸿章在仪鸾殿殿上相见。李只能辞谢,曰:"君所居太后宫,吾中国大臣,不敢僭入。"

仪鸾殿既是太后召见臣下之处,又是太后居住之所,一长毛大汉入住太后寝宫,或许晚上还睡的是太后的凤床。这是对大清极大的羞辱,虽无力量驱赶,但也不能承认此一事实。所以,不能在仪鸾殿见瓦德西。

何况,李相还得防小人,他有历史教训。

有人劝他事急从权,不妨往见。李相说:"当年我一游圆明园,言官即参我,甚至于交部严议;今我若至仪鸾殿,更授人以口实矣。"于是让那桐前往,瓦德西以其官小,拒而未见。

一日小恭王溥伟见到李鸿章,对他说,我既留京,理当入值，瓦德西住在仪鸾殿，殊觉不便，君请为我呼之出，我得照例入值。李笑着回答，两宫已然西狩，咱们也就不用去大内的办公室上班了，王爷何必多此一举，自寻烦恼。何况联军气焰方盛，我虽奉命议和，实无让他搬出来的权力，王爷您暂时忍忍吧。

亲贵们还是改不了混蛋习气。

经过多方协商，瓦德西终于同意易地相见。事后他将此次会面写成报告呈递德皇：

"我恭奏皇上陛下，本月15日（11月15日，即农历九月二十四日）我曾接见庆亲王及总督李鸿章。李氏首先到此，庆亲王则迟二十分钟始来。两人共在我处，计有一点钟之久。

"从谈话之中，我觉得，该两人均有急望和议开始之意。

"我对他两人，屡次明白宣言：联军决定在直隶过冬，准备现已十分妥帖；至于我之个人，在此尤觉异常安好，此间佳美天气，与我极为相适云云。"

这是向中国施压，联军不着急，已经做好长期占领的准备，什么时候条件达成什么时候撤兵。

"今日我曾前往答拜该两先生。在庆亲王处仅作一番无关紧要之交谈，但彼要求从速开始和平会议之意却曾表示出来。

"我从李氏屡次提及进兵张家口一事之中，可以明白看出，此次进兵之举，颇使他深为忧惧。且由此又足以证明我的进兵该地可谓颇得其道。李氏亦复求我，应用全力以使和平会议从速开始。又李氏自谓近来未接皇室方面新鲜消息。

"毫无疑义，该两位中国使者，因其本国利益之故，甚以为应当从速议和，虽受重大牺牲（指和议条件而言）而不惜。但彼等却又甚虑反对党在皇室方面，获得优势。"

瓦德西的判断是，中方急切希望早日达成协议，为此能够接受重大让步，并且对联军由张家口西进追击行在之举极为在意。

其实列强也希望尽早完成协议，在中国恢复秩序，使商业及其他利益少受影响。就在庆、李会见瓦德西的同日，驻俄公使杨儒也电告李鸿章，俄国权臣维德劝中方早谋了结，否则明春将会出兵截断各省供应陕西的运道，并或另立政府。

这些招数可谓招招致命，中方并无任何筹码可以反制。庆李倍感压力。

说自己觉得在北京过冬很舒服，不着急走的瓦德西在十月二十六日（12月17日）的日记中写道："李鸿章现在称病。假如此事果确，则我将不胜愁闷，因和议之事，又将由此展期故也。但我却怀疑他是故意假病，因我近来颇怀疑他实有心欺弄我们，他只是做出那种非常恭敬而且友谊的样子而已。"

其实李鸿章是真的身体有恙。瓦德西写下这篇日记前两日，十月二十四日之时，李的幕僚于式枚就与友人言："李相前日午餐不进，下午瞌盹。一问之下，则是晚上睡不好。今日到英使馆，坐上椅子，竟坐不稳，由戈什哈扶着才坐上去。"

整个谈判过程中，李鸿章的身体一直在病重和好转之间反复，直到在他生命的终点合上订约的《辛丑条约》文本。

说李鸿章装病的谣言来自俄国人。

瓦德西接着写道："李氏称病之消息，我是得自 Engalitschew （俄国上校）。今日该上校又向我将英国人的罪恶长篇讲演一次，他称英国曾暗中与李鸿章交涉云云。换言之，他所说的，正与其他各国诽谤俄人之语相同。此外著名大斯拉夫主义者俄国侯爵 Uchtomski（据说系俄皇之友）到此已有若干时日。他虽寓居使馆之内，但举动却极谨慎，此间外交界对他，颇有诡异莫测之感。"

瓦德西的记录清楚地点明了北京谈判的实质。条约的核心谈判其实并不在中外之间，而在各国之间利益诉求的彼此协调。勾心斗角，挑拨离间，这种种在北京流窜，此时的北京，成为国际外交界的角力场，就像四十年后的卡萨布兰卡。

Uchtomski即是中文史料记述里的吴克托，他作为沙皇的特使派到中国，谋求俄国在远东的特殊利益。

吴克托向中方提出的其中一项动议是这样的："最好办法，于两国彼此有益，莫如贵国国家现在添派我为全权大臣，办理议和事宜。我之真心体谅中国及素来公正无所偏倚，为中堂所深知。"他希望中国派他这个俄国人为全权议和大臣，代表大清与俄国、德国等十一国商议合约。

其实这倒也不是没有先例，1876年美国驻华公使蒲安臣卸任之际，恭亲王就委任他为办理中外交涉事务大臣，代表大清出使英美法普俄诸国。蒲安臣倒是不负委托，办事公允，代表中国签订过《蒲安臣条约》。但后来正是因为俄国出尔反尔，百般刁难，蒲安臣因病死于莫斯科。

另一项动议说："现有一法，不知有指望否。如我政府认真邀请贵国皇太后、皇上移跸盛京发祥之所，降和平谕旨以安抚东三省等处，然后即在此极稳固地方与各国开议和局。与其由德大帅办理复旧平乱之事，不如借重邻国之大皇帝矣。且驻盛京，则联军久据北京之意自可釜底抽薪也。"请两宫到满洲故地，在被俄国人实际控制的地区与各国慢慢谈判，随便你联军在北京待到什么时候，我在老家不急。

这就显示出吴克托别有用心了。

面对此建议，李相只能答以："承电示各节，诚有识见。惟中国全权大臣向未派过外人，请皇太后、皇上移跸盛京亦办不到。"不过还得求人："德大帅办事甚不和平，中国实欲借重贵国大皇帝完全我土地利权，务求大力从中维持。李鸿章。"

红十字旗飘扬在北方上空

京城沦陷之后,官方采取各种行动恢复政治秩序之时,民间也开展自救。随着局势稳定,议和展开,未受冲击的南方士绅开始组织较大规模的救济活动,主要目的是援助在京南省人士逃回家乡,同时也给京津两地受兵灾的民众以医药食物赈济。

其中以救济善会、东南济急善会为佼佼者。

东南济急善会是一家老牌慈善组织,过去在江南诸多灾疫救济中就发挥了作用。而救济善会则是专为庚子救济而成立的新组织,也是中国第一家按照红十字会理念组织的慈善组织。发起者陆树藩,字纯伯,号毅轩,1868年生于浙江湖州,曾任户部郎中、户部山西司行走,后辞官投身商海。陆家本身是江南大丝商,其父陆心源为有名的藏书家,家族藏书楼号皕宋楼,意为内藏宋版书二百种,有名于时。陆心源本人热心善事,二十多年前即协助李鸿章做过不少地方慈善赈灾之事。

庚子事变,北方被灾,陆树藩发愿募资北上救济之后,为领取执照之事求助于父亲的故交、时从广东到上海相机北上的李鸿章,三次拜谒之后得李的首肯,发给准许成立"救济善会"的批文。此事之所以要得到李的首肯,在于"与华人打交道需仰赖中堂"。李相批示之后,陆树藩就据此从盛宣怀处争取到救济善会使用招商局轮船免水脚费与电报局三十字以内电报免费之优待。

七月二十二日（8月16日）陆在《申报》发表《救济善会启》，宣布成立救济善会。其具体救助办法是首先组织海路救援，拟派遣轮船前往天津接东南各省难民南返，并计划在清江浦设立难民总局，以作为运输中转站和西北各省难民的赈济点。

在联军的军事占领之下，此时民间南北海运已断绝，陆树藩有新的眼光与知识，他知道红十字会组织在国家战争期间有豁免权，遂决定遵照国际红十字运动的章程来组织救济善会，按其规则行事，这就是"与外人打交道需仰赖红十字会"。他上书上海道台余联沅，请余以外交途径照会驻沪各国总领事，以得到联军的认可。最终陆树藩得到由德总领事代表各国所颁发的护照，可以北上。

经过近两月筹备，手续、资金、物资皆有安排后，八月二十二日，陆树藩携陈季同、严复等人乘招商局"爱仁"号海轮北上，"德生"号随行。两船共装载"米三千三百石，面二千一百三十二包，饼干五千二百磅袋，寒衣三万五千五百四十件，棺木大小五千余具，药料数百箱"。陈季同为本朝第一批赴欧留学生，最早的外交官之一，曾居欧洲十六年，现在李鸿章幕府帮办洋务。严复在义和拳兴盛之时，见机不对，早早离开天津南下上海，避开了北方的动乱。此行是以菩萨心肠重蹈旧地，再入苦海，以救世人。

经过四天的海上航行，闰八月二十六日（10月19日）十点钟，陆树藩一行抵达大沽口，港内各国兵船见中国轮船悬挂有红十字旗帜，遂无人阻拦。这是红十字会这种组织形式第一次在中国付诸行动。

因此时潮水尚浅，轮船在大沽口外下锚停泊，只见口内云集各国兵轮上百艘。午后，陆坐小轮船进大沽口，行至塘沽登岸。只看见一路遍插各国旌旗，大沽东炮台悬挂的是日本、英国及意大利旗号，西炮台悬挂的是俄德两国旗号，北洋舰队的船坞及铁路悬俄国旗号，招商局码头悬美国旗号，开平矿务局码头悬德国旗号。除此以外，各村镇民间商船都悬一种外国旗号以为保护。一路看来，陆树藩感慨："人民犹是，城郭已非。"

行抵天津之后，陆树藩首先拜会天津海关税务司德璀琳，会面地点在开平矿务局经理张燕谋私宅。德璀琳是德国人，1864年漂洋过海来到中国，当时才22岁，从海关四等文书做起，平步青云，执掌天津海关大权多年。李鸿章任职直隶期间，他甚得李信用。此次会见当为李所引介，托德璀琳为陆在天津办理救济之事提供便利。

张燕谋告诉陆树藩，京津各处共死教民一万五六千人，外国教士只死数十人，打来打去，全是中国人在打中国人。见到德璀琳之后，陆直言不讳对他说："之前我听说西洋各国军纪严格，极为钦佩。此次事变，听闻京津二地所遭遇惨状，可见各国兵与中国兵情形也相同，才知此次中国之败，非战之罪也。"德璀琳也颇无奈，说："现在德国兵如此无理，我很感羞辱，但也无能为力，我国之人现在已认我为德国二毛子了。"陆提出，现在天津各地土匪勾引洋兵四处盗掘坟墓，劈开棺木，拿走随葬财物之后抛尸遍地，惨不忍睹，请德璀琳设法帮助。并提及南方在京津死难之人，棺木需运回故土安葬。德璀琳答应在塘沽开平矿务局拨出空屋一所，所有南运棺木先运至塘沽寄存，海河结冰封河之前由矿务局拨借一轮船，专运回南方。将来再拨出轮船装运难民南下，不收船费。

经美国人介绍，陆树藩等租下火神庙为救济善会天津分局办公地，施行救济救援等项事务。陆在天津暂住一段时间以处理这些事务。

一日他接到居住于津郊王家口的老友徐寿伯来信，提及王家口今日又过洋兵，秩序尚好，未见抢掠等举动。而廊坊之大城县、青县多已被抢。青县知县及捕厅均被打死，绅士居民被伤者不计其数，割去辫发者亦不少，正定府亦失守。

各地何以相差如此呢？徐在信中告知了王家口得保平安的原因：

当中外开战之时，义和拳在王家口毁教灭洋，有三名洋人逃至芦苇荡中避难，无处可去，饮食无着，行将饿毙。该县景姓县丞将三人救出，并冒险护送到天津领事馆区。洋人为感谢景县丞活命之恩，以金银为酬谢，景丞坚辞不受，说："保护本是地方官之职，何敢受谢。"三洋人以景丞再生之德而不受谢礼，心中不安，再三致意。他遂对洋人说："如必欲谢我，请索一事。此后大兵如到王家口，给我凭据，不得扰害百姓，倘蒙慨诺，受惠多矣。"洋人不解："如此与汝无益处啊。"景丞告以："我系地方官，百姓即我之子民，我之所以能保护诸君者，亦因我为地方有司，分所应为；况当日并非我一人之力所能救护诸位，更赖绅董协助，诸君得保无恙，则王家口之百姓，理应保全。我为地方官，保全我之子民，何得谓之无益？诸君能允甚感，否则我亦不敢领谢，请从此辞。"

洋人一再踌躇，最后说："此事非我等所能决，必须请我国军中提督指示，方能给发凭据，但感君高谊，当为之电达请示。"过后真得该国提督复电，准给凭据保护，王家口得以不受洋兵之祸。

徐寿伯讲完此事，信末感叹："嗟乎！晨门下吏，尚能不亢不卑，保全寸地，夫亦可以风矣。"

某日，陆友人仇篆青来见，谈及青县知县被害之状，甚为惨烈。知县名沈正初，浙江湖州人，平时官声甚好，自持廉俭。此次洋兵来攻青县，沈知县恐百姓遭殃，因而派人与洋兵约定，愿意供应军队所需，以求不惊扰地方荼毒百姓。怎奈青县是一清苦地方，洋人索求无度，地方难以支持。洋兵认为沈县失信，遂杀沈，并分割其肉，尸无完肤。后由地方绅董为沈棺殓。

谈至此，二人泪下，为之唏嘘。

午后二人至紫竹林德义洋行闲逛。洋行展示所售的货品，其中多有御用之物，显然是从皇宫大内抢掠而出。陆自言"目不忍睹，怅怅而返"。据行中买办说，五月二十六、七等日，紫竹林各国领事署曾扯白旗求救，裕禄以为可以"灭此朝食"，下令尽力攻打，至有此祸。天津城中义和团及官兵有十万之众，紫竹林只有洋人二千，相持一月之久，竟不能入，"可羞可恨"。

又某日，天津本地绅董赵兴堂、王雅亭来拜会。谈及昨日为日本天长节（即天皇万寿节），天津人送去寿幛寿联等贺礼，日本国官兵喜笑颜开，相待极优。并谈到各国在津官兵，均由津人公送德政匾及万民伞，洋人无不欢乐。大家笑道，洋人来华不久，如此容易就已沾染了中国官场这些恶习，看来中西人心也未有多大不同。

天津诸事略有眉目之后，陆树藩启程前往北京。

二十四日起行，此日大风，天气已极冷，河道已有冰棱向下流，因此舟行缓慢，当日开到北仓驻宿。北仓是此次事变一主要战场，残垣断瓦，鸡犬之声无闻。北方人最礼敬武圣关羽，村村皆有关帝庙拜祀，义和拳也拜关圣，处处关庙都设坛，因此连累一路的关庙都被洋兵所毁,"无有瓦全者"。

第二日,船开至杨村驻宿。沿途人迹稀少,骸髅甚多,陆想为之掩埋,而无可下手。杨村此时为俄法兵所占,军营终夜吹号不绝。

一行人船行四日才抵达通州,通州本是供应京师的粮仓所在,仓米已被抢掠一空,城内房屋基本被焚毁一尽,较之天津,遭祸更为惨烈。

二十九日,弃船乘车由陆路进京,见沿途房屋虽未尽毁,但全都空无一人,比之尽化为齑粉似乎更觉凄凉。一行人由朝阳门入京,此门现由日本占据把守,城楼及城门均有炮伤,是日本攻城所为。

在京住定之后,友人邢子言来见,讲述被抢避难的情状,提及上一次北京城被兵祸,是明末李闯王入北京之时,却也无此酷虐。战后新任的九门提督想把城中的旗兵调集起来点名,查清剩余人数。与英国司令协商,不许,说:"某君虽放九门提督,试问那一门是该提督所有?如集中旗兵达三十名,我即开枪打死。"

是全无国格,南来各人闻之心酸。

午后陆到贤良寺,拜见李鸿章。李夸奖陆在津所办各事甚妥,并激励以勉力行善。离开京城之前,陆再向李辞行。此次所有救济善行,陆皆大力宣扬是奉李之命行事,自身得不少方便,而受惠的南省官绅也大力称誉李鸿章。

求人办事须得双赢,皆大欢喜才好。

陆树藩一行几日在京所见,城内地安门及西四牌楼一带,均成焦土。前门外至珠市口及崇文门内东交民巷,无不焚毁。只有朝阳门内至东四牌楼及广安门内至虎坊桥一带大体保存。

一日午后友人丁瑾臣来谈，闲聊京中广为流传的关于西狩的种种传言。其中一条乃是说两宫路经宣化府，有知府李某极有肝胆，赶办衣服，连夜进呈。第二日蒙上召见，按例当先至军机处问话。刚毅接见之时傲慢无礼，李某已觉气氛不对。

刚毅问："汝即宣化府李某乎？"

对："是。"

问："命汝备办衣服，何以如是迟误？"

对："昨夜业已进呈。"

刚又云："何以主上尚服元青（深黑色）外褂？"

对："或是皇上以宗庙社稷为忧，不忍更换他服。否则实非外臣所当知。"越说越生气，借题发挥，指桑骂槐，"可恨误国大臣，此时尚不知维持社稷，犹复拘此微细礼节，实属可杀！"

正在喧哗之时，传旨入见。李某当即面奏刚毅有可杀者数端。太后命李略近前跪，耐心地告诉他，此事非刚毅一人之罪，未便遽加严谴。退出后奉恩旨赏三品卿衔，随跸西行。

离开宫城之后，行抵太原之前，是太后脾气最和顺，对前来供奉的地方小臣最感恩的一段。

可是李某随跸未一日，就被仍令回省，开缺另用。人人都说此是由刚毅要挟，太后亦无可奈何。

此事真假未明，只是在京城广泛传播，可见留在京城的官绅对刚毅之风评。

同来的其他人也对陆等人聊起自己的见闻。说当时总兵陈泽霖所带之兵，望见洋人，即行溃遁，退至通州，放火抢掠。张春发所招八营，亦是乌合之众，沿路散逃，将永清县围困，意欲屠城，由知县解出银二千两，米五百石，以供军食，城始解围。又闻许袁二公未被擒之时，蒙皇太后召见，犹侃侃而谈，皇上对之垂泪,盖知其死期已至,故不觉泫然也。

众人谈毕,唏嘘不已。

经过几个月的努力,陆树藩等人的北上救济行动终告结束。在中外人士合力之下,救济善会最终从北方救回难民5000余人,运回棺柩近200具,向京津被难民众提供许多米粮衣药,活人无数,协助稳定大战之后的京津乱局,并使"南北海道亦因此而通"。功德无量。

但是,在那个时代,陆树藩等人一番热心,行事却无法完全达到西方红十字会及现代慈善事业的标准,此次救济行动未能尽善尽美。

救济行动结束后,救济善会未能交出款项募集及使用的完整账目,只有大概的费用总额,"综计所费已几至二十万金"。虽依据章程,在《申报》公布捐款清单与解款通告,但信息不完整,且没有款项汇解到京后的具体使用记录,受人诟病。除此之外,传统善举与当代慈善不同,公募资金与个人资金未能区分,陆树藩个人因庚子救援行动而负债累累,辛丑年间又接办了顺天直隶春赈,最终家族产业先后倒闭破产,不得已将皕宋楼藏书全数卖给日本岩崎氏的静嘉堂文库,因此更遭后人指责。今天,这批包括大量宋版书的珍贵图书仍然保存在日本三菱财团拥有的静嘉堂文库之中。

谁该负责？

西行途中，一次皇帝突然问王文韶："事到今日，难以两全，宗社为重还是人臣为重？"

皇上向来留心各国情事，对国际公法也有所知。七月二十六日上谕，空洞无物，既已战败，而不提何人担此责任，外人定难以干休，这是他知道的。这个问话意思很明白，没有人出来承担责任，那就是整个国家去承担了。

王文韶不答。

皇上以为他是担心有载漪、刚毅耳目在旁的缘故，一次左右无人之时又问，王踌躇半天，才回："皇上所言固是，然而外人还没提，咱们就自己先定罪责所在，如国体何？"皇上很不高兴，站起来转身回后屋。

前面也说过，王文韶入军机之后，号称水晶灯笼，为人善于趋和承意，政见既能归入荣禄一党，刚毅也不十分敌视他。此次义和拳事起，身为资深军机大臣，荣禄去职之后，督抚们都寄望于他，而他只是偷合自全，未尝敢言。不过此次西迁，说起来有责任的大臣基本都跟着随侍左右，他敢说什么？

可是这次和议的一个核心问题就是惩办引发战争的责任人，即确定谁是"战犯"，应给予何种惩罚。

自己可以拖着不办，可是洋人要办你却拦不住。

荷兰使节八月十四日（9月8日）由北京来上海见李鸿章，向李秘密通报了各国大致的条件。李鸿章给驻俄公使杨儒的信中说"语极凶悍，实堪发指"。

各国是什么条件，竟"实堪发指"？

第二天，盛宣怀从上海向张之洞发电通报这"实堪发指"的要求："昨和使由京来沪，密告傅相：各使欲请归政，严办庇匪诸人，始肯开议。相答以皆非臣下所敢言。大约准第二节，乃可删第一节。"

要太后归政，这就是李鸿章所说"实堪发指"的要求。这种事绝非臣子所敢与闻。所以盛宣怀暗示张之洞，大家各自使力，向行在争取，以惩办肇祸大臣，换取各国放弃对太后的追究。这样的电报，作为协调枢纽的盛宣怀当不止发给张一人。

事实也证明，之后影响谈判推进的一个焦点，亦是难点，就是为惩办祸首问题。

八月二十日（9月13日），李鸿章、刘坤一、张之洞、袁世凯联名，以"各国公愤"的理由，奏劾载漪、载澜、载勋、刚毅、英年、赵舒翘庇拳匪。奏折内容如下，以括号中的文字略作解释：

全权大臣大学士臣李鸿章、南洋大臣两江总督臣刘坤一、湖广总督臣张之洞、山东巡抚臣袁世凯跪奏，为事机万紧，恭折密奏，仰祈圣鉴事。

窃俄允商各国撤兵，而必欲两宫回銮。（俄国公使格尔思此时想扮演和事佬的角色，日后提出条件作为报答，这是三国还辽时的故伎。调停的先决条件是两宫回到北京主持议和。）德新使致臣之洞电，必欲先办主持拳党之人，而后开议。臣鸿章在沪晤德使、荷兰使及副总税务司裴式楷，各国总领事等所言皆同。（提示中枢，这是各国要求的合集，靠合纵连横以夷制夷是避不过去的。）是知各国公愤所在，断难偏护。（偏护二字实有所指。）若迁延不办，恐各国变其宗旨，（所谓变其宗旨那就是不只是要揪前台这几个人，要揪出后台力量了，太后掂量下。）愈久愈不可收拾。臣鸿章本日已将登舟北上，适接臣坤一等电，均称伏读八月十五日电旨"罪在朕躬，悔何可及"，不禁感愧涕零。实则罪在臣下，中外皆知，无可掩饰。（给太后一个台阶下，您不要不好意思，世界人民都假装认为是他们几个干的，和您没关系。）欲求救急了事之法，惟有仰恳圣明立断，先将统帅拳匪之庄亲王载勋、协办大学士刚毅、右翼总兵载澜、左翼总兵英年及庇纵拳匪之端郡王载漪、查办不实之刑部尚书赵舒翘等，先行分别革职撤差，听候查办。明降谕旨，归罪于该王大臣等，以谢天下，以昭圣德。臣鸿章即可密告各国，与之克期开议。（这是明白表示决定惩办是开议的前提条件。）是否有当，伏乞皇太后、皇上宸断施行。事关宗社存亡，不敢稍避嫌怨，谨合词电由护理陕西抚臣端方，缮折驰奏，冒死沥陈，不胜迫切待命之至。谨奏。"

"明降谕旨，归罪于该王大臣等，以谢天下，以昭圣德。"可见，南方这班不听话的督抚们和皇上想到一块去了。皇上是个极明白极英明的主，只是性子急了点，又赶上太后不甘清闲，不愿优游林下颐养天年，可惜了。

奏折发出之后，张之洞又后悔，请求去掉自己的名字，只是已然来不及了。从戊戌年太后复出训政以来，张之洞就畏惧太后，大事常持两端，当年的清流领袖，现在直声远在干臣刘坤一之下了。

会参酿祸诸臣的电奏送抵行在之后，皇上"借此"震怒，召见军机之时，面斥端、庄二王及刚、赵诸人误国殃民，声色俱厉。太后坐在旁边，面带不悦，一言不发，玩味着很久以来都不怎么在朝议上出声的皇上的愤怒。

皇帝骂完之后，屋里静悄悄的，大臣们跪满一地，俯首无词。

皇上"壮着胆子"要照准奏折，降旨办被参各人的罪。太后这才发话："我们自己先办了，洋人将要提更大的条件吧。"太后此时还没有明白上奏的大臣们的意思，她说这话其意仍在担心一旦开了追责的口子，会渐及自身。皇帝估计也没明白，就事论事地说："论国法他们几个也是罪在不赦，何须论敌提不提？"太后不许，皇上也不让。两面僵持不下，大臣们竟在地上跪了两个小时，太后最后对王文韶说："王文韶你是老臣了，办事久，皇帝也信你，现在军机里只你是好人了，你先拟个旨吧。"

皇帝起身回去，转过屏风还能听到恨恨之声。载漪刚毅退出来时两腿战栗。

第二天，朝廷谕旨，明白晓谕"肇祸"之端乃是义和团，下令各地剿杀。

这就是王文韶夹在中间拟出来的旨。先抛出一个替罪羊来，看看能否过关。义和拳的朋友们，对不住了，借你身灭洋，借你头谢洋。王公大臣们都是干干净净、清清白白的。天朝上国，于此操作向来得心应手，一部《资治通鉴》，此种事满篇皆是。

可是这一套东方传统文化精髓，列国竟并不买账。四天之后，德国照会各国，主张不接受清廷让步，坚持先惩凶，后议和的原则。意思很明白，责任必须落实到个人，人名也已对负责议和的大臣们点出来了，主体就是督抚们弹劾的那个名单。

事情陷入僵局。天下有识之士忧心如焚。

山东粮道达斌督运供奉至太原行在，谢恩之时，见太后和颜悦色，不知是自己胆大还是受山东巡抚袁世凯嘱托，趁便面奏，请自诛祸首，以绝外国之要求。太后马上就变了脸色。达斌俯首在地上看不见脸色变化，仍然接着说："外人决不肯干休。与其由他们逐一列名指出罪状而后办，不如自己先办，以全国体。"太后不耐烦地回说："不独王大臣忠心耿耿，即义和团亦赤心爱国。你当时不在京，不明其中原委，不必多说，下去吧！"

在抛出几个大臣这点上太后还是说不通，并决定继续西进，这就是表明了不妥协的姿态。王文韶向东南督抚通报："圣心洞彻利害，当即天心悔过之机，惟慈意决计西行，求止不能，求缓不得，已定初八启銮，能不致因此决裂否？"这就是点明了帝后意见冲突。某督抚在山西的坐探也有报告："人皆知某相廿八销假，条陈幸陕，仍主战，饬董添兵，调邓增同赴前敌，已饬多备车马，有初八幸秦说云。""某相"即赵舒翘，积极推动朝廷到他的老家西安坚持"作战"。

此后经过各种反复博弈，各种权衡，太后在一边西进的同时，准备作出一些形式上的让步。闰八月初二日（9月25日），内阁奉上谕：庄亲王载勋、怡亲王溥静、贝勒载濂、载滢均著革去爵职。端郡王载漪，著从宽撤去一切差使，交宗人府严加议处，并著停俸。辅国公载澜、都察院左都御史英年，均著交该衙门严加议处。协办大学士吏部尚书刚毅、刑部尚书赵舒翘，著交都察院、吏部议处，以示惩儆。

即便如此，军机处拟出的这一方案，太后本心也并不以为合适，勉强批准之时，对王文韶说："诸臣皆是为国效忠，今日定罪罢去，他日又谁肯尽力者。"王文韶不敢回话。

第二天，闰八月初三日（9月26日），有旨，免去毓贤山西巡抚之职。

李鸿章接到谕旨后，心里明白不可能如此过关，但也只能抱着试一试的心态继续推动开议。八月初八日（10月1日），他致函赫德："……昨已奉到本月初二日明发谕旨，分别撤革议处，即经电达庆亲王，并分文照会各国大臣，尊处必已备悉。各国如能及时开议停战，所有应议之纲领条目，深虑菲材绵力，不能了此公干。执事宣力我邦垂数十载，解纷排难，屡借长才，现又渥荷温旨嘉许，定能助本大臣等斡旋危局，仰副朝廷倚任。本大臣约初十外启程进京，一切统俟面商。如晤各国公使时，尚希先致鄙忱为幸。"

意思是，请赫德代为疏通，这个处理结果能不能开议？

其实，名单上的诸王大臣除刚毅因病滞留山西外，其余人等均随两宫到陕西，高枕无忧。赵舒翘初到西安之时，即请假十个月，携带著名堪舆风水师，赴南关外修理祖墓，调理风水，以期永享富贵。家中延请精于子平风鉴的师傅五人，终日推敲，讲求命相气色，一日三看。

诸王大臣未来的祸福，不知子平风鉴师傅怎么看。但是，洋人有不同看法。

讨价还价

闰八月十七日（10月10日），全权大臣李鸿章抵达北京，正式开始议和。为了惩办祸首问题，北京谈判团队夹在列国与中枢之间，使尽种种手段，也不免左右为难，苦不堪言。

首先是打哈哈。各国公使谈判伊始就与李鸿章议及，首先交出端王、庄王、载澜三人。李哈哈大笑，曰："你们如何把此三人看得如许重，必交乃开议。此三人，在中国，人人欲得而甘心。你们办得到，人人所愿，但恐一时办不到耳。依我见，一面先议和。将来此三人，我中国自有办法。"

怎奈洋人并不吃这套太极推手。直接驳回了朝廷初二日惩祸上谕的意见。

李鸿章只好将列强的驳斥意见，汇总呈递军机处。洋人除了对处理意见表示不满外，特别指名刚毅、赵舒翘"各驻使佥称，刚毅、赵舒翘亦酿祸首恶，重治方足蔽辜。"

刚毅很识趣，二十四日自己死了，不劳朝廷为难。

焦点集中到赵舒翘。

太后不甘心，反复解释，为赵辩护："赵舒翘查办拳匪，两日即回复奏，并无纵庇之词，即各国初议亦只谓其查办不实，岂能概置重典"。由于太后执意"保赵"，中外就惩治"祸首"

的交涉陷入僵局。

盛宣怀揣摩太后的心思,想找到两全其美之法。十月初六日(12月29日),他致电李鸿章,称"赵舒翘天下冤之",并且献策"先允赵、英赐死而置徐、启,势必仍生枝节。似不及竟允徐、启、英三人赐死而独救一赵,情罪较当。"英年、启秀、徐承煜责任已无争议,必难逃一死,不如主动抛出三人,以换赵一命,希望李支持他的办法。同日,同样的内容他还发给刘坤一、张之洞、袁世凯三人,希望他们一起与列强驻华代表就此进行交涉,免赵一死,"赵舒翘情轻罪重,办到斩监候,未便再加死罪"。即争取死缓。

但这几个督抚并不这么想。

盛宣怀发电的同一天,庆王、李鸿章以全权身份致电西安军机处,转达赫德所言,告知法、日、德代表态度坚决,赵舒翘"众所共怒,皆谓应死罪"。袁世凯收到电报的第二天就给盛宣怀回电,语带嘲笑:"杏公拟惩三救一,可谓惨淡经营。"

为施加压力,联军在直接掌控的地方,自行执法。

1900年11月6日,联军在保定处死护理直隶总督、布政使廷雍,副将王占魁、城守尉奎恒。

法军攻下保定后,英、德、意相继入城,廷雍以牛酒犒师,郊迎十余里。法军统帅讽刺说:"大人何前踞而后恭也。"第二日,在直隶总督衙门大堂,联军照大清审案方法会审廷雍以下诸人。英提督居中坐,其余各国军官旁坐,拉出廷雍跪于案前,问以何故纵容义和拳匪杀教士。廷雍全往上推:"此是朝廷之意,雍不敢违,非雍本意。"法军统帅怒斥:"中历六月二十五日有诏令各省保护教堂,你不唯不护,又抓我们的教士杀了,这也是朝廷之意?"问左右人:"清律不遵朝旨者何罪?"左右齐声答："当斩。"当即唤军士拽出去斩首示众。副将王占魁、城守尉奎恒，均同日诛死。据说当初有法国女士名莫姑娘，游保定，被义和拳民在凤凰台肢解。廷雍不救，因此法人尤为恨他。

廷雍本是宗室，任长芦盐运使，为天下一大肥差，以重金运动诸王，骤迁直隶藩司，裕禄死，护理总督印篆。不意联军进逼如此之速，没享几天直隶总督的福，反而因之或难。

廷雍之死，以及联军屯兵保定，对外宣称要继续西进追终两宫，这一系列组合拳对中枢是一个警告。

于是十一月二十二日（1901年1月13日），西安行在第二次下诏惩办祸首，这次更重了一些。载漪、载勋交宗人府圈禁，待军务平定后发往盛京永远圈禁，这算无期徒刑；溥静、载滢交宗人府圈禁，这是有期徒刑；载濂革爵职；载澜、英年降调，赵舒翘革职留任；毓贤发往极边充当苦差，永不释回；刚毅因已死免议。

盛宣怀给北京的议和大臣转来了军机处的指示，告以上谕已将所列十人加重处分，惟董福祥碍难骤撤兵柄。

这与各国要求相距甚远。

军机处电报末尾又警告奕劻、李鸿章早日开议，"若再迁延推宕，致误事机，是惟该亲王等之责是问"。

针对行在的自我了断，十二月十七日（1901年2月5日），和约再次开议，主题仍是惩办祸首。这一次各公使与中方全权大臣订期在英使馆会议。李鸿章与庆王同坐中央，各国公使环坐。那桐与陈夔龙及翻译各员坐于庆李二人之后。

此时李鸿章刚刚病愈，歪坐在椅子上，显得颇难支撑。

新任英使萨道义首先发言，开宗明义："今日特议严办祸首一条，有名单在此。但我们认为，此案罪魁确系端王一人，如能将端王从严处置，其余人等均可不论，不知全权之意如何？"庆王回答："端王系皇室懿亲，万难重办。各国皇室也有皇室近支免罪之条，此事断不能行。我前日在私邸曾对诸君说过此意，诸君也无他议，何以今日又重复申说词条？"英使笑说："我也知贵全权办不到。"说完展开手中的单子，将所开各员名字及所拟罪名，逐一朗诵，请中国照办。中有庄王载勋、右翼总兵英年、刑部尚书赵舒翘、山西巡抚毓贤，均请从重论处，其余各人罪名依次递减。李相发言说："庄王与毓贤诚然有罪，但总兵英年当时并无仇洋的实权，不过出告示与他职责相关，需要联衔，当然也是难辞其咎，但怎么就能正法呢？至重不过斩监候罪名吧。至于尚书赵舒翘，仅是随刚相前往近畿调查情形一次，其所处之地位也无仇洋之举，更是无罪可罚。即便责以不应附和刚相，革职也足以责其过，怎么可以处以如此之重罪。"

言辞便给，声音清朗，一扫初就坐之颓态。

在场之各公使似乎有被李相之雄辩所说服之意。李又继续发言："前数日诸位所提之罪魁，并无尚书启秀、侍郎徐承煜在内，今日忽将二人加入，此是何意？"话未说完，意大利公使萨尔瓦葛站起来发言道："我前日拜谒中堂于贤良寺，曾问徐侍郎为人如何？中堂告我曰，此人不好，七月初三监斩许景澄侍郎、袁昶太常即是他，十七日监斩徐用仪尚书等也是他。二十一日，贵国两宫西狩，逼令其父徐桐相国自尽者，又是他。此种人中国不办，各国只好代办。至于启秀之罪，日公使亦获有凭据。"

李愕然："我不过随便一句话，你怎么就据以为实在罪状？"意公使不对。

此时已到傍晚，主持会议之英公使起立说，今日开议，此案未能议结，殊为可惜，请先散会，明日再具照会。

庆王出使馆时,颇为乐观,对随行各大臣说:看此情形,英年、赵舒翘或可减罪。

会后各国继续商议,最终做了一些让步。第二天,公使团将修改后的要求照会清全权大臣处:载漪、载澜均判处死刑记录在案,但允许赦免,改流放;清廷应保证以后将予董福祥严惩,尽快免除其兵权;除此三人外,其余被指定为祸首的王公大臣一律处死。

照会迅速电达西安行在。十二月二十五日(2月13日),清廷发布第三次"惩祸"上谕,董福祥着即行革职。其他要求不予置评。

收到回应后,英、德两国公使威胁,接下来势必将有更大祸患,联军统帅瓦德西声称将采取"规模较大之军事行动",准备随时西进。庆王与李鸿章二十九日(2月17日)连发三电到军机处,警告:"姑息数人,坐令宗社危亡,殊为不值。"这是刚从北京出来,皇上就在半路问王文韶的问题。袁世凯的建议更绝,他说不妨将诸人"当作临战捐躯,为国捍患,从容就义,已纾国难。"

各国毫不退让,实力督抚也并不愿意为此决裂。情势如此,除非决心以西北一隅之力一战,已别无选择。这显然以卵击石。太后手里并没有什么好牌可打。

于是结果还没有公布,已有传言在京中流出。国史馆修撰叶昌炽在自己的《缘督庐日记》记道:"闻各国请惩祸首,澜公可以不死,庄邸亦可保全首领。其余必欲置之重典,崇公(崇礼)、鉴帅(李)欲请追夺恤典,衰荣斧辱,无非纸上空言,但国体则扫地矣。"

辛丑正月初十日,学者唐晏返回潼关,在道署,见到关于

"惩祸"的第四道上谕：恢复徐用仪等人原职，载勋赐令自尽，载漪、载澜以宣宗嫡孙，免死蹲极边，永不释回。毓贤发配新疆，英年、赵舒翘斩监候，令自尽。启秀、徐承煜正法；徐桐、李秉衡均定为斩监候，因自尽身故，革职，撤销恤典；董福祥革职降调。

看到如此全面而严苛的处罚，他知道，和议将定。

定议

庆王与李鸿章闹矛盾了。

庆王本是主动请李鸿章负责决策，自己不过"在旁赞助"，久了之后难免心生不满，渐觉李鸿章独断专行。矛盾在中俄单独订约一事上爆发。

李想各个击破，先与俄国达成协议，给其他各国制造压力，从速签约。俄国也将计就计，利用中方的急切和对自己的期待，开出很高的条件，意图在东北获取独占之利益。李已有答应之意，而庆王不许。可是谈判的控制权又在议和初期由庆王主动让出，这一主导权在长期专业性的交涉过程中又在事实上被不断强化。这就导致后期庆王难以夺回这项权力，并且即便夺回也不知道怎么使用。这就是技术官僚和纯官僚的关系，二者如果不能和衷共济，那就谁也不能成事。

不得已，庆王只得秘密上奏，请行在设法裁断。并单独给荣禄私人写信抱怨："合肥亟盼东约早成，以为他事可以迎刃而解。殊不知各国环伺，已有责言，若竟草草画押，必致纷纷效尤。"信中首先表明对与俄单独订约的反对意见。"合肥更事之久，谋国之忠，弟夙所钦佩，独中俄定约一事，不免过有成见。"这算是点一下荣禄，所谓"成见"，暗指1896年李鸿章与俄国订立《中俄秘约》,当时就纷纷传说李收了俄国巨额贿赂,此次李进京也是由俄国保护。李鸿章与俄国除公谊之外,恐不乏私交。

庆王然后申明最近以议和全权名义上奏的意见与己无关:"即以近日电奏而论,大都于会衔发电后抄稿送阅,弟亦无从置词。其前后电陈不无矛盾,谅在朝廷洞鉴。"这是摘清自己,最近得罪中枢的那些上奏,是未经我认可的,有问题与我无关。

"刻东约(指中俄单独围绕东三省的条约谈判)断难处定,弟惟催促各使早议公约,仍与合肥和衷商办。但恐奉职无状,或此后会衔电奏中,语句稍有未当之处,不妨由执事请旨申饬,庶几共知儆惧,不敢草草从事,于议款确有裨益。弟虽同受诃谴,所不敢辞。区区愚悃,谅蒙鉴及。"这是说我虽然处在被架空的艰难地步,仍然会和李好好合作推进和议。你们有不满意的该骂骂,虽然不是我的意思,但是我可以陪着被骂。

以上这两段表现了极高的政治手腕,在这种焦头烂额的时刻,单独地把两个关键人物的矛盾提交中枢,而不给解决方案,是愚蠢的摊牌行为,逼着中枢二选一,选李,自己出局;选自己,即便中枢有信心,自己也没信心。所以,庆王在摆出问题的同时,给出了解决方案,摘清了责任。他以远支宗室而获高位,更在未来近十年掌控最高权力,举报信满天飞而仍得太后深信,良非无因。

除了庆李有矛盾,李张也生嫌隙。

此次任命的议和大臣全班应是奕劻、李鸿章、刘坤一、张之洞、袁世凯。奕、李负责在北京的谈判,其他三人提意见,出主意。议和条款呈奏后,李鸿章收到军机处转来张之洞对议和条款的意见。第二日,李即复电军机处对张之意见逐条批驳,并很不客气的讥称张在外任多年，仍是二十年前在京书生之见，"盖局外论事易也"。据说，张之洞得知"书生之见"一评，大怒，对幕僚骂道，我是书生之见，他就是老谋深算。

不表其中百转千回，再难走的路也有终点，终于到定议之时了。

定议之期确定后，先由使团领袖西班牙公使葛络干发来照会，声明使馆屋宇空间狭小，座位不多，限定中方出席者以十人为限，言辞意思颇为骄横。此时李鸿章已病卧贤良寺，不能亲身参会。奕劻携户部侍郎那桐、京兆尹陈夔龙，及法、英、俄、德、日语翻译五人赴西班牙使馆。各国公使与参随各员皆到齐。

首先由西班牙公使将条约大纲终稿大意朗诵一遍后，面交奕劻。奕劻起立致答词："今日承各公使面交和约一件，容即电奏西安行在，俟奉有电旨，即行恭录知照。"随后将条约文件交陈夔龙收存，辞别各公使而出，各公使并不远送，以表示此是中国请求立约，各国并无主动之意。

出门之后，奕劻对那桐、陈夔龙交代："端王等迷信拳匪，肇此大祸，今日会议席间，令我难受。我为国受辱，亦复何说。尔速将各使交来条约，送请李中堂阅看，即日会衔电奏行在，望能允准。此事今日必须办竣，电奏稿不必送我酌定，但于发电后抄稿送阅即可。"话音一落，即匆匆乘车而去，显见受辱颇深，不愿再顾。于此也可见庆王确实不插手实际条约议定，不懂不瞎掺和，不瞎掺和为以后留余地，确实是聪明人。陈准备与那桐同去贤良寺，谁知那桐也深受刺激，再加以在使馆中为炉火蒸熏，出使馆立即被寒风吹面，顿时寒热大作，犯了病，不能同往。

无奈何,陈只得只身前往贤良寺,到了才知李鸿章病已极重,不能见客。但最终议和条款如此紧要大事,庆王不看,只能李鸿章出具意见,如何能延误?陈与李的幕僚杨崇伊商量,是不是先将各国条件呈李相一阅,再行请示方略。杨笑说:"中堂此时沉沉昏睡,这些条约文件厚达三寸,岂能一一过目。不如由你代拟奏稿,呈中堂阅定,即行发电,较为便捷。"

陈夔龙颇为踌躇,心想如此大的事体,自己怎可做主拟奏稿。杨劝说:军机大事,间不容发。今日不办,万难推到明日。此稿你不拟,庆王不管,李相病重,试问何人敢拟?

不得已,陈只好动笔,但如何下笔,才能打动两宫,接受如此苛刻之条件,却是犯了难。此时李鸿章的公子李经述说:"家君昨日曾经说过,此次奏件,须用重笔。"陈苦笑说:"如用重笔,只好请出宗庙社稷,方可压倒一切。"于是即照此意草拟奏稿,其中强调不照此接受恐将亡国之意,交经述送入李相卧榻,请李相立刻阅定,即刻发电。发电之后,陈再持稿送庆王府邸请其阅看,时已午夜。

这一日是庚子年十一月初一日。

二十五年之后,陈夔龙回忆起来,仍觉情事如在目前。

在这一过程中,李鸿章病情也是日甚一日。

十二月初九日,《字林西报》报道:"鸿章是日病甚,发高热。"

十二月十五日,李鸿章给儿子李经方写信,抱怨太后护短,对各国撤兵事已感悲观。信中又称自己十月患感冒后时好时坏,衰病日甚,不知能够克成此事:"和议大纲虽画押,现议惩办祸首,要杀多人,慈圣护过,不下辣手,势将激成变故。至赔款之巨,无从罗掘,又其次。意各使必欲将此二条办妥乃撤京、保之兵，恐无期矣。余自十月杪感冒风寒，忽好忽翻，今始痊愈，衰颓日甚，此事艰巨，不知能清了否。"

此事之清了，在西安确是经历周折。

和约条文及奏稿寄到西安，军机于叫起之时呈上。太后及皇上逐一阅视，见赔偿数目如此之巨，惩办罪魁如此之重，大为愤怒。又以在京师为洋人克林德建碑有伤体制，翰林院划入使馆界内，祀天重地，也须迁移，及其他各款种种苛求，坚决不接受。荣禄跪在两宫之前，委婉解释，力陈事机迫切，非接受不能消弭当前之患。太后气极了，大声说："请皇上掛酌，我不能管。"皇上也知太后这是气话，他要真能拍板也不至于有今日了，坐在边上一言不发。

次日，北京议和大臣来电催促，告以各国公使专等朝廷准还是驳的确信，以决定联军是否继续西进。军机大臣拿着电奏再次进呈。太后怒道："两个全权大臣只知道责难于君父，不肯向各国据情据理力争。我既然不管，皇上也不肯管，就由你们几个管去吧，或准或驳，你们大臣们看着办。"说完，将电稿扔在地上。

真急了，太后就撒泼了。

军机大臣们都不敢再争，只是一个劲地伏跪在地上磕头。

皇上缓缓地说："尔等亦勿庸着急，明日再说吧。"

荣禄回府之后，与幕僚私议，都说看此情形，明日上去也无结果。此时北京全权大臣的催促电稿又到了，言情形迫切，必须立做决定。荣禄喟叹："此事的责任在我肩上，只有淡中著笔，从权办理，或许能办。"荣禄知道，这时候就不是讲道理的时候了，需要懂得女人的心思，太后再了不得，总归也是一介女子。他揣测默视太后的意思，发脾气归发脾气，其实也未尝不知道非允不可，不过允之一字，难以当面说出。必须有个台阶下。

次日军机入见，荣禄先不提及此事，先把其他日常事逐一请旨已毕，方轻描淡写地提及前日两全权大臣电奏之事，已搁置数日，刚才又有电报来催，此前奴才等已面请圣旨，可否由奴才等下去酌拟一稿，呈请改定，再行电发？

不需要您亲口说出准还是不准。批准合约的谕旨是军机拟的稿，是他们自己的主意。这是荣禄给太后安排的第一级台阶。

太后沉默了一会儿，清楚这是荣禄在给她找台阶下，不许是不行了，再拖也无意义，也轻描淡写的回："如此亦好。"

荣禄等军机大臣退出之后，一起在值房查照来电之意，拟了谕旨，非常简单：光绪二十六年十一月初六日奉旨：奕劻、李鸿章电悉。览。所奏十二条大纲，应即照允。钦此。

旨拟好后，荣禄不敢再请起当面呈递，即交内奏事处总监，呈请圣鉴。很快里面就传旨出来："知道了。"

"知道了"是本朝批旨最常见的批语，它有多重含义。大部分时候只是表示字面意义的知道了这件事或这个意见。但是皇上对此是什么态度，赞成还是反对，意义是不明的，臣下揣摩着去办事，并为此承担后果。这是荣禄给太后设的第二级台阶。

得旨后，军机处立即电发北京，京中即日接到，即日知照各国公使，和议的十二条大纲确定，和议由此初步定局，接下来半年还要就具体条款反复磋商达成共十九个附件。

以上西安行在批准和约大纲的曲折过程，是辛丑年十一月陈夔龙奉命至河南彰德接驾之时，荣禄为他细细道来的。讲完原委后，荣对陈说："尔等在北京应付各公使，所处极难。我在西安于两宫前，委曲求全，得以了结此事，所处更难。今幸回銮在途，河山如故。然一思去年纵拳诸公铸此大错，其肉岂足食乎！"

这大致是荣禄在庚子事变中最后的重要演出了，也是他人生最后的重要演出。荣禄先祖费英东，被誉为本朝开国第一功臣。祖父塔斯哈在剿灭叛乱的战斗中战死。他的父亲长寿和叔父长瑞在平定太平天国的战斗中，同一天在不同战场阵亡，另一叔父长泰不久也战死，号称满门忠烈。咸丰帝曾含泪亲自接见他，勉力他继承先祖遗志。因为这样的家族命运，荣禄极为相信面相算命之术，自己对易经和相术也颇有研究，闲时也常忍不住炫技，在军机值房给同僚看相，陈夔龙就说他算得极准。但是庚子年，他的相师和他自己都被命运蒙上了双眼，他出逃的路上，妻女相继死去，这些他都没有算到。庚子年十二月，他给叔父奎俊写信，抱怨现在的相师不准，请叔父给他从四川找一位新的相师。不知道奎俊有没有帮他找到新的法术高超的相师，不过在他对陈夔龙说这番话前不久，从西安启程回京之前，荣禄唯一的儿子病逝。两年后，他也在北京死去。这些可能他都没有算到。

他更加绝对不会算到的是，他的外孙溥仪，几年之后，还会被太后盯上，打算继续操纵。

两个小问题

此次签订之条约大纲共十二条，据此形成十九个附件。大略可分为道歉、惩戒、修约、外交改制四项。如前所述，争执的焦点和中方争取的重点在惩戒祸首上，但事后看来，所争这些官僚的你死他活于历史大局全无干系。还有一些似乎是小问题，当时并非谈判焦点，但细思足见其大。在此兹举两例。

和约第二款为惩戒，详细规定了首祸诸人的罪责，为被杀五大臣平反昭雪。但是惩戒并不止步于官员，还落到百姓头上。该款有一个短短的第二项，只有一句话：上谕将诸国人民遇害被虐之城镇停止文武各等考试五年（附件八）。

早在庚子年公历10月10日，外交团召开会议，讨论法国政府所提出的作为对华谈判基础的六点要求中就有类似的条款："为防止未来再次发生类似行为，……在那些发生过杀害或虐待外国人事件的地方，五年内禁止科举考试。"

整个议和谈判的过程中，外交团在与中国全权代表正式谈判之前都会先内部协调以统一立场。在许多问题上各国都是意见分歧，而在禁止部分地区的科举考试上，却出奇一致。

外交团说，这一条款是为了惩治那些有严重"排外"行为地方的知识分子和城镇民众。这一条款本身中方并没有强烈反对就接受了，争执是发生在它的实施细则上，特别是应该停止的是什么级别的考试。

西历1901年3月29日，外交团正式照会中国全权大臣，提出要停止文武各等考试之处的清单，停考之处多为山西和直隶二省。可以想见，按照"诸国人民遇害被虐"情况严重这一标准，北京必然在这一名单上，将被取消科举考试五年。

中方提出对被取消的科举考试等级做出区别。

本朝的科考大体承明制，分为四级：童试，在县府一级考，通过者为童生；院试，在府州考，通过者为生员，即俗称之秀才；乡试在省考，通过者为举人；会试在北京考，录取者为进士。

中方认为从地域上来说，停考之处应该划得细一些，划到乡镇这一级，而不是一个村有义和拳，整个府县都设定为停考区，如果这样的话，这个府县的童试就会被停止；从人员上来说，被停考的应该是这个城镇被证明参与滋事的人，而不是这个地区所有人都被牵连。

可依照外交团所要求，整个地区的考试要被取消，该地区所有人不分是否参与敌对洋教，都要受到影响。而如果依照中方解释，那么所有的考试都不会受到影响，只是特定地区参与滋事之人停考，这就将影响面降到最小了。

从道理上来说，中方的解释更合理。

但是外交团要的就是不讲理带来的这种羞辱性，坚持原意。中方只好妥协，不过仍坚持顺天府、太原府的乡试和北京的会试不能停。即山西、直隶两省省一级的考试不能被取消，不能让全省的秀才都不能考举人。北京会试虽然是在北京举行，但它是全国性的考试，完全与此次事变无关的省份的举人，例如广东、浙江的举人，不应该因此而失去考取进士的机会。整个国家的中层官员都来自于进士阶层，这会导致大清的干部队伍都产生断档。

英国在这一要求上的立场最为强硬。公使萨道义坚持取消北京会试。他说停止科举考试有两层含义："一，警告那些和徐桐持同样观点的知识阶层，二，要将那些有外国人被杀或被虐待的地方钉上耻辱柱。"萨道义在与总理衙门大臣徐寿朋会谈时称，北京和太原府这两个地方为排外行为最严重之地，有必要严惩，以儆效尤，因此不再适合举行任何科举考试。

其背后原因则在于，英国为最早布局中国的国家，在中国利益最多，因此在此次拳变中人员及财产损失最大，为保障类似事件以后不再发生，而坚持对中国最强硬的立场。

这引起了中方最强烈的反对。

全权大臣通过赫德致信萨道义，如果各国坚持北京会试停办五年的话，那么两宫将不会在此期间返回北京。

这基本是不惜决裂的表示。

其背后原因在于，这一威胁应该不但是太后和皇上所发出的，也是所有官僚阶层所共同坚持的。取消北京的会试五年，全国的读书人都失去了最高的奋斗目标；而取消了顺天府的乡试则对京官群体打击甚大，因为根据科举的规则，大多数在京官员的子弟都应在顺天府参加乡试。

英国想要惩罚中国的知识阶层，但是他们面对的是来自整个中国官僚集团的敌意。

这一问题值得花多大代价来坚持，外交团内部意见不一。

美国和日本公使倾向于理解和接受中国立场，其他国家公使多表示中立，俄使格尔思则与萨道义公开对立。

俄国此时正在与中国就从东北撤军一事秘密交涉，为获取中国更多的让步而希望以在科举问题上支持中国以做交换。俄国最在乎的是当下现实的利益——土地、矿藏、铁路、港口，中国知识阶层脑子里想什么他们压根不在乎。

日本倾向支持中国是因为要与俄国针锋相对，适度拉拢朝廷，不要让他们在和俄国的妥协中走得太远。他们希望随时提醒大清，在东北亚，你们不是只有俄国一个朋友有说话的实力。

五年后，他们将用一场举国投入的战争来证明这一点。

美国则是希望尽快恢复正常商业贸易，对朝廷"拒绝回銮"较为担忧。

最终各方做出妥协。还是以府县作为单位，九个省数十个府县停止童试，其中以山西、直隶、河南三省最多。但是各省乡试及北京会试不受影响。

此次花了偌大的时间精力来争一些地方的科举停废，而五年之后，大清政府将会自动宣布，从下年起，全国科举一律停考。延续上千年的科举制度没有在外力的逼迫下停摆，却在时势的变迁中归于无用。

第二个小问题是觐见问题，事关外交礼仪。

此事说来话长，1799年英国使节马戛尔尼万里扬波而来，即因为觐见礼仪问题铩羽而归。第二次鸦片战争后，各国陆续在京设立使馆，因为时势不同，力量对比悬殊，此一问题已不能避免。

朝廷曾对觐见问题展开讨论，并与各国使节磋商，首先解决阻碍觐见最主要的障碍——跪拜礼，接受鞠躬礼为使节觐见的礼节。同治十二年（1873），皇帝亲政，首次以新礼节接受外国公使的觐见。可惜两年之后同治皇帝驾崩，光绪皇帝三岁继位，孤儿寡母，自不宜抛头露面，觐见中断。光绪十七年（1891），皇帝成年以后恢复觐见，而时间和地点又成为交涉的焦点。首先是时间不规律，双方曾议定每年觐见一次，但后来并未严格执行。其次是地点规格低，原本是在大内紫光阁，后改在北海团城的承光殿，在欧洲人的眼里，这差不多是在皇家的私人别墅，不正式。各国要求于皇宫觐见。于是甲午战争时期觐见改在大内文华殿举行。

除此以外，围绕诸如皇帝是否亲手接国书、亲自宣讲答词等今日看来本不成问题的问题争执不断，反复来回。戊戌变法期间，光绪皇帝以开明姿态准备着手改革相关外交礼仪章程，可惜变法失败，太后不愿皇帝露面而不断巩固作为一国之君的形象，遂以健康为由使觐见次数减少，规格降低。已成定制的每年正月各国公使觐见贺年也停止了。

觐见不止关涉礼仪问题，这些看似细节的外交技术性问题背后，充斥的是中西文明、习惯的差异与误解，以及中国对各国在本国的存在所持的观念。

中国对外国在京设立使馆一直是看作不得已之举，恨不得把他们围在高墙内不要和外界发生任何一点关系。长期以来，北京的外交生活被西方外交官视为畏途，他们埋怨"在那里听不到歌剧，看不到王妃命妇，觐见不到皇帝，工作条件简直不配称为外交"。

于是各国决心趁大胜之机彻底解决外交制度问题，其中一个象征性的问题就是觐见。

外交团提出了改变觐见办法的具体意见。其中包括：一、各使臣会同觐见必在太和殿，一国使臣单独入觐必在乾清宫；二、使臣呈递国书或敕书时，应派御舆及应有之侍卫迎送，并援引外国元首常派自用马车迎送贵宾之例,要求乘皇帝所用之黄色大轿递送国书;三、各国使臣递国书时由各中门行走;四、各使臣乘坐大轿在宫殿台阶前降舆,而不是像过去一样,轿子停在大门口,下轿后走很远才到宫殿;五、皇帝必亲手接受国书;六、倘宴请外国使臣必在乾清宫,皇帝必躬亲入座;七、各礼节须与自主平等大国成规相符。

仔细思量,各国要的不外乎是"大家都一样规矩"。

庆王、李相等研究和商讨之后,提出四点"碍难照办者":其一,太和殿为朝廷举行重大典礼的地方,其庄严神圣居各殿之冠,不能用作接待使臣;其二,皇帝所乘黄轿向不准他人用,难以破例;其三,紫禁城内向例不许乘轿骑马,虽有经特赏,年老功高之大臣可在城内乘坐肩舆,但此例不便为外人开;其四,向例朝廷宴请外使均由总理各国事务衙门出面,皇帝并不出席,设宴亦不在宫中。

要点是,我们有传统习俗。

细节磋商期间,刘坤一与张之洞也掺和进来,联名致电军机处,着眼点不在其大,而在今日所觉得的细枝末节。他们主要反对各使觐见用黄轿,外使如此"骄盈逼索,不过欲泄其攻馆之愤"。如允许外使用黄轿,"实骇听闻,恐因此忽生事端"。

整个讨价还价的过程并没有价值在此详述,问题最后在各种折中间解决,类似黄呢大轿改为绿呢黄攀轿等等。这些细节的争取,不过是为大清保住了一点点的颜面,在半遮半掩间承认了现实而已。向西方外交规则迈步,与现代国际交往接轨,这一潮流浩浩荡荡,势不可挡。

第五部　棋于松底留残局

大臣之死

天刚透出一点光，微微露出一些黎明的意思，通往蒲州的官道上有一队人在策马奔跑。他们在西门外凭手中的令牌叫开了城门，直奔蒲州行台而来。这队人马行抵行台为时尚早，为首之人翻身下马，向门房大喊："圣旨到，载勋接旨。"

此时行台中居住的是庄王载勋，他没有随驾至西安，逃出京后在山西蒲州行台居住，身边只一妾一子陪伴。来人是钦差葛宝华，他带着赐令庄王自尽的谕旨前往蒲州宣旨。

门房见圣旨到，急忙按例放炮迎旨。庄王方睡未起，大骂："何故无端放炮？"左右之人禀告："钦差葛宝华到了。"庄王才不紧不慢地起床梳洗收拾。

行台之后，本有一所古庙，庄王梳洗之时，葛去看了看，其中有空房一间，就命将此处设为庄王自尽之处，悬挂白绸在梁上，并通知蒲州府派兵准备弹压。一切就绪之后，葛宝华入行台拜会庄王。庄王详细询问行在各种情形，葛敷衍作答几句，传命有旨，饬庄王跪听。庄王挺身而起，对葛说："要我头乎？"葛不答，宣读圣旨。听完，庄王出了一会儿神，说："自尽啊。我早知必死，只怕老佛爷也不能久活啊。"又问葛："可否与家人一别？"葛回："请王爷从速。"此时庄王的子、妾都到了。庄王对儿子交代："你要为国尽力,不要将祖宗的江山送给洋人。"其子只是痛哭不能答话,妾已哭得倒地昏死,不知省事。

庄王转过头问:"死何处?"

葛曰:"请王爷入古庙房内。"

庄王步入房间,见一切都安排妥帖,绸布已高悬梁上,回头对葛夸道:"钦差办事真周到,真爽快。"

上凳子,把头套入绸布,蹬掉凳子,不一刻,气绝。

庄王是个汉子。

山西巡抚毓贤,最初的处分为发往新疆。得旨之后,即押解起行,一路带病,已经不能行走。因联军突在总理衙门发现毓贤诱杀教士的密疏,强烈交涉,故有旨改斩立决,令陕甘总督执行。

朝廷旨令到达兰州之后,城内有人张贴告示,约集群众,呼吁为毓贤请命免死。毓贤知此举徒劳无益,手书告示命人张贴,自言正大光明,并不畏死,请百姓不要阻拦。甘肃布政使李廷箫曾在山西为毓贤旧部属,劝其自尽。毓贤说:"我大臣也,今有旨诛我而不延颈受刃,是朝廷之法不能行于臣下也。勉谢李君,毋以我为念。"并为自己写下挽联两幅。

一幅是:

"臣死国,妻妾死臣,谁曰不宜。最堪悲,老母九旬,娇女七龄,耄稚难全,未免致伤慈孝意;我杀人,人亦杀我,夫复何憾。所自愧,奉君廿载,历官三省,涓埃无补,空嗟有负圣明恩。"

第二幅写:

"臣罪当诛,臣志无他,念小子生死光明,不似终沉三字狱;君恩我负,君忧谁解,愿诸公转旋补救,切须早慰两宫心。"

词气从容。

毓贤在山西屠戮教士五十余人，李廷箫献计献策，参与甚深。李对亲人说："当山西拳祸初起，吾亦有地方之责，宁忍独生！"饮金屑自杀。

前山西道府以下官员，与毓贤连坐者二十多人。

比起这二位，赵舒翘之死和定罪曲折许多。

十二月二十五日上谕本定赵为斩监候，也即今日的死缓。已由按察使司看管，家属均往狱中伺候。前一日，太后于召对之时，心有不甘地对军机大臣说："其实赵舒翘并未附和拳匪，但不应以'拳民不要紧'五字复我。"此话被传给赵，赵心存侥幸，以为太后终可救其一死。

二十九日，西安城内已传开，洋人定要处赵尚书斩立决之罪。赵为陕西长安县大原村人，为官很有政声，是关中地方骄傲。于是陕西绅民不服，联合三百余人，向军机处呈禀，愿以全城之人，保其免死。军机处不敢呈递。被征召接替赵舒翘为刑部尚书的薛允升对人说："赵某如斩决，安有天理？"连盛宣怀都一再为赵争取，不断给李鸿章发电，请其向各国求情，言辞之间甚至流露出怀疑李也有意致赵于死地，因此不肯力争的意思。李鸿章被惹恼了，让幕僚回复："各国坚持赵死罪，非美（国）能独异。昨已降旨，应毋庸议。全权为赵事力争数日，舌敝唇焦。尊意尚疑全权欲杀赵，谬矣。"

至辛丑年正月初二日，赵之罪迟迟不定，西安市面人心浮动，军机大臣自晨六时入见太后，至十一时始出，仍无两全之策。而鼓楼一带已经聚集了数万人，有的声言劫法场，有的呼吁要杀汉奸大臣，有的鼓噪如果太后要杀我们关中的赵大人，我们请太后即刻回京吧，关中人不伺候了。掺杂看热闹起哄的，局面混乱，人情汹汹。军机处再入奏太后，不如赐令自尽，庶可两全。

第二日晨八时，降旨：赵舒翘赐令自尽，定酉刻（晚5—7时）复命，由岑春煊前往宣旨监刑。

赵跪听完毕，抬头对岑说："稍后必有新旨吧？"

岑答："无。"

"不，一定还有后旨的。"

跪在一旁听旨的赵夫人对赵说："我陪你，我夫妇同死即可，不会再有新旨了。"赵夫人命人拿来黄金，赵吞下少许，从午后一时至三时，毫无动静，甚至精神大足。赵向家人交代身后各种事，说着说着又痛哭老母亲已经九十多岁，白发人送黑发人，竟然见此大惨之事。

此时赵的朋友同僚以及亲戚听到消息前来送别的越来越多，赵与之纷纷话别，刚开始岑春煊还制止，后来也就听之任之了。赵对来宾大谈自己的冤枉，反复申说："这是刚子良（刚毅）害我。"岑在一旁听见赵仍然语音洪亮，竟不像能死的样子，命人送上鸦片烟，让赵吞鸦片自尽。到五时，还不死。又灌砒霜，这样才开始倒卧床上，口中呻吟，以手捶胸，命人推按胸膛，口中只能说"难过"二字。此时已是半夜十一时，岑急了："朝旨命酉刻复命，早已逾时。为何还是不死？"有刑部老吏出主意："用皮纸蘸上烧酒，覆在脸上，封闭七窍，气绝当死。"以此法，慢慢地听不见声息，而胸口渐渐发冷，这才死去。赵夫人在赵死后，抚尸痛哭，然后自尽。

赵舒翘平日身体强健，又有意等候太后回心转意，因此吞金少许，服鸦片烟也不多，期望拖时间。白受了许多罪，不如庄王、毓贤痛快。

都察院左都御史英年，为人极胆小。十二月二十五日降旨斩监候之后，与赵舒翘同被监禁，赵舒翘有家人探视，英年却是独自一人随两宫逃到西安，家人无踪。他在狱中终夜哭泣，有人过来和他说话，他就反复地诉说一句："庆王不应该不为我分辩啊！"庆王此时为全权议和大臣，朝野关注，如日中天，听者皆不敢回答。

转眼大年初一，虽是苟安西安，也得过年。众人都忙忙碌碌准备过年之事，顾不上英年，其他监房之人只听英年哭到半夜，忽然无声。次日中午，巡监的狱吏才发现他面朝下倒在泥地之中，反转过来，口鼻塞满泥污，早已气绝而亡。众人赶紧过来查看，才知是他用污泥塞满口鼻自尽。此时还未奉朝命行刑，众不敢以英年之死声张，直到初三日旨下，才禀告监刑大臣岑春煊。

英年善于望气术，这是风水术的一种，能看到阴宅阳宅的气，以之预测吉凶兴衰。英年以此术得太后之信任。曾随太后游皇上的本生父亲醇贤亲王奕𫍽之墓园，园东有巨大的银杏树，高百尺，有气蒸腾氤氲。太后命英年望醇王墓之气，英年说："是气尚旺，再世为帝者，当仍在王家。"此时为己亥年九月，已立溥儁为大阿哥了。太后大惊："天下已有所归，怎么皇帝还要出在他家。如果真如你所说，可有法子给破了？"英年指树："伐此则气泄，或可破也。"砍伐这棵大银杏树之时，树身流出红色液体，宛如出血，树倒之后，根部钻出白蛇不可胜数。当晚整个墓园所有的树全死。皇上听闻，极为愤慨。

就在差不多同一时候，联军在北京也正执行对留京大臣的刑罚。叶昌炽在日记里记：

"初六日，闻启（秀）尚书、徐（承煜）侍郎本于今日赴市曹，因合肥相国生日停刑，一夕苟延，聊尽同官之谊，然不如庆邸之忠告也。相传启尚书丧母，庆邸不吊而贺。问何贺？则告之云：贺君忠孝两全，正在此时，机不可失。启不省，庆邸默然遂罢。"这是说义和拳事起之时，启秀丧母，庆王劝他借此理由请丁忧，避开这趟浑水，启秀不听。叶这一记载或许不确，启秀之母死于联军占据京城之后，不过也有可能是嫡母庶母之别，姑且存疑。那时候的启秀确实对未来信心满满。庚子五月间，翰林院修撰骆成章赴任贵州，临行拜谒启秀请辞。启秀告诉他："俟尔还京时，都中无洋人迹矣。"袁昶、许景澄之死，诏书出自启秀之手。两宫西狩，启秀未能追及车架，与徐承煜同日被日本军捕走，拘押在顺天府署。十二月二十四日，袁世凯密电李鸿章，言启秀、徐承煜自命清流，当知成仁取义，以免廷雍之辱再现，希望庆王、李相劝其自裁。第二天李鸿章复电称："闻日本已先力劝，皆以亲未葬为辞，并诉冤求饶。清流伎俩如是，恐朝廷亦无法拯救也。"

辛丑年正月，诏命二人为斩立决。奕劻向各国通报已毕，日军军官置酒为二人饯行。酒过三巡，军官起立，传达朝廷正法的旨意。徐承煜脸色大变，极力呼叫冤枉，见并无效果，转为大骂洋人。启秀却很冷静，对军官说："即便如此，也已是深邀圣恩了。我已深悔从前的谬误，过去的就过去了，自今而后，愿贵国助吾中华光复旧物。"

元月初八日，刑部来员提二人，日军军官说："徐侍郎顽钝如故。启尚书心地明白，可惜悟之太晚矣。"日本人送二人到刑部，为他们整理衣冠，数百日军警戒押送到菜市口。启秀下囚车站立，气度从容。监斩官以大臣礼相待。而徐承煜已昏死不知事。各国监刑者拍照已毕,二人斩首。

午后,狂风大作,沙尘蔽日。合城官绅士庶议论纷纷。都说二公虽信拳误国,不明时势,只不过是愿我朝自强,不受列国挟制,究竟是忠于大清的。

陈夔龙后来回忆确定各大臣罪责时说:"各使联衔照会送到,坚执如故,不能丝毫未减,而德使复怂恿其统帅瓦德西,以急下动员令相恫喝。厥后均如来照办理,罚如其罪者固多,而含冤任咎舍身报国者,不得谓其无人,只有委之劫数而已。"

京官叶昌炽看着尚书侍郎们被送到菜市口去正法,想到三年前的戊戌年,深有感叹:"戊戌所杀者,除杨侍御(杨深秀)外,皆南人也,今皆北人。戊戌皆汉人,今除天水尚书(赵舒翘)外,皆旗人也。戊戌皆少年新进,今则皆老成旧辅,反手复手,倾刻间耳。"戊戌到庚子,南人与北人,汉人与旗人,少年新进与老成旧辅,不数年间,政潮变幻,新旧易位。戊戌年间推倒维新铲除少年的多是今日被遣戍、正法、赐死、革职和夺官的这些人。

天道轮回,在新旧世纪交替之际明显加快了速度,甩下了芸芸众生。

英年、赵舒翘死后,岑春煊还报,详细叙述情形。太后以袖掩面而泣。说:"吾无面以见人也。"转年了还会想起赵舒翘,对人说:"上年载勋、载澜诸人,自夸系近支,说大清国不能送与鬼子。殿前狺狺争辩,无复上下等威,其情形横暴已极,几将御案掀倒。惟赵舒翘我看他尚不是他们一派,死得甚为可怜。"言至此,泪下如雨。

往后的日子里,太后常常怀念旧人。临朝之时,触景生情,往往叹息。翰林院编修林开謩,授河南学政,入宫陛辞,不知什么话题提到刚毅、徐桐，太后为之流泪。

一次对吴永说着闲话，提及过往，说："依我想起来，还算是有主意的。我本来是执定不同洋人破脸的；中间一段时期，因洋人欺负得太狠了，也不免有些动气。但虽是没拦阻他们，始终总没有叫他们十分尽意地胡闹。火气一过，我也就回转头来，处处都留着余地。我若是真正由他们尽意地闹，难道一个使馆有打不下来的道理？不过我总是当家负责的人，现在闹到如此，总是我的错头；上对不起祖宗，下对不起人民，满腔心事，更向何处诉说呢？"

这段时间，她常称病不视朝。每当奕劻、李鸿章有奏折从北京来，太后都心情不好，莫名发脾气，常常不愿看奏章。

不过，细究太后内心深处，却是轻松而舒畅的。有一次，她心情好，对皇上说了心里话："洋人欲索此次祸难之惟一为首者，意盖指我。今幸未提出，不能不感祖宗之默佑也。"

无论如何，我没事就好。

端王终局

大清向有懿亲不加刑之律例，非大逆不道之罪，皇室近支向无加刑之例。谈判之时，行在多次电谕李鸿章、奕劻，要求对诸亲贵，罪至谴戍流放而止。并引证，各国懿亲不加刑也为通例，拿破仑罪大恶极，只是圈禁。我朝亲王革爵已是大罪，何况永远圈禁。这个理由最终得各国皇室谅解。加上太后深知自己和端王在这件事情上绑得很紧，因此对各国公使欲置端王于死地的要求，格外出力挽回。她下了一道手谕：端王"系属皇亲，碍难加刑，发往新疆，永远监禁"。并借当日义和团的最高领导机构"义和团公所"乃是设在庄王府，团练王大臣是庄王，以此为端王开脱。

因此载漪、载澜兄弟得免一死，议处发往极边，永戍新疆。此时二人在宁夏，旨到之日，端王不但不惊不惧，而且大喜，对左右说："这已是皇上恩典了，咱们尚等什么？快些往新疆走，不要动皇上盛怒了。"又问传旨大臣："咱们阿哥有罪乎？"回说："不闻有旨。"端王释怀："却不与他相干，谅无妨。"奉旨之日，端王即刻兼程起行，深恐洋人再加以斩决之罪。随行的有端王长子溥㒞，庚子之变与溥㒞无关，并未获罪。只因溥㒞极尽孝道，因此奏请太后准予随父侍奉。

太后对端王始终眷顾，传密旨给新疆方面，责以待端王、载澜到达新疆之后，厚予照看。但端王并未去新疆，而是奔往阿拉善到其姐夫蒙古罗王处去了。

端王改道阿拉善一事由地方官秘报至北京奏知太后后，太后传谕保密，不使外国人知道。

罗王以最隆重的礼节接待了端王，选王府100余间上房供给端王上下人等居住。因为端王是发配新疆，一切生活费应由新疆官费供应，中途改变主意到阿拉善，自然就没地方领取每年数千两银子的赡养费了。罗王了解之后，送了200只骆驼、100匹孳生牧马（蒙古草原上未经训练、专门用来繁殖的种马）给端王以维持生活。二人常一起打猎，作长夜之饮，这是端王罢黜后最快乐的日子。后来他的孙子毓运写过一篇文章《记祖父端郡王载漪庚子被罪后的二十余年》记录他的生活。

"当他们饮酒谈到庚子的事情时，端王甚以西太后采取与联军议和为憾。端王曾对罗王说，八国军队加在一起不过几万人，联军只是倚仗武器及海运之利占了一时的优势。并且说，战事失利朝廷可以迁都，之后调动起全国兵马整军再战。太后错在只知道有北京，只想回皇宫……大清国坏就坏在了一个'和'字。"这是端王一生之中，仅有的两件对西太后不满的事。另外一件是甲午年太后用海军军费建颐和园之事，他抱怨："即使不建海军也可以精练10万军队，先可保国泰民安，后可以平定天下。"

溥儁对毓运说，祖父端王罢黜之后，当心情不好的时候，常常一个人在书房里用笔墨反复书写"浩然正气"等语，写好就烧掉，再写再烧掉，情绪万分悲怆。

董福祥开缺还乡后，听说端王客居阿拉善领不到新疆方面的生活赡养费，也派了他三儿子董恭，每三个月带上自己的问候信及白银1500两，去看望端王。董福祥在老家攒下了雄厚的家产，有五个儿子，分别取名温、良、恭、俭、让。他本人也经常去内蒙古看望端王。三个老伙计一起发牢骚。"有一次，董福祥与端王、罗王谈及庚子的事情时候，董福祥气愤填膺地说：'大清国铜帮铁底的江山不能认输给洋鬼子，朝廷和洋鬼子议和我董福祥不服！'端王亦极为厌恨李鸿章与奕劻，曾说：'庆王和李鸿章一个在里边坏，一个在外边坏。'意思是说庆亲王与李鸿章同谋，庆王在太后面前极力阻止与外国人打仗，而李鸿章是与各国公使暗中早有勾结。"

一天，忽然太后从北京派亲信太监来罗王府看望端王，据端王自己说，来人系李莲英的心腹，带来了太后赐给端王的十盆梅花，这是端王平日最喜爱的花。太监向端王传达了太后的口谕，太后因边远多乱，亲笔书信不便，对端王的一切非常惦念。太监还传话说，出发之前，太后曾一再嘱咐，见到王爷时，说明端王发往新疆实为迫不得已，并说义和团之事太后自己也有责任，端王等于是替君代罪，端王不愿去新疆，常住阿拉善是完全可以的。最后太监指着十盆梅花告诉端王，这是太后亲自挑选赐给王爷的，内有太后的赐品。太监去后端王亲自扒开了梅花盆内的泥，每个花盆土里埋有10两重的黄金锞子四个，共400两（约合白银4万两）。多少年来，端王凡是提到了有西太后的事情，还一直老佛爷长、老佛爷短地称呼太后，从来不敢记恨。

端王在罗王府自光绪二十六年直到宣统三年，共居住了11个年头。罗王在光绪末年故去，端王脾气不好，与罗王之子塔王关系处不好，于是搬走，四处漂泊，后在甘州定居下来。这是他庚子年后除了在罗王处外，较为安定的一段时间。在甘州居住的第九年，溥僎突然因病故去，这给端王精神上极大的打击，他守在溥僎的灵前，痛哭不能自已。当晚便向全家宣布说，溥僎跟着自己颠沛流离，曲尽孝道，死后一定不能让他葬在边远异乡，决定携带灵柩，举家返京，将其葬于北京的祖茔。

其实端王也未必不是因为溥僎之死而触动，联想到他自己百年之后有葬身他乡的可能，想借此机会落叶归根，回到北京。这时已是民国十年，1921年，太后已故去13年，大清也亡了有10年。

端王回京，极受重视，沿途都有地方军阀礼送保护，到了河南观音堂，民国政府特别派专车迎候，这是端王有生以来的第一次坐火车。由于不了解火车到底是个什么玩意儿，怕出危险，他一定要让毓运先去摸清火车的底细。县长便派人把车长、站长都请了去给端王去作介绍。车长把火车的大体构造原理、安全性一一给端王作了解释，之后又请端王一同去到观音堂车站参观了停在站上的专车。端王这才放心弃骡车乘火车。

专车一共有三节车厢：端王家属乘坐的头等车厢、仆从卫队乘坐的二等车厢和一节装载行李灵柩的货车。这也是家族里的孩子们第一次见到并乘坐火车，年幼的孩子们争着看车窗外面的景致。毓运也赞不绝口地夸耀着火车怎么样的舒适、干净，怎么样的比骡子车快，但是"祖父微闭着眼睛好像听得有些不耐烦地说，好什么，这一定又是个洋玩意儿"。

专车抵达北京，此时铁轨已经从当年的马家堡车站延伸铺设到前门，徐世昌总统府派汽车来接，这也是端王和毓运头一次乘坐汽车。"上了汽车之后，我发现所谓的汽车有些相似于西北的骆驼轿车，只不过车身外面是用铁皮做的，车窗上安的是玻璃，座位软一些而已。不一会儿，汽车忽然自己走了起来，我惊讶地对祖父端王说，这个车怎么没有骡子拉就跑了？祖父端王暗暗地推了我一下，但是这句话已经被汽车司机听见，我发现他在前面偷偷地暗笑。端王看新车窗外面，之后长叹了一口气说，北京变了，什么东西都洋起来了。"

端王回京的消息不胫而走，虽然已经时隔二十多年，但是好像北京没有忘记他。很多中国人说端王带了兵回来了，兵马都齐集在城外了，这下洋人要倒霉了。一些没落旗人半是希望，半是疑虑地猜测着：端王回北京是不是来恢复咱们大清国了？

很多外国人则是对这个当年支持义和团，主张与八国联军打仗的端郡王充满好奇心，想要见一见他到底是什么样人。因此，每天都有许多外国使馆人员去他落脚的惇亲王府要求见他。端王厌烦苦恼极了。正在这时，北京警察总监殷洪寿奉了总统府的委派来见端王。说现在外国人对端王回京一事表示关注，多次向总统府询问情况。并且由于外面谣言太重，各国外交团已经向总统府提出了抗议，说虽然大清变了民国，但是条约依然有效，端王应在新疆戍边，不应回到北京。总统府对于各国外交团的答复是端王是因病回京就医的。因此，建议他最好是到医院去住一个时期，装装样子来对付一下外交团的抗议，让政府有个台阶下。端王也想避开络绎不绝上门的人，同意了这一建议，住到了当时的中央医院二楼病房。

可是端王住院的消息很快又传开了，许多洋人又跑到中央医院来见端王。医院无法阻止，只好带他们去见端王。洋人们见到端王通过翻译来介绍自己，深恨洋人的端王无奈面对这么多洋人当面对着他叽里咕噜的说"鬼话"，既不还礼也不说话，于是洋人也不管那么多，纷纷拿出了照相机给端王照相。端王气坏了，把自己散着的辫子推到了前面，把脸遮了起来，然后站起来，让两个女儿扶着走进了里屋。洋人便又想出了后世狗仔队的方法，打听到端王每天到院里散步的时间，悄悄地等在那里，趁他不觉拍下照片。此事被端王发现了之后，连医院的院子也不去了，每天只是在阳台上坐坐，吹吹风。如此氛围，再加上一些家庭琐事，端王便决定回西北去。他这次回京，从初春到深秋，住了不到一年的时间。

民国十六年，1927年，端王病逝于宁夏，年七十三岁，虽是死于异乡，终究也是善终。

"情动"董福祥

在惩治"肇祸"大臣一事上，比赵舒翘更胶执的是处置董福祥，其间不但交织情感，更掺杂利害。

董福祥所指挥的甘军是围攻使馆区的主力部队，又枪杀日本书记官杉山彬，被各国视为眼中钉。联军逼近北京时，命甘军出城御敌，联军从东来，该部出城略为交火即向西行奔老家而去，沿途大肆焚掠，百姓闻讯逃走一空，一直入山西境方得约束。

两宫出京头几日，沿途不见百姓，饮食全无着落，即是因为甘军溃兵一直在他们前头"扫荡"。

以上种种，为随扈诸臣耳闻目见，深受其害。军机章京鲍心增在途中上奏章弹劾："甘肃提督董福祥，忠勇敢战，临财亦廉，其所部甘军具骁悍之气，本可一战。"

先扬，将是好将，兵是好兵，看起来应是可以打仗的。

后抑："乃东交民巷一役，以万人坐困一隅，伤亡精锐二千以外，得力营哨死者十数，其军由是不振。至杀日本翻译生与德国使臣，为国召患，皆甘军所为。"但实际作战中，却是上万人围攻使馆，死了两千多兵、十几个将，竟然不能攻下，还杀了人家外交文职人员。"又七月十八日受调出城，将南城车店与官宅搜夺一空，南城各京官当时不能随扈者，多由于此。"出城之后，为了带上在京城趁乱劫掠的财物，把南城大车行的车全抢了，还顺带把住在南城的京官家里的车也抢了，导致许多官员没车无法追随两宫西行。

这玩笑开大了。

但是，太后最信任的将领仍然是董福祥。车驾动身出宫之时就想着传旨，着董福祥整顿队伍，前来护驾。

当各国公使向李鸿章等人交涉惩办祸首时，名单始终包括董福祥。初期张之洞甚至提议"归罪于董以谢外人，希冀此外即可不究。"

抛出董福祥一人了事。张香涛果然书生之见。

李鸿章的回答是："各国主意要我换政府，不自今始，今更挟持有具，非一董所能谢过也。"事情闹得这么大，列国要的结果是政府集体下台，岂是杀一董福祥所能搪塞得过？

东南督抚在闰八月初十日（10月3日）会奏弹劾董福祥。该奏章应是由张之洞幕府主稿，他们也知道必须要对太后切身安危有所影响才会有效。于是在历数董军挑衅而不能战，军纪败坏之后，指出了董福祥接下来对两宫的危险之所在："闻该军随扈太原，尚有二十余营。又闻车驾因欲幸陕，特调马安良一军。此必董福祥趁国家危急之时，妄言回军能战，冀以广树党羽，挟制朝廷。查回性狠鸷，向不驯良，董福祥所部半系回兵，马安良所部尽系回兵，西安回民素多，甘陕向系回数……今若乘舆幸陕而又多调回军，养虎自卫，诚恐乘舆肘腋之间无非回人，将来朝廷一切措置，皆不能径行其意。是在京为拳匪所挟制，出京又为回军所把持，诚如八月十五日谕旨所云：一误而再误矣。"

大意就是：不要依靠董福祥，不要信任回兵，不要去西安。

把问题归结到"回"上，是当时的具体历史环境所限。

董福祥原是甘肃固原（今属宁夏）汉民，其父董世猷，不务生业，是当地哥老会的一个头目。本朝中期以来，会党林立，哥老会是长江、汉江上游最有势力的帮派。清末西北回汉矛盾、官民矛盾交织，变乱不断，民变蜂起。董福祥随父趁乱起事，纠集哥老会"哥弟"聚众自保，"回来击回，兵来击兵"，乱世之中，没有秩序，全凭实力自保，也凭实力发展。到同治六年（1868），董家势力扩大到了能够进入陕北围攻延安府的地步。同治七年（1869），左宗棠西进，准备平定新疆，沿路剿抚西北各路叛军，董家父子三人走投无路，同被招安。左宗棠的湘军中，也充斥哥老会成员，因此招安的过程中既有白道规则，又有黑道规矩，大家讲讲帮规，叙叙字辈什么的。所以招安收编的结果很欢喜，拣选精壮按湘军编制编成董字三营，共六千人，并受命剿抚西北起义回民。剿抚之中，董福祥恩威并用，在甘陕回汉民众中建立了极高威望，成为未来"甘军"的起点。

光绪元年（1875）董率军随左宗棠进疆反击来自中亚的阿古柏势力，董作战勇敢，屡立大功，镇守新疆二十年，常以张骞、班固自诩。

甲午年太后万寿，朝廷所开进京参与庆典的各省文武大员名单中就有董福祥。后赶上中日爆发战争，朝廷就命董带甘军入京保卫京畿，这是第一次面见太后，很得太后赏识。因此本次庚子年变乱，太后特意再命董福祥带军保卫。

眼下护驾军队皆是董的嫡系，其中一半是只对董家效忠，不知有大清的回民士兵。朝廷还是身处陕甘，寄人篱下，处理一个文官陕西人赵舒翘都引得西安绅民聚集，何况手握重兵之董福祥。这种现实的危险是朝廷一直不能或者不敢处置董福祥的关键。

东南大员们同样对此心知肚明，在明发以上奏章之后，另附一密片，表示体谅朝廷苦衷："再，董福祥罪恶甚多，本应即予褫黜，惟此时以罢其兵柄为先，俟该营有人分别接统，诸事部署妥帖，再请圣明裁夺酌办，以免意外之虞。此时如銮舆在途，或有不便，应请朝廷体察情形，从容办理。"

意思是，先削兵权，再办董罪。

奏折递上之后，久无回音。到九月初三日（10月25日），正得太后倚信的新任陕西巡抚岑春煊随扈两宫，他给大家透露消息："劾董，上意不以为然"。第二天，初四日（10月26日），清廷移驻西安，继续向董福祥的势力范围陕甘前进。

九月二十二日（11月13日），朝廷第二次下诏惩办祸首，董福祥仍不在名单中。

这一次的诏旨是新抵行在的荣禄所推动的，事后他致电堂叔川督奎俊："侄于九月廿日抵陕，此日仰蒙两宫垂询殷殷，悲伤不已，侄亦惟有痛哭流涕，臣该万死耳。廿二日始请办祸首之罪，是日即奉明降之旨。"

可是，"在办洋务者仍以为松，殊不知区区已费尽心力矣"。

"办洋务者"指的就是李鸿章等议和大臣。"仍以为松"就包括放开董福祥不论。

对于荣禄"费尽心力"催生的第二次惩办诏书，各国并不接受，他们紧盯董福祥不放。二十八日（11月19日），美公使康格等人照会李鸿章："兹闻董福祥尚在行在，因其于近日之祸事办理最为首要，本大臣想其现时随扈行在，实为不应，理应即行逐退。""办洋务者"庆王、李鸿章在谈判一线，直接面对巨大压力，非常明白完全不提及董福祥不可能被各国接受。他们只能次日致电荣禄，告知"英俄法美照会，董于近日祸事最为首要，应即行逐退"。因为荣禄在整个事变中角色可疑，虽经东南督抚多方为他开脱，各国始终对他心有怀疑，李鸿章也予转达："且疑执事始终袒护。"提醒荣禄，小心把你再给搭进去。

庆王给荣禄私函中则予以缓和："弟极知星五（董福祥字）公忠素抱，深得秦陇民心，如此良将，雅宜加意护惜，奈各使成见胶执，难以理喻。"我知道董福祥没有任何错，全是各国对他有误解有成见，可怎么办呢，人家是实力说话，我们只能委曲求全啊。

一个唱红脸，一个唱白脸。

十月初六日（11月27日），庆、李正式上奏，援引十国公使照会，请将董福祥"严予处分，调离行在，并明降谕旨以释各使之疑"。

应该是配合议和大臣施加压力，十月初八日，南方实力督抚委托山东巡抚袁世凯草拟弹劾董福祥的联名电奏，袁写好后发给诸人讨论。该电洋洋洒洒，面面俱到，从董的出身不正到居心叵测到业务素质逐一驳斥。

> 查董福祥以盗魁投诚，（这是说出身不正，本是被招安的盗寇。）荐擢专阃，迭荷殊恩，为从来武臣所未有。宜如何忧心国是，共体时艰。乃自统兵以来，训练漫不经心，纪律毫不讲究，（这是他说对太后对朝廷并不是感恩戴德，以实际行动报效朝廷厚恩，是为不忠。）恣意骄慢，徒托大言，谬谓提其步卒可灭洋人，用其刀矛可胜枪炮。廷臣以其貌似勇鸷，语近忠愤，每为推重。董福祥益肆横无

忌，专挑敌衅，不顾大局。前年在保定府滋扰教堂，嗣在卢沟桥哄闹铁路。（这是说他一味吹牛挑衅，对事变的起因负有责任。）赖大学士荣禄严加训饬，随时约束。（这是为荣禄摘清领导责任。）董福祥怙非不悛，阳奉阴违，但欲擅主战之美名，竟罔恤国家之利害。本年夏间，拳匪方炽，原属潢池盗弄，扑灭甚易。乃董福祥附和煽惑，助为声势，诸王大臣因有依恃，遂坚信拳匪，轻敌列国。在诸王大臣，少长京师，未谙军旅，民之情伪，兵之凶危，或难洞悉。董福祥身任专阃，久历戎行，讵不知乱不可长，敌不可玩？何竟欺罔误国至此。是衅端之开，实由董福祥酿之。（亲贵大臣都是无知少年，不知轻重，没有你董福祥以武力做背书，不会闹的这么大。又为亲贵摘清一些责任。）且戕害日员，发难既始于董福祥，围攻使馆，构兵又成于董福祥。（围攻使馆全推到了董身上，太后、王爷们，包括武卫军总统领荣禄都没了责任。）迨战事方殷，并未督队迎敌，京师危陷，又不扼要死守。不知平日所谓尽灭洋人者何在？所谓制胜枪炮者又何在？（业务素质又不行，真到开打的时候又打不过。）犹复首先纵兵，乘乱抢掠，鱼肉居民，荼毒缙绅，遂至纪律荡尽，各营效尤，不可收拾。（这些倒是实情，对敌无用，害民极烈。）大学士臣荣禄再四申禁，反复告诫，董福祥始终跋扈，不遵节制，逞其兵忿，任意诿卸。（再次安抚荣禄，不要担心处理董会牵连自身，你连领导责任都没有。）洋兵甫过通州，董福祥即率队出城，大掠而西。凡官绅之车辆，商贩之驼骡，无论在家在途，悉被甘军搜掳。或载所劫货物，或载所掠妇女，几于一兵一车，一卒一驼，招摇数百里，众所共见，人尽切齿。（得罪民间,这是实情。)迄今诸京官因无车坐困,不能奔赴行在者,靡不痛恨于甘军。(得罪了整个京官集团。)该军掳掠之暴,焚杀之惨,甚于洋兵,过于盗贼,由京师至保定,由保定至正定,数百里内,几无人烟。(提醒太后,您西狩之初吃的苦是因为董的乱兵在前驱散了百姓,抢完了钱财物资,导致无从供应。您应该恨他。)又闻董福祥曾奉旨随扈,乃竟恝置不顾,满载先行。迨荣禄追及涿州,苦口勉谕,始肯赶往迎驾。(提醒太后,董对您并不是感情真挚,忠心护驾。)按其行为,俨若不复知有君国。

针对有人说各国之所以紧盯董福祥不放是"杀敌致果,每至见忌敌国"的辩解,电文说:"不知宋庆、马玉崑等与洋兵角逐月余,先后歼毙洋兵不下万人,其战甚力,其守甚苦,各国何以不指名请惩?足见洋人所恨,固不在敢战之将也。"战场上堂堂对阵的将领各为其国,不受追责,追责的是挑起事端,杀害外交人员,攻击外交机构的人。

字字诛心,句句致命,集中火力于一人,照顾各相关方顾虑。这样高水平的奏章,近世除了袁世凯指点,有几个人能写得出?其能成大事,良非无因。

太后就不得不对来自内外的双重压力有所妥协了。十二日(12月3日),上谕公告董福祥革职留任,遣返甘肃:"甘肃提督董福祥,从前在本省办理回务,历著战功,自调京来后,不谙中外情形。于朝廷讲信修睦之道未能仰体,遇事致多卤莽。本应予以严惩,姑念甘肃地方紧要,该提督人地尚属相宜,著从宽革职留任。其所部各军,现已裁撤五千五百人,仍著带领亲军数营,克日驰回甘肃,扼要设防,以观后效。"

错误的性质是不了解情况，性格比较鲁莽。处罚是不要在行在待着了，回甘肃提督本任，"留职留任"，"以观后效"。

两个月后的第三次"惩祸"上谕中，董福祥的处罚再进了一小步，由"留职留任"改为"著即行革职"。

第四次"惩祸"上谕中，其他人处罚进一步加重，董福祥依然不变。

朝廷确实面临两难。不惩办董福祥，各国不答应，对其他被处罚的大臣也不公平。惩办，怕董福祥拥军为变。

时人记载："世传董初闻联军逼其太甚，殊为激昂，而宫中于其革职案已定，因其拥兵辇下，踌躇未敢发表。"

"拥兵辇下"是董福祥的附身符。

不能以力服人，那就以德服人，以情动人。

某日两宫召见福祥，皇帝问："你认字否？"

答："不识。"

皇上拿出一纸亲手书写的朱谕，一边读给董福祥听，一边为他解释。说着说着，皇帝眼中有泪，太后在旁边也泣下，董福祥则"伏地大恸。"

所谓"朱谕"，是皇帝不经军机处而亲自朱笔写的谕旨。

这看起来是个高端政治八卦。

直到后世学者将清宫大内档案整理出来，编为《庚子事变清宫档案汇编》，把这一"朱谕"影印刊出。

　　董福祥知悉。尔忠勇性成，英姿天挺，削平大难，功在西陲。近以国步艰难，事多牵掣，朝廷不得已之苦衷，谅尔自能曲体。现在朕方屈己以应变，尔亦当降志以待时，决不可以暂时屈抑，骤却初心，他日国运中兴，听鼙鼓而思旧，不朽之功非尔又将谁属也？尚其勉旃。

朕现在都得委屈自己以应变局，你也要降志以待时。但是要不忘初心，有机会一定让你复出。

宋太祖杯酒释兵权，今日老佛爷一纸释兵权。太后自辛酉年以来，垂宇四十年，满汉亲贵大臣无异心，良非无因。

两年之后，董在乡上书荣禄，有官复原职之请："庚子之变，福祥直愚性成，未能仰体德惠，致冒外邦，咎所应得，至今犹痛心疾首……伏请中堂设法密奏，仰邀两宫宽宥保全，恩加格外，赏给福祥原职。"

请太后皇上兑现当年的秘密承诺。

当然不可能，这就是政治。

光绪三十四年正月初九日（1908年2月10日），董福祥在宁夏金积堡宅邸去世。他的大宅院耗费巨资，历时三年而成，因曾授太子少保衔，号为"宫保府"随他回乡的数千卫队，环绕董府居住，成为"董营街"，其地今日称为"董营村"。

对于董福祥在庚子事变中的真正作用，及荣禄与董福祥的关系，曾任总理衙门章京的李岳瑞评价说："庚子之变，人皆以董福祥为祸首，其实排外之举，本是由荣禄主持，董福祥既蒙荣禄提拔卵翼，自然不得不听其指挥，这是情理之中事，不应归咎于董。董福祥聪明狡诈之处，在其围攻使馆时，不肯尽全力。自从天津、大沽失陷，聂士诚全军覆没，董福祥就清楚地知道联军不可力敌，而又不愿公开承认，自表无能。因此董在使馆之外各种拖延，不肯精锐尽出，实力攻击，想留有余地以待宫廷转念。这是他心机所在，但也因此而使各国使臣得保安全,后来和局开议,不至无可借手。则即此为一私心,也使国家蒙其荫庇者不少。有人说:'福祥之迁延,亦荣禄阴教之。'恐怕也有此因素。"

问君何时归

和议已成,国家当重回正轨,外交与贸易需恢复正常,中外都期待两宫回銮,中枢返京。

尽管已是辛丑年,但似乎总须如此才算真正翻过庚子这一页。

虽然议和条约正式签订是在辛丑年的七月二十五日,但是庚子年底,政府就已经完全接受了列国提出的《议和大纲十二条》。各方对回銮的预期已然开启。

奇怪的是,西安行在却很长时间内一直不确定回京行期,甚至没有正式提这个事。

各种揣测与传言开始流溢。

有人说太后还是担心各国节外生枝,虽不再追究她的责任,但待她到京后会再提"归政"这件事,到时"瓮中捉鳖",何求而不得?于是太后打定主意久居西安。还有人说有仿当年唐明皇古意迁都蜀中的可能。

终于中枢开始在高层官员内部讨论回銮事宜,又因行程是走水路还是陆路而斟酌不定。先是有一种主张是南下至河南,由襄阳走汉水至汉口,从汉口乘京汉铁路列车入京。坐船和火车的好处是不需要沿途重修道路,且可少停几个站,对地方的骚扰就少,可省若干百万。南方督抚还有请御驾从汉口沿长江直放上海，再从海道入都的奏议。后经过通盘考虑，如此需要另造供两宫乘坐的大船若干，而且汉水有数处河道还要修浚，才可通行如此大船，费用更高，最后还是决定取道陆路。

大臣们在算这笔账的时候，完全没有考虑过汉水疏浚之后能够为西北沟通长江留一条水运通道。政治只是政治，便利商业、促进经济从不在本朝大臣们考虑问题的清单之上。

除了道路以外，紫禁城已是残破不堪，亟须修理以候圣驾。军机处本拟定尚书张百熙、侍郎桂春任此事。太后亲自点名：此次工程须由在京大员中拣派情形熟悉，较为得力者。我意中已有两人：一为兵部侍郎景沣；一为顺天府尹陈夔龙。不如一并派充，四人合办。军机处承旨后，即刻致电北京遵照办理。桂春此前在庄王府任差，有庇拳嫌疑，不敢来京。张百熙一时不能赶到，先由陈夔龙与景沣召集工匠选购材料，加速开工。

陈夔龙与景沣先入紫禁城考察情形，这是二人自两宫逃离紫禁城以来初次入东华门。战后的宫城里蓬蒿瓦砾，四望皆是。午门、天安门、太庙、社稷坛等处，为炮弹所伤，毁损严重，中炮之处，洞孔密如蜂窠。尽可想见去年攻取之烈，令二人不寒而栗。兵部尚书裕德为紫禁城留守大臣，带二人查看，走至乾清门，告诉二人：洋兵当初要闯入乾清宫"瞻仰"。他自己全套官服立于乾清门外，立定了身死于此的决心。最后印度兵拔了他顶戴的花翎，解走他的朝珠也就离开了。走到景运门一带，裕德指某屋说：这院里本有御马多匹，无人喂养，竟跳到房檐上，将青苔野草都食尽了。

除紫禁城之外，如天坛、先农坛、地坛、日月坛以及御驾回宫路线上所经过的庙宇，大半都被焚毁，亟须修理。工程浩大，估计工款约需百万两。从前的习惯，凡工程估定价目后，惯例是四成到工，余款作为经管此事的堂司各员分润。庚寅年（1890）祈年殿火焚，派徐桐监工重修。工程造价120万两，六成到工，所委司员，各只分沾润1200两。徐桐因此被共许为清廉。景沣拟照前例处理，也借此让饱尝拳乱损失的小官们有所收获。陈夔龙反对，说："此次拳祸之烈，为二百年所未有。九庙震动，民力艰难，此项工程不得以常例论，应按实款一律到工。即所派之司员，也应一律自备夫马，洁身任事。将来工程完工，准给出力之人保举优差以酬其劳。"意思是国家残破至此，大家就先别想着回扣了，以后再给出力之人派一些有油水的美差以做酬答吧。待张百熙到京，支持陈所论。于是这成为本朝少有的任事官员不中饱的营建工程。

辛丑年五月二十一日，终于降发上谕，公开宣布回銮日期。"现天气炎热，圣母年高，理宜卫摄起居以昭颐养，自应俟节后稍凉启跸，兹择于七月十九日由河南直隶一带回京，着各衙门先期敬谨预备"。行期、路线在上谕中一并公布，中外乃始释然，人心一时大定。

这条路线略显奇怪。北京与西安之间最近的路就是太后的来时路，从直隶入山西到陕西，一路向西，因为人逃跑时总是本能地选最近的路。现在回程却是从西安向南到黄河，沿着黄河东下开封，再折向北到安阳，再入直隶进京。

兜了如此一大圈，耗时费力，所为何来？

猜测有种种，有的说是河南巡抚松寿以前是内务府大臣，伺候太后很有心思，太后觉得在河南境内旅程会安排得舒适；有人说山西此次受战祸蹂躏，无力备办供应。

想来是因为太后年纪大了，老年人总是触景生情，来时路上的苦难太后不想再回忆一次了。历史不总是理性地演进，非理性与情感在很多时候是历史事件展开的真正动因。

不久，陕西巡抚升允奏说天时炎热，道路泥泞；河南巡抚松寿也差不多同时奏说连日大雨，河水暴涨，冲毁道路，损坏行宫。二人均请展缓行期。于是七月初一日有新谕旨：据奏，改定以八月二十四日回銮。

日期因汛情而调整，这么一件简单的事竟然带来了舆论大哗。民间及报章纷纷传说太后实无回銮之意，两位巡抚的上奏乃是由行在所授意。八月二十四日这个时间，决不可信，不过是缓兵之计，事到临头肯定会再延。甚至言之凿凿，说连新的日期都提前拟定好了，将改为九月初三日；而接下来则必定以太后寿辰为托词，改在十月底；然后以天寒为托词，必再改至明春。就这么遥遥无期而后已。至于原因，普遍的猜测还是太后怕回京后受各国追究抵罪，归政皇上，因此自己不走也不许皇上回京。还有猜测就迹近无据了，说是大总管李莲英怕回京之后皇上掌权，太后失势自己失权，因此极力恐吓怂恿太后不宜回京。

如此等等，纷纷扰扰。中外报章，日日充斥此种批评妄议，然后散布于朝野。乃至各国使臣也心生怀疑，一再向留京大臣诘问。

本是一言九鼎、金口玉言的皇室已然信用破产。

为坚定人民之信心，消释各国之猜疑，行在少见的同时颁布谕旨、懿旨各一道。谕旨以皇帝的名义，减免陕西、河南、直隶御驾将经过之地方的钱粮税收，以酬答地方供应车驾之费用。懿旨是以太后的名义，赏给陕西人民内帑十万两，以感谢关中父老对行在一年来的供养。

告别的红包也发了，路费也预支了，你们总该信了吧。

由北京逃来西安的人，无论是王公大臣还是宫监吏卒，人人欢呼雀跃，个个忙于置办行装，购买西安的土特产，甚至有某亲贵把碑林的石碑买了一大车准备运回北京。此时西安城内的商业，可是繁荣极了。

回銮

八月二十四日，西安行宫。黎明时分，中门大开，鼓乐声大起，今日两宫启程回銮。

先出发的是行李车，据传太后的行李车预备了三千辆，除了将在西安一年来各地臣子供奉的金银绸缎、古董器玩带回京之外，也为沿途的敬献预留了车辆。三千辆之数并无从确证，只是太后在庚子之后被泼了许多脏水，多到无从考证何为真何为假了。

辰初三刻（约晨7点30分），前导马队出城。接下来是太监，再次是赏穿黄马褂的勋贵大臣。他们走过之后，静鞭三响，数乘黄缎大轿，自行宫而出，这就是太后、皇上、皇后御驾了。御驾所经之路称为御道，须用黄土垫道，净水泼洒，这是乾隆帝下江南定下的旧仪制。两边站道的卫兵均持枪跪在地上，御道两旁送驾围观的士民皆跪伏在地，不许抬头观望，只能听到羽林军士马蹄嘚嘚之声。

日本人长谷川雄太郎的记录，说是从远处能够看见第一乘黄轿坐的是皇上，"似较西狩时充实而有光辉也"。在皇上后面的是太后的轿子，"长脸高颧，厚唇巨口，双瞳赫然，一似重有忧者，盖西狩一年，苍颜十岁矣"。说太后看上去忧心忡忡，这一年容颜老了有十岁。

皇后的凤辇在太后之后,日本人说:"如兰斯茂,如玉之荣,惟以脂粉掩天姿,非外人所能解。"这是批评皇后粉底太厚。跟在皇后后面的是瑾妃,"状貌似壮佼胜","壮佼"意为壮健,可能瑾妃身子骨比较健壮,这也解释了慌乱出宫之时她能一个人乱跑,找到庄王的车子跟出来。最后为大阿哥,说"不能望见颜色"。没看清长什么样。

御驾之后则是各亲王郡王贝勒贝子国公等皇亲贵戚,再之后是荣禄所率随扈诸臣。整个队伍浩浩荡荡向南行去,意在取正南旺气,直至辰牌向尽(9点),方完全出南门。省城大小官吏,均到离城二十里的灞桥跪送,西安父老在此向皇上敬献黄伞一顶,恭送圣驾。

车驾出南门后,仍向东北绕赴东门外,至西安城外八仙庵拈香,进午膳,傍晚驻跸临潼县,本日行六十里。

这第一日就出了问题。

临潼县竟然供应不上,要什么缺什么。太后震怒。她已不复如来时路,一碗小米粥几个鸡蛋就能满足,对地方充满感激与同情。

临潼县令夏良材十分冤枉。

皇家出行,有固定的规矩。此次回銮,所经过的各州县要按此竭力预备皇差。凡打尖和住宿的行宫,必需房屋宽大,扮饰一新,张灯结彩,并且摆上数百盆奇花异草。如此费心操办,其实打尖之处只不过在此吃一顿饭,行宫多不过只住一夜。各州县供给伙食以官阶大小而定标准,王公大臣每人是上八八一桌,有海味鸡鸭鲜果等八碗八碟;中下级官员每人是中八八一桌;护卫和下人等是下六六桌,有鱼肉和菜蔬等六碗六碟。这样的供应一次得数百桌。除行宫外，所预备的公馆，也是按照官阶的大小准备，所住的房子在门前必须挂上一对红灯，各个门上必须挂上红彩绸，晚上所用的蜡烛台，都是用新锡铸就的。一切耗费巨大。

此次回京，不比寻常出行，光是大小官员就有数百人之多，在供给上诸多困难，于是规定人员分先后起程，在两宫出发的前三天和后三天，都有大小官员和眷属仆役离开西安。

作为车驾回銮的头站，预备皇差，夏良材自然不敢怠慢，物质准备充足，各处细节筹划周详。这些都是按照规矩来的。没想到的是，车驾出发前一日，各王公大臣们派出来打前站的仆从索求无度，地方无法满足，物质竟然被抢掠一空。车驾第二日就到，补办不及。

皇上再三为夏良材向太后求情，并训斥王大臣们："起驾之前已命尔等各备食粮，何致如此行事！"最后夏仅交部议处，得降级处分，实属万幸。

此时已非比来时，贝勒家的一条狗，都比一个小小临潼县令威风。在回銮的路上，这样的事一次又一次地发生。

九月十六日，至河南省河南府洛阳县周南驿。已行七百八十里，历时二十二天。

十月初二，行在抵达开封，庆王同日从北京赶到，初二至初六日连日召见，信任备至。庆王从此将逐渐接替荣禄，在太后最后的时光里成为大清权力的中心。

庆王世子随驾到了开封，遣戈什哈（满语，护卫侍从）至供支局（回銮后勤部），索取下马费。这笔费用要得莫名其妙，简直无从解释。局员答说没有这个名目，这笔账无法报销。便又要夹板竹帘三十余挂，局员答以未曾预备如此之多。戈什哈大怒:"里头有二品顶戴姓朱的,拖他出来!"大致是供支局负责大臣姓朱,虽是二品顶戴,在王府奴才眼里什么也不是,可以拖出来打。在开封之日,庆王世子家戈什哈往布政使司衙门时,河南藩台开中门见之。

这一路,太监、戈什哈们,穿乡过县,争车夺马,陕州会兴镇厘局总办黄守被内监殴打伤臂,多有县令几被殴辱,甚至有地方官在车驾抵达之前自觉实在无法完成供支先自尽的。太后在开封整整待了一个月,十一月初四方离开。河南巡抚松寿为供支绞尽脑汁,仍以为支应不善,被记大过一次。委办车马委员,更记大过二次。

熟悉的味道,大清回来了。

在开封,太后和庆王当面确认,议和条约之外洋人不会别有所图。于是再次启程。此时河南巡抚松寿随驾护送,自柳阳口渡过黄河,经过彰德府、卫辉府,到达磁州。所有陕甘川军队即护送到此,另由新任直隶总督袁世凯的新军负责保护。经过顺德府,十一月二十一日申刻至直隶正定府驻跸。

中枢在此安排了回京后的事宜,发布一系列谕旨。宣告:二十八日回宫后,即恭诣各祖先殿谒告,并分遣大臣拜谒各坛庙及东、西陵。太后另有懿旨:"东、西陵理应亲自拜谒,当于明春取吉日,亲率皇帝拜谒。"东陵位于遵化,西陵位于易县,大清入关以来历代帝王都葬于两处。

敬告列祖列宗,不孝媳妇流亡归来。

又有懿旨,大意为告诫大小臣工,安不忘危,痛除粉饰太平之积习,君臣上下,同心共济。

又谕:奉懿旨,回宫后,皇帝于乾清宫择日接见公使,太后于坤宁宫接见公使夫人。专门说明太后一回京就要和洋人交朋友，考虑很周到。

祖宗、臣工、洋人，俱有交代。

二十四日，御驾离开正定赴保定，此时起改乘火车。本日客货车一律停开，铁路局特备火车一列，车厢共二十二辆。有上等花车四辆，皇上、皇太后各用二辆，上等客车一辆，供皇后御用，其余各宫嫔及亲王、大臣、福晋、命妇、内监，分乘各车。花车中均以黄貂绒、黄缎铺饰，所有御用瓷器碗盏，均由本朝最大的官商盛宣怀预备呈贡，上皆有"臣盛宣怀恭进"字样。五年前，盛宣怀才以四品京堂候补的官阶，因张之洞与王文韶的交相推荐而督办铁路总公司事务。不久前他因保护东南地方有功，被赏加太子少保衔，有资格被尊称为"宫保"。

在保定期间，上谕："原任户部尚书立山、兵部尚书徐用仪、吏部侍郎许景澄、内阁学士联元、太常寺卿袁昶，该故员等子嗣几人，有无官职，着吏部迅即咨查声复。"五人已在去年十二月平反，这次据小太监对外偷说，是太后不想回京后被冤魂缠身，对其后人给予补偿，对逝者再做安抚。

一切都安排妥当了，皇城的整修也初有成效了，可以踏实回京了。

二十八日十一点二十五分，火车驾抵丰台，车停一刻钟，十二点正，抵达津芦铁路最后一站马家堡车站。御驾在此脱离现代交通工具，换成马车轿子。火车修到正阳门外要两年之后的1903年。

火车进站停稳，军士举枪致敬，军乐队奏乐。在京的王公大臣和大小官吏都到车站跪接。两宫先后下车。"皇上坐八抬黄缎大轿，轿夫均穿紫红色缎绣花衣，四周由侍卫、内监拥护，轿前排列兵丁、乐工、大旗；轿后依次为御用的衣箱、马匹、驮轿；再次为骑马的从人；再次为弓箭手、长枪手、马步兵。皇太后的仪仗均与皇上相同。太后队伍后面是各亲王、宫嫔。殿后的是皇后，也是坐黄缎轿，仪仗随从，比两宫稍减。"《申报》报道当时的情况时说："直隶总督袁慰帅新蒙黄马褂之赐，为皇帝前驱，皇帝端坐黄轿，舁以八人，左右皆有步兵拥护；荣仲华相国则策骑随皇太后凤辇。"

之后为随扈官员，其中有八名穿黄马褂的大臣。从西安启驾之前数日，行在四军机大臣均赏黄褂，在开封又特赏数人，大约是为了凑足今日仪式八人之数。

最惹人注目的是两宫的行李，数目庞大，各件行李都有标记，据说用黄绒绳子捆的是两宫的，用红绳子捆的是李莲英的。

只不知皇上在贯市所抱之草席在其中否。

队伍络绎不绝，大约未正五十分（下午2时50分）才抵达正阳门。此时正阳门、前门仍由联军控制，有外国使节及夫人在城楼上看热闹，脱帽挥动向太后致敬。按大清的礼制，站在太后皇上头上俯视原本是绝无可能发生的事。但观看两宫仪仗入城的赫德说："皇太后彬彬有礼，向拥挤在前门城楼上观看入京情况的外国人点头微笑。"

车驾直入大清门。至乾清宫，先入关帝庙行礼。

第二日午初，两宫在乾清宫西暖阁召见王公百官。

似乎一切恢复原状。

世间已无李傅相

两宫回到北京之时，迎接的队伍中已无为他们收拾残局的太子太傅、大学士李鸿章了。

返京途中的两宫曾向北京发来电旨，命庆王速往开封迎候圣驾，北京之事交由李相主持。此时的李相病已加重，卧病贤良寺，似有不起之势。

早在五月十八日，据《字林西报》报道，李相再度病重，大小事均由幕僚张佩纶代笔，并召在上海之子李经述来京，似为随时准备后事。此时庆王若再离京，京师何人主持，此种情形，两宫及中枢都已明了，仍要庆王前往，究竟何意？庆邸不解，意有迟疑，因此嘱托陈夔龙登门与李相相商，请代为一决。此时李相已卧床不起，召陈入病室相见。陈将情形禀报，问计于病榻之上的李相。李略为沉吟，说："两宫召庆邸，大约是不放心来京，担心各国公使会反悔不认，须得庆邸到开封当面问清底细。庆邸不可不去，如不去，两宫必不来。"陈夔龙问："傅相在病中，庆邸现又奉召入汴，京中人心颇为惊惶，当如何？"李强打精神让人扶坐起来，对陈夔龙说："你可告诉庆邸，京中议定和约及总署之事，我任之；地方之事，由你担责，庆邸可放心前去。总之，庆邸不去，两宫不来，言尽于此。"

于是庆王确定九月二十日赴开封。启程当日黎明，相关官员均在马家堡车站齐集恭送。李相的幕僚杨士骧匆匆而来，神色仓皇，拉着陈夔龙的手私语："昨夜外务部侍郎徐进斋（寿朋）忽然病逝，李中堂三更呕血盈碗，神智昏迷。庆邸将行，外交之事何人主持？"庆王到后，闻信惊诧，但势不能不去，只好嘱托在京各官员勉力行事。

李相在这一夜呕血之后，自知大限将至，即口述上呈两宫的遗疏，命李经述记录。于庆王起程之际电告行在。

慈禧接电迅速降旨垂问病情。此后两日，李相病情稍有缓解，于二十二日复电："臣于十九日夜丑刻陡咳血半盂，色紫黑，有大块，虚汗头眩，势甚危急。当延洋医，服止血药。两日以来，幸未再吐，现仍不能起坐，坐即头晕。医云：胃家小血管挣破。……惟有仰体圣慈，加以调理，以冀早痊。谨将现在情形先行电陈。再，都中自庆亲王行后，一切平安，臣仍可照常指挥。"

从医学上看，李是胃部大出血。西医止血后，李仍以为自己可以"照常指挥"。

四天之后，病情就急转直下。九月二十六日，李鸿章电奏行在，告以病势危极，请令庆亲王无论行抵何处，迅速折回。

太后也只是当作病情反复，接电后第二天懿旨赏假十日安心调理。

但是，李鸿章的生命已经没有十日了。

在开封的太后发出假条的时候，北京的李相已经穿上了寿衣，卧于病榻之上进入弥留之际。淮军老部下周馥得信匆忙赶来，在耳边呼唤。他忽然睁开眼睛，嘴唇翕动，似有话要交代而说不出来，两行清泪缓缓从眼角流下。周馥痛哭："老夫子，有何心思放不下，不忍去耶？公所经手未了事，我辈可以办了，请放心去罢！"说着以手为其合眼，其目遂瞑，须臾气绝。

辛丑年九月二十九日午刻，李鸿章逝于北京贤良寺，年七十九岁。

行在抵达郑州时，消息传到。太后携皇上登行宫后楼，北向而泣。当时在场的吴永说："两宫并震悼失次，随扈人员，乃至宫监卫士，无不相顾错愕，如梁倾栋折，骤失倚恃者。"

甚至连宫监卫士都知道，现在，国家是由李中堂在撑着。

此前的李中堂，煎熬于人生的晦暗时刻，举国唾骂。

当光绪亲政之初，师傅翁同龢以军机大臣兼毓庆宫行走，宠幸万端，常蒙与皇帝单独召对，同值诸军机大臣不能尽闻君臣之对。南通张謇、瑞安黄绍箕、萍乡文廷式等皆为一时名士，出翁门下，以清流自许，言辞激烈，指斥时政，日思以功名自见。及朝鲜事发，这些人群起力主开战。当此之时李鸿章为北洋大臣，北中国海陆兵权尽在其手，对上力陈中国海军弱，器械单，不敢开边衅。文廷式为珍妃师傅，密结珍妃之兄志锐沟通宫闱，使珍妃进言于皇上。时珍妃极有宠于上，日夜怂恿，皇上终为所动，中日由此决裂。不料天朝上国竟屡战不胜，日军逼近榆关，北京震动。太后大为恐慌，召翁同龢切责，令其即日驰赴天津向李鸿章问善后之策。翁一见李，即询北洋兵舰能战否。李怒目相视，不发一语，半晌方徐徐转头："师傅总理度支（翁为户部尚书，主财政，古称度支），平时北洋请款动辄诘责驳回，临事而问兵舰，兵舰果可恃乎？"翁答道："计财之臣当以节用为尽职。如果确实有所用，为何不再请？"李愤而回："政府疑我跋扈，台谏参我贪婪，我再喋喋不休，哓哓不已，今日尚有李鸿章乎？"翁为之语塞，回京之后偃旗息鼓，不敢再言战。

甲午战败之后,所派议和大臣不被日本接受,只能仍强派李鸿章东渡马关,订城下之盟。甲午之败,其根源在军政出于多门,最后胜败责于一人。马关订约之后,七十老翁,蒙汉奸之恶名,几有求生不得,求死不能之势。

自罢任北洋大臣之后,李仅保留文华殿大学士头衔在京闲居。他在京无私宅,长期借住于贤良寺。贤良寺本是康熙爷的十三阿哥允祥,即帮助四爷雍正对付八爷九爷等其他兄弟的十三爷的王府。允祥死于雍正八年,或许是感于兄弟残杀的惨剧,他死后将王府舍为佛寺,因其谥号曰贤,雍正钦敕寺名"贤良寺"。该地位于今金鱼胡同、校尉胡同一带,紧邻紫禁城,成为外地来京重臣借住之地。李相的师友曾国藩、左宗棠等进京都下榻于此。

1896年,李鸿章出访欧美回来,在京闲居。李长期为外任,前未在京任职,此次自以为优游闲散之身,想一领京官风味,也去圆明园游玩一番,此时圆明园三十年前被焚毁后,基本已荒废。李中堂被有心人告发。此时仍为翁同龢在军机主持,以臣子私游皇家禁园大不敬为名,张大其词,使皇上明发上谕,申斥折辱老臣李鸿章。

善待勋旧老臣一节,这是皇帝不如太后之处。

当年左宗棠留京,遇太后万寿朝贺,随班在宫门行礼。左当时已年过七十,与李鸿章一样,也是长期为外官,不知京中奥妙,以为仅仅是磕头行礼而已,未料还要跪很长时间,未准备膝垫,时间一长,膝盖痛得不能支撑,只能趴伏在地,以缓其力。第二日,礼部尚书延煦以此事弹劾左为骄蹇无礼。太后召军机大臣入见,传示此奏章。时礼亲王为领班军机大臣,回军机处马上草拟一简短谕旨：延煦潜毁老臣，奉旨褫延煦职。不久之后，左外放两江总督，又有江宁将军某弹劾其酗酒怠荒，很快有廷寄交左宗棠，传旨让其申饬该将军。左召某至，喝令跪下。读廷寄已毕，问他：皇上命我来养老，你竟不许。应该申饬否？某连连叩头曰：应该，应该。

太后待元勋国老如是，无怪同光名臣皆对其死心塌地。

此次和议，各国皆以太后为祸首，对大清所提条款，原有废黜太后，请皇帝亲政一条，且极为坚持。赖李鸿章再三磋商，始允删去。此是李相所以报太后者。

对此太后心里很明白。五月十五日，在行在的孙宝琦致电李鸿章，告之以今年端午召对时，太后对他说，此次全仗中堂挽回大局，别人不能向洋人说话。

庚子之后，皇上也对当初所以待李鸿章者有悔意。三年之后，翁同龢死，庆王为之请恤典，皇上盛怒，历数翁误国之罪。首举甲午主战，次举割青岛，太后在旁不语，庆王不敢再言。故翁身后无恤典。直至宣统初年，摄政王载沣不明其兄心事，画蛇添足，始为翁追加恤典。

李鸿章被罢斥在京闲居期间，不喜欢接待宾客，来者十有八九报谢不见，门户愈加冷落。每日起居饮食，均有常度。早六七点钟起床，早餐只吃一点点，随后即看看公事，此时也无多少公事需要他批示，不过了解下朝堂动向而已。或随意看《资治通鉴》数页，临《唐沙门怀仁集王羲之圣教序》一纸。午间他的饭量颇大，饭后再喝浓粥一碗、鸡汤一杯。餐后稍事休息，饮下安徽老家的铁酒一盏，脱去长袍，着短衣，背负双手，在屋外游廊下散步。从一头到另一头再折返，往还数十次，仆人在旁计数，走够圈数就大声报："够矣！"即进屋再饮铁酒一盅，坐椅子上闭目养神，下人为他按摩两腿，然后午睡。下午与尚留在身边的少数几位幕僚于式枚、吴永等人闲谈，共进晚餐。他晚餐吃得很少，颇合今日养生之道。饭罢之后，各人退出，李相稍稍看书回信，随即就寝。在京期间，数十百日，日日如此，是他一生中少有的安静清闲时期。

这样的安静闲适却掩不住老人内心汹涌。每天下午与幕僚们的闲谈，有愤怒，有惋惜。

吴永这一时期随侍李相，三十年后记下若干话语：

"予少年科第，壮年戎马，中年封疆，晚年洋务，一路扶摇，遭遇不为不幸，自问亦未有何等陨越。乃无端发生中日交涉，至一生事业，扫地无余，如欧阳公所言'半生名节，被后生辈描画都尽'，环境所迫，无可如何。"这是李鸿章对自己一生的总结，以此来看，他此时很绝望，以为此生已经画上句号，料不到七十老翁尚有大用。

"我办了一辈子的事，练兵也，海军也，都是纸糊的老虎，何尝能实在放手办理？不过勉强涂饰，虚有其表，不揭破犹可敷衍一时。如一间破屋，由裱糊匠东补西贴，居然成一净室，虽明知为纸片糊裱，然究竟决不定里面是何等材料，即有小小风雨，打成几个窟窿，随时补葺，亦可支吾对付。乃必欲爽手扯破，又未预备何种修葺材料，何种改造方式，自然真相破露，不可收拾。但裱糊匠又何术能负其责？"这是说甲午之浪战，亦是说戊戌之激进，是揭穿大清的底子，也不无为自己开脱之意。

"言官制度，最足坏事。故前明之亡，即亡于言官。此辈皆少年新进，毫不更事，亦不考究事实得失、国家利害，但随便寻个题目，信口开河，畅发一篇议论，藉此以出露头角；而国家大事，已为之阻挠不少。当此等艰难盘错之际，动辄得咎，当事者本不敢轻言建树，但责任所在，势不能安坐待毙。苦心孤诣，始寻得一条线路，稍有几分希望，千盘百折，甫将集事，言者乃认为得间，则群起而攻之。朝廷以言路所在，又不能不示加容纳，往往半途中梗，势必至于一事不办而后已。大臣皆安位取容，苟求无事，国家前途，宁复有进步之可冀？"不止李相本人，曾国藩、左宗棠这一干治世之能臣，中兴之干将，哪一个不是言官目光之所集，弹章交驰于道，做事越多，弹劾越密。之所以如此，是因言官不负实际责任，放言高论又可博取声誉，自命清流。所以李说："天下事，为之而后难，行之而后知。从前有许多言官，遇事弹纠，放言高论，盛名鼎鼎。后来放了外任，负到实在事责，从前芒角，立时收敛，一言不敢妄发。迨至升任封疆，则痛恨言官，更甚于人。"这恐怕是在说张之洞。"尝有极力诋我之人，而俯首下心向我求教者。"这当是说张佩纶，他才华横溢，为言官清流时放言无忌，与张之洞齐名。张佩纶后被派往福建会办海疆事务，中法一战，一败涂地，获罪流放。张蒙李鸿章赏识，收为幕僚，并将小女菊藕许配与他，后有一孙女名张爱玲。

有人醒悟了，可后来者依然要如此循环，大清就在这循环中无法破局，走向枯萎。"顾台院现在，后来者依然蹈其故步，盖非此不足以自见。制度如此，实亦无可如何之事也！"言至此处，李以足顿地，若犹有余怒者。

回忆也有愉快温情的部分。

李相平素最服膺曾国藩曾文正公，开口必称"我老师"。吴永是曾的孙女婿，李相对他说："文正公，你太丈人，是我老师，你可惜生的晚，未曾见着！我老师文正公，那真是大人先生。现在这些大人先生，简直都是秕糠，我一扫而空之。"又说:"我老师实在厉害。从前我在他大营中从他办事,他每天一早起来,六点钟就吃早饭,我贪睡总赶不上,他偏要等我一同上桌。我没法,只得勉强赶起,胡乱盥洗,懵懂前去过卯,真受不了。等日久勉强习惯了,也就渐渐不太觉得吃苦。所以我后来自己办事,也能起早,才知道受益不尽,这都是我老师造就出来的。在营中时,我老师总要等我辈大家同时吃饭。饭罢后,即围坐谈论,证经论史,娓娓不倦,都是于学问经济有益实用的话。吃一顿饭,胜过上一回课。他老人家又最爱讲笑话,讲得大家肚子都笑疼了,个个东歪西倒的。他自家偏一些不笑,只管捋须,穆然端坐,若无其事,教人笑又不敢笑,止又不能止,这真被他摆布苦了。"世人都以为曾文正公是一个严肃寡淡的老夫子,曾圣人。这一番亲身证词,才知他竟是如此活泼可爱。

又曰:"别人都晓得我前半部的功名事业是老师提挈的,似乎讲到洋务,老师还不如我内行。不知我办一辈子外交,没有闹出乱子,都是我老师一言指示之力。从前我老师从北洋调到南洋,我来接替北洋,当然要先去拜谒请教的。老师见面之后,不待开口,就先向我问话道:'少荃,你现在到了此地,是外交第一冲要的关键。我今国势消弱,外人方协以谋我,小有错误,即贻害大局。你与洋人交涉,打算作何主意呢?'我道:'门生只是为此,特来求教。'老师道:'你既来此,当然必有主意,且先说与我听。'我道:'门生也没有打什么主意。我想与洋人交涉,不管什么,我只同他打痞子腔(痞子腔乃安徽土语,即油腔滑调之意)。'老师乃以五指捋须,良久不语,徐徐启口曰:'呵,痞子腔,痞子腔,我不懂得如何打法,你试打与我听听?'我想不对,这话老师一定不以为然,急忙改口曰:'门生信口胡说，错了，还求老师指教。'他又捋须不已，久久始以目视我曰：'依我看来，还是用一个诚字。诚能动物，我想洋人亦同此人情。圣人言忠信可行于蛮貊，这断不会有错。我现在既没有实在力量，尽你如何虚强造作，他是看得明明白白，都是不中用的。不如老老实实，推诚相见，与他平情说理，虽不能占到便宜，也或不至过于吃亏。无论如何，我的信用身分，总是站得住的。脚踏实地，蹉跌亦不至过远，想来比痞子腔总靠得住一点。'我碰了这钉子，受了这一番教训，脸上着实下不去。然回心细想，我老师的话实在有理，是颠扑不破的。我心中顿然有了把握，急忙应声曰：'是，是，门生准遵奉老师训示办理。'后来办理交涉，不论英俄德法，我只捧着这个锦囊，用一个诚字，同他相对，果然没有差错，且有很收大效的时候。古人谓一言可以终身行，真有此理。要不是我老师的学问经济，如何能如此一语破的呢？"

这是老年的李鸿章回忆青年与中年的李鸿章，也是替即将僵死的大清回忆自己回光返照的同光岁月。

李鸿章临死之际，犹引以为恨的是一生事业成空。

同光中兴之际，洋务大兴。李鸿章经营北洋，较丁日昌、张之洞诸人更有实绩。设金陵、上海二机器局，命沈葆靖主其事。为直隶总督时，举荐沈北上继续办天津机器局。同治十一年，委朱其昂办招商局。光绪五年，用唐廷枢办开平煤矿。十二年，用李金镛办漠河金矿，岁采生金近二万两。此次事变之后，开平煤矿质押给英国，漠河金矿陷于俄国，天津机器局毁于联军。

朝廷给了李鸿章至高的荣誉：追封为一等侯爵，追赠太傅衔，谥号为最高等级的"文忠"，入祀贤良祠。十一月十四日，命在京建李鸿章专祠，以示优异。本朝向无为大臣在京建专祠之举，是为旷典。

第二年（1902年），李鸿章归葬于原籍安徽合肥。

废大阿哥

我们的故事起于立大阿哥,在故事走向结尾的时候也要交代一下他的故事。溥儁入宫为大阿哥之时,年已十五岁,宫中诸太监宫女,那是天下间最势利眼的一班人,心目中皆以溥儁为未来的皇上、主子,逢迎无所不至,而视光绪皇帝为行尸走肉,出宫只在指顾间。

溥儁这小哥性格与父亲也相似,骄奢放肆,常在宫中对众人昌言无忌,说皇上是疯子是傻子。皇上抱定主意假装什么都听不见。西狩路上,据传太后甚至命溥儁与隆裕皇后同室。以为皇上性格刚烈冲动,可以以此挫辱而置其于死地。当然,此说太过不堪,当不可信。不论如何折辱,皇上已被作为木偶摆布两年,早已深悟忍辱负重之理,此次也未免没有出头之日就在眼前的心思,对于如此种种,始终以呆痴应之。

到西安之后,和战形势已明朗,端王已不得势,溥儁因之慈眷亦衰,因性格顽劣而屡遭太后鞭挞。一日,皇帝立于廊下,溥儁突然从皇上背后打了一拳,他是从小跟着端王习武的,这一拳打得皇上倒地不能起。皇上将大阿哥无礼情形,面诉太后,太后大怒,即命将溥儁责打四十棍,并责骂道:"汝如此不法,曾狗彘之不若。若一登天子位,国家都被汝拆坏了。"

大阿哥大哭而出,自此是益加放纵。他不喜欢读书,专好声色犬马之事。西安行在不比北京大内,规矩少很多,出宫也容易很多。大阿哥每日与太监数人溜出来,到戏园观戏,据说还好奇异着装,"头戴韦陀金边毡帽,身衣青色紧身皮袍,枣红色巴图鲁领褂,无异下流。"最喜欢《连环套》《拾玉镯》这两出戏。有一名伶叫严玉,最得大阿哥喜爱,常得重赏。有时候伶人哪里唱差了,或者乐工演奏有不合之处,大阿哥当场就能听出来,听到了必当面申斥。甚至亲自上台,敲鼓板,扯胡琴,一座皆服。

如果不是被命运推上风口浪尖,溥儁必是一优秀的戏曲艺术家,至少是最顶尖的戏曲鉴赏家,如同他的远亲溥侗,整个梨园界多少角儿都得尊一声侗五爷;也如同死在珠市口的立山,戏曲界最大的腕儿与他,皆形同莫逆。

到西安后不久,庚子年十月十八日,大阿哥微服出游城隍庙的庆喜园。因与一甘军军头争座位之故,与叔叔载澜、堂兄弟溥儁率领太监多名,与甘军互殴。亲贵太监们哪里打得过这班兵油子,吃了大亏。可是大阿哥、宗室亲贵在戏园子打架这种事怎么也上不了台面。董福祥此时拥兵自重,西安也是他的地盘,因此不敢向甘军一图报复。大少爷脾气,柿子按着软的捏,遂迁怒于戏园。命陕西巡抚将西安城中各戏园一律封禁,并将园主上枷在西安大街小巷游街示众。封禁戏院的告示说:"两宫蒙尘,万民涂炭,是乃君辱臣死之秋,上下共图,卧薪尝胆,何事演戏行乐?况陕中旱灾浩大,尤宜节省浮费,其一切饭店酒楼,均一律严禁!"

好一个义正词严。

这一来,断了整个梨园行的生计,甚至无端波及饭店酒楼。

各园园主集议凑出一大笔钱,求到内务府大臣继禄、工部侍郎溥兴头上,由他们转求李莲英向大阿哥缓颊。大阿哥此时气已经消了,也正耐不住戏园关了每日寂寞,顺水推舟许其开演。西安府又出告示说:"天降瑞雪,预兆丰盈,理宜演戏酬神,所有园馆,一律弛禁,惟不得滋闹,如违重惩。"虽是翻手为云覆手雨,然见者无不鼓掌。

另据说大阿哥曾被人带着微服私访寻暗娼某氏。某氏平日涂脂抹粉,倚门卖笑,但因容貌平平,而门前冷落。但是其善于房中术,大阿哥一试之下,食髓知味,多次来访。后大阿哥竟染上梅毒,毒发几乎鼻子都烂掉。治愈之后,仍恋恋不舍。四处访求防毒之药,挟药前往,留恋朝夕。后被太后所知,于是西安城又有严禁私娼的告示出现,某氏探知缘由,不敢招惹,远遁他乡。此种隐私之事,难以坐实,或许是同治皇帝故事的变种。

上面这些,都是当时流传的政治八卦。其实,溥儁也未必如此之不堪,只不过这么一个二代被时代驾到了这个位置,于是许多本不属于他的恶,本不应该他承担的骂名都归到他头上。子贡曰:"纣之不善,不如是之甚也。是以君子恶居下流,天下之恶皆归焉。"纣其实没有史书中说的那么坏,不过在他一旦干了坏事,被认定为大坏蛋后,所有的坏事都会被算到他头上。

无论如何,溥儁至少在当时就风评不佳,无人君之貌。所以,弘德殿侍读学士高赓恩就对人说:"可惜一个候补皇帝,将来恐变成开缺太子。"开缺者,免职之意也。但是大阿哥之"开缺"关键不在自身品行,而在时势。时来鬼成仙,运去人变鬼。

随着和议的进展,端王等人定罪前途的明确,端王之子溥儁的大阿哥身份就显得越来越刺眼,甚至危险。

人人都知道要解决大阿哥这个问题,但是在很长一段时间里，这是一个无人敢挑破的话题。因按大清律，臣下有敢言储君废立之事者，皆为大辟之罪。

第一个挑破禁忌的可能是梁鼎芬。梁为光绪六年进士，1884年上书弹劾李鸿章，博得大名，朝中清流同人比之于明朝杨继盛之参严嵩。不久梁辞官入张之洞幕府，此时解送湖广供奉行在的物资前往西安。梁欲谏言请废大阿哥，由河南入陕西一路都在思考如何措辞，苦无良策，夜不成寐，离行在越近心中越焦虑。一日行至潼关，登山远眺，仍在心中琢磨，推敲字句，忽然开朗。口中自言自语说出来："不如我们自己料理呀。"于是心中反复推敲，确实是好说辞。于是到这一夜，才真正踏实睡着。到西安之后，两宫召对之际，说："臣自南方来，闻洋人在上海已先议决，除杀端王外，尚有专条干涉立大阿哥事。倘至洋人提出时，伤我中国体面太大。以臣愚见，不如我们先自己料理呀。"此时惩治祸首条款尚未开议，太后最担忧的就是祸及自身，闻此舍车保帅之计，虽未表态，但并无怒意。

梁鼎芬如此大胆的进言有他个人意愿在，背后也未始没有张之洞的意思。

辛丑五月，吴永被派到湖北等省催饷。张之洞在武昌对他提及大阿哥之事，说道："此次祸端，实皆由彼而起。酿成如此大变，而现在尚留处储宫，何以平天下之人心？且祸根不除，尤恐宵小生心，酿成意外事故。彼一日在内，则中外耳目，皆感不安，于将来和议，必增无数障碍。此时亟宜发遣出宫为要着，若待外人指明要求，更失国体，不如及早自动为之。君回至行在，最好先将此意陈奏。"说至此，还激了一下吴永："但言张之洞所说，看君有此胆量否？"

回到西安之后，吴永到荣禄府上，将张之洞所言先请示荣禄。荣正在榻上吸大烟，一家丁站于一旁装烟，听完吴永所述，荣禄闭上眼睛，作沉思状，猛力吸入吐出，烟气氤氲弥散，就是静默不语。吸了再换烟，换了又吸，如是者三次，大概有十多分钟，才缓缓点头说："也可以说得。尔之地位分际倒是恰好，像我辈就不便启口。但须格外慎重，勿卤莽。"

吴永面奏之时，鼓起勇气转达完张之意，太后只告诉他："尔且勿说，到开封即有办法。"吴永以为这不过是太后一时权应之语，事过即忘。颇为沮丧。

十月，"两宫"回京行至开封。

张之洞亲自致电他的姐夫军机大臣鹿传霖："德穆使自京来鄂晤谈，择密室屏入密语，问曰：大阿哥之本生父端王已经各国加以重罪，不知大阿哥将来究竟如何？言语甚多，大率深不悦而已。"以德国公使穆默之言来迫太后下决心。

二十日，上谕："奉懿旨，已革端郡王载漪之子溥儁，前经降旨立为大阿哥，承续穆宗毅皇帝为嗣，宣谕中外。慨自上年拳匪之乱，肇衅列邦，以致庙社震惊，乘舆播越。推究变端，载漪实为祸首，得罪列祖列宗，即经严谴，其子岂宜膺储位之尊？溥儁亦自知惕息惴恐，欲请退黜，自宜更正前命。溥儁着撤去大阿哥名号，立即出宫。加恩赏给入八分公衔俸，毋庸当差。"

下诏当日溥儁即被送出宫，移驻八旗会馆。太后给银三千两，由河南巡抚松寿派佐杂人员三名前往伺候照应，随身照料的只有一老乳娘。溥儁出宫时涕泪滂沱，由荣禄扶出宫门，一路安慰。

"宫监等均在旁拍手，以为快事也。"

溥儁被改封为承恩公。撤去"大阿哥"名号后，他无乘轿资格，只能排在第三批返京队伍之中回到北京。

回到北京时，爱新觉罗·溥儁已经十七岁了，他已经不可能荫袭端郡王这一爵位，载漪被革去王爵后，太后已经让醇亲王奕譞之子载洵承袭了瑞郡王这一支。为使溥儁及载漪在皇室谱系中不至成无主之游魂，太后下懿旨让载漪这一系仍归淳亲王府本支。于是，溥儁回京后即住进了朝阳门内南小街西的淳王府东跨院。没住多久，就去内蒙古阿拉善旗他舅舅罗王府与其父载漪团聚。后由董福祥从中说亲，与罗王之女他的表妹结婚。因不惯蒙古草原的寂寞生活，婚后不久溥儁便带妻子回到北京。

辛亥变天之后，承大清旧臣、新朝总统袁世凯照应，"大阿哥"溥儁在总统府当个挂名参议，每年领一笔可观的薪俸。有了闲钱，八旗子弟的脾气很快又显露出来，交一些不长进的酒肉朋友，吸上了大烟，捧角儿，每日流连于酒楼、戏馆。这样的贵族日子不算长，可也不短。民国十年，他的挂名参议被取消，失去了一笔收入。民国十三年，冯玉祥把溥仪赶出紫禁城之后，开始把清室各王府的土地皆以"交价升课"的办法没收，"变旗地为民地"，溥儁也就失去了从淳王府分到的地租。1927年，父亲载漪在宁夏去世，只会花钱、不会经营的溥儁愈加拮据。他只得让妻子求助于内兄，时任蒙藏院总裁的罗王之子塔王塔旺布里贾拉。塔王对自己的妹妹是没得说，当即将溥儁夫妇接进塔王府居住。但是，塔王故世后，他的侧福晋将溥儁夫妇赶到王府马号附近的几间小屋栖身。天潢贵胄，受此屈辱，却又无力改变，忧愤成疾。1942年，溥儁病死在塔王府侧的栖身小屋。丧事潦草，停灵于厂桥附近的嘉兴寺，后即葬于该寺后院。后嘉兴寺拆迁，大阿哥墓葬不知所终。

尾声

故事起于立大阿哥，却不仅止于废大阿哥。

刚毅

江苏候补道沈敦和曾留学英国牛津学法政，后在刘坤一领导下以新法督练自强军。己亥年刚毅南下巡查，"嫉敦和谙英国文语，且时与外宾往还，疑有汉奸行径，借端陷之"。朝廷下旨："沈敦和着即行革职，发往军台效力赎罪。"于是沈被发往张家口。联军进入张家口、山西时沈挺身而出，以娴熟的英语及对国际交往规则的了解安抚了联军，挽救地方。他进京公干行至阳高县郭二屯地方时，刚毅的灵柩暂留在此。沈受托将其运回京中落葬，他备香烛前往祭奠并默祝："职道前以奉职无状，经中堂参劾，罪至发遣，圣恩宽大，感极涕零。惟中堂地下有知，至今当恍然于职道之非汉奸矣。中堂生前最恨洋文，现下联军遍地皆是，灵柩入京，恐遭开棺查验，惟有持洋文护照，可免此祸，职道当手书一纸以报中堂旧日之恩。"于是为之开具英文路条，刚毅灵柩由此平安入京。

皇上

回到北京十几天之后，太后就接见各国公使夫人。据《泰晤士报》驻京记者莫里循说，她（太后）拉着美国公使夫人的手,"浑身颤抖,抽泣哽咽地说进攻使馆区是极大的错误,后悔莫及"。对被围的夫人们"表示极大的同情,和她们一边说话,一边流泪"。回到北京一个多月,太后大召宫外的各戏班名伶进宫演剧。本朝惯例,太后观剧开场之先,皇帝必扮老莱子出上场门,环步一周,以示老莱娱亲之意。这一次,皇上一边更衣一边小声嘀咕:"这是何等时光,还唱的什么戏。"小太监怒道:"你说什么?"皇上急急央求:"我胡说,你千万莫声张。"

太后

麻雀之风,本起于宁波沿海一带,后传遍于各省,乃至京师遍地皆是。太后回京之后,颇不理政事。宫中无事,也好此戏。此时荣禄身体每况愈下,已不太能理事,回京约一年半就病逝,庆王逐渐接替了他的角色,总揽朝政。奕劻让两女儿入宫陪侍太后,每日挟数千金与太后叉麻雀,假装输钱,往往空手而归。且常赏内监宫婢,每月非数万金不足,使太后身边日日有人说自己的好。自西巡以后,太后日益爱钱,百官贡献之风日盛,奕劻所献尤多。太后也睁一眼闭一眼,曾对身边人说:"奕劻死要钱,实负我。我不难去奕劻。但奕劻既去,宗室中又谁可用者。"再有言官参庆王贪赃,太后也就付之一笑了。

大师兄

天津有一董姓富户,曾有一大师兄入宅持刀说他是二毛子,董焚香行礼求饶方得免。城破之后,一日董路遇大师兄,手执小白旗,上书"大日本顺民"。董问:"此旗何用?"大师兄回:"我但求活一天是一天。"民国初年,北大教授钱玄同在北京长包之车的车夫当年曾是拳民,"其时已经是热心的天主教徒了。在他的房里供有耶稣和圣母玛丽亚的像,每早祷告礼拜很是虔诚。"他对钱解释他的信仰从洪钧老祖转到耶稣基督的原因:

"因为他们的菩萨灵,我们的菩萨不灵嘛。"

逆贼

1900年底或者1901年初,康有为写了一篇未发表的文章。他说,拳乱以及随之而来的八国联军对京城的破坏,其实际结果可能对中国有利,"此乃立中国现代化基石及定吾皇复位大业之天道也"。而孙文也说,庚子之前,家人乡邻知道他在搞革命,都目为乱臣贼子,恨其不早日事败。到1900年10月,他们在惠州起事,虽然失败,但风气一变,人人皆觉惋惜。

终章：庚子的意义

本来行笔已至终章，在沉重的大历史中只取几片羽毛，交待一下本书各位主人公在辛丑年之后的小花絮，虽是浮光掠影，有心者也可窥一斑而知全豹，读者诸君也可轻松一点合上本书。

历史学家茅海建的名著《天朝的崩溃》，其副标题为"鸦片战争再研究"，其实鸦片战争的冲击只是揭开天朝崩溃的序幕，天朝最终的崩溃是在庚子事变，这是庚子事变对中国历史最大的意义。

天下观念与华夷之别是支撑中华帝国的两个重要思想资源。所谓天下观念，简而言之即是中华帝国处于天下之中，高高在上，其他的国家与中华帝国的关系由近及远，为藩属，为羁縻，为化外，众星拱月。华夷之别则认为以儒家思想为核心的中华文化最优，在中华文化之外的都是蛮夷，不值一提。这一套观念体系及其支持的政治实体可以总称为天朝体系。这种强烈的文化自恋在15世纪以前（全球史时代开启以前）或许不会遭受重大的面对面的挑战（伊斯兰文明、波斯文明、希腊罗马文明都足以与中华文明比肩，不过受交通条件所限，不能发生大规模的冲撞），在18世纪以前在东亚文明圈内也还勉强行得通。利玛窦、汤若望等基督教传教士带着西方宗教与科技文明抵达中国的时候，如果有足够的敏锐和谦逊，士大夫们应该能察觉出这和以前的"夷"是完全不同的文明，它对中华文明已经展现出了超越之处。但是，信号被忽略了。

1840年的鸦片战争事实上是天朝崩溃的开始。英军其实只有区区数千人，万里扬帆而来，整个帝国的官僚体系除了展现它的颟顸无能，漏洞百出之外无所作为，铁桶一样的江山出现了大大小小的裂缝。面对危机，观念的应急自救机制开始启动，先是对自身的妥协退让进行美化，如赔款是大皇帝赐给外夷的，海岛是大皇帝看夷人远来，不忍心，赏给一块晒衣晒货之地，不继续开战是饶尔等一命等等。同时丑化对手，如夷人膝盖不能打弯等等。

从第二次鸦片战争的失利到甲午战争之间是天朝的解体期，若干次的丧权辱国使得天朝作为政治实体已经不可能继续天下之中、万国来朝的迷梦，但是文化的自信作为小团体利益的内在支撑仍在士大夫群体中顽强挣扎。天朝观念进行自我阉割以继续自保，一个是提出中体西用的思想，它最早的提出者是冯桂芬而非张之洞，它的意思其实是希望用放弃"中学在当世有用"来换取它至少"可以为体"。这一时期的洋务运动是这一士大夫期望的具体表现：只引入机器，不动制度，不触及思想。一个是缩小地域范围，天朝观念在西方列强之前不再适用，但是在东亚文化圈内还可苟延。当世的看法是"失之西洋，存之东洋"。虽然其间日本进犯台湾，吞并琉球，但是在不愿意睁眼的国人看来，不过是前明倭患的延续而已。

甲午的惨败使得天朝的崩溃已经无法掩盖，无法通过调整天朝观念的解释续命，无法通过洋务运动这样的局部应激反应来挽回。正是从这次失败起，救亡图存成为中国的主旋律。今天看来，救亡图存毫无疑问只有一条路，就是融入世界大势，成为近代国家。但是，当时摆在清人面前是两条路，一条是保守的道路，一条是洋务运动的道路。从鸦片战争起，中国就产生了这两条路线的纠缠，之所以不能在几十年间或是迎头赶上，或是如奥斯曼帝国被瓜分，也是因为两种势力互相牵制。前一条路走到底便是义和团运动，后一条路走下去便是新政与立宪。公正地说，这两条路都是这一时期中国社会为避免国家被瓜分，民族被宰割而形成的两种选择。

不幸的是，在历史的关头，以慈禧为首的清政府选择了保守主义的极端发展——义和团这一条路。这一条路失败了，保守势力随之殉葬，才毫无选择地走上了另一条路，开启了清末新政。

1901年1月29日（光绪二十六年十二月初十日），照允辛丑和议十二条后的一个月，西安行在以光绪的名义颁布了实行新政的上谕。这个时候，朝中的保守派在列强的压力下已经被扫除一清，大大减轻了内部反对变革的阻力。在朝廷层面，端王、刚毅、赵舒翘等或死或贬，此后徐世昌、张之洞、袁世凯等开明派陆续进入中枢。在地方官员的层面，仅4月29日、8月19日（1901年）两次惩办"保护教民不力"的地方官员就达112人，这些人多为地方顽固派。在慈禧个人的层面，逃离北京三天的亲身经历就足以让她打销一切侥幸。她认识到，祖宗留下来的治内驭外之法，在采用新的政治制度，拥有先进的工业军事技术的国家面前，显得无用而落后，只有老老实实地走上实行新政的道路上来。

庚子之后的社会风气的变革也为新政做好了思想准备，由"攘夷排外"逐渐变为"崇洋"。戊戌时期，康有为提倡"断发""易服"，改良服饰，应者寥寥。辛丑之后，大城市穿洋服者渐多，甚至在广西等偏僻省份的新式学堂中也允许学生穿洋服，穿着洋服向孔孟行礼。纸烟在19世纪末就进入中国市场销售，但吸食者甚少，还是以水烟、旱烟为主。辛丑之后，进口的"红锡包""哈德门""前门"等品牌的香烟销路大开，上海这样的地方，妇女都有吸食纸烟的，各地效尤。科举的取消势在必行，留洋成为上层人士的第一选择。

清末新政也是一场变法，它与戊戌变法有一些不同，戊戌时期斗争的焦点是要不要变法，是方向之争。新政时期则是聚焦于如何变法，权力集团之间如何平衡，是路径和权力之争。戊戌变法的领导权掌握在光绪帝手里，新政的领导权掌握在慈禧太后手里，慈禧太后要把自己的权力和新政捆绑在一起，以重新获得执政的合法性。

但是新政没有挽救大清的命运，新政推行三年后，发生了日俄战争，东亚小国日本竟然打败了沙俄，给中国人巨大的刺激和鼓舞，他们把日本的强大和立宪联系在一起，清廷必须要立宪才能实现真正的改革。这个时候决定中国命运的要素中，立宪和革命在赛跑。慈禧误判了形势，过于拖延，在立宪之前，革命爆发了。

庚子事变给中国指出的道路——立宪新政夭折了，中国新的时代主题变成了革命救亡，这就是另一个故事了。

本书为通俗历史读物。作者在创作中，援引了很多当时历史人物的日记和回忆录，以及当时西方媒体的新闻报道。考虑到读者阅读舒适度，作者略去了原始材料出处和注释部分，但是，直接引文都加了引号以区别于作者观点。引用材料中当事人或西方记者的主观判断成分较多，存在局限性，个别观点与历史事实有出入，请读者明察。